José Silva/Philip Miele
SILVA
MIND CONTROL

Die universelle Methode zur Steigerung der Kreativität und Leistungsfähigkeit des menschlichen Geistes

WILHELM HEYNE VERLAG
MÜNCHEN

HEYNE RATGEBER ESOTERIK
08/9538

2. Auflage
Titel der Originalausgabe:
THE SILVA MIND CONTROL METHOD
erschienen bei Simon & Schuster, New York

Copyright © 1977 by José Silva
Copyright © der deutschen Ausgabe
by Heinrich Schwab Verlag, Argenbühl-Eglofstal, 1983
Ungekürzte genehmigte Taschenbuchausgabe
Printed in Germany 1990
Umschlaggestaltung: Atelier Adolf Bachmann, Reischach
Umschlagfoto: Zefa-ORION PRESS, Düsseldorf
Satz: Kortsatz GmbH, München
Druck und Bindung: Presse-Druck Augsburg

ISBN 3-453-03379-5

Widmung

Meiner Frau Paula,
meiner Schwester Josefina,
meinem Bruder Juan
und allen meinen Söhnen und Töchtern:
José Silva jun., Isabel Silva de Las Fuentes,
Ricardo Silva, Margarita Silva Cantu,
Tony Silva, Ana Maria Silva Martinez,
Hilda Silva Gonzales, Laura Silva Lares,
Delia Silva und Diana Silva.

José Silva

Für Marjorie Miele und Grace und Bill Owen.

Philip Miele

Inhalt

Philip Miele
Einleitung 9

1 Wunder des menschlichen Bewußtseins 17
2 Wer ist dieser José Silva? 23

José Silva
3 Die Kunst des Meditierens 31
4 Dynamische Meditation 37
5 Gedächtnisschulung 44
6 Das Lern-Schnellverfahren 52
7 Kreatives Träumen 56
8 Die Macht Ihrer Worte 65
9 Die Macht des Vorstellungsvermögens 73
10 So verbessern Sie Ihre Gesundheit 82
11 Eine Übung nur für Liebende 93
12 Außersinnliche Wahrnehmung (ASW) kann geübt werden 99
13 Helfen Sie anderen durch Silva Mind Control 115
14 Einige Überlegungen 123
15 Eine Übersicht 130

Philip Miele

16 Ein Psychiater arbeitet mit Silva Mind Control   132
17 Ihre Selbstachtung wird sprunghaft ansteigen   149
18 Silva Mind Control in der Geschäftswelt   169
19 Wie geht es weiter?   178

Anhang I
Silva Mind Control und der psychiatrische Patient
(*Clancy D. McKenzie*, M. D. und
Lance S. Wright, M. D.)   188

Anhang II
Einführung (*J. W. Hahn*, Ph. D.)   221

Die Wechselbeziehungen zwischen EEG und
der menschlichen Aufmerksamkeit
(*F. J. Bremner, V. Benignus, F. Moritz*)   226

Der innere Brennpunkt (internal focus) als Bestandteil
der Aufmerksamkeit
(*F. J. Bremner, F. Moritz*)   239

Literaturnachweis   248

Anerkennungen   250

Namen- und Sachregister   251

Einleitung

Sie stehen jetzt am Beginn einer der größten und abenteuerlichsten Wandlungen Ihres Lebens. Jeder Fortschritt, den Sie im Zuge der Mind-Control-Ausbildung machen, wird Ihre Selbsteinschätzung als Mensch und Individuum und die ganze Betrachtungsweise der Welt, in die Sie hineingeboren wurden, verwandeln. Indem Sie neue Kräfte entwickeln, wächst auch Ihr Verantwortungsbewußtsein für die Anwendung dieser Fähigkeiten ›zur Verbesserung der ganzen Menschheit‹, wie es bei Mind Control heißt. Sie können diese Fähigkeiten und Kräfte nur im positiven Sinne, wie es in diesem Buch oder in den Kursen gelehrt wird, anwenden. Sie können sie nicht mißbrauchen.

Um Ihnen schon einen kleinen Einblick zu geben, um was es praktisch geht und was man im täglichen Leben mit der neuen Methode erreichen kann, seien gleich hier zwei Beispiele gebracht, die Sie in die Praxis einführen:

In einer Stadt im Westen der USA schloß ein Städteplaner die Tür seines Büros hinter sich und ließ seine Sekretärin allein und verzweifelt an ihrem Schreibtisch zurück. Die Pläne für ein zu bauendes Einkaufszentrum waren verschwunden, und dabei sollte ein paar Tage später eine Besprechung mit Mitgliedern der Stadtverwaltung stattfinden, bei der es um die grundsätzliche Entscheidung über die Durchführung ging. Nun sind zwar schon bei geringerem Anlaß Anträge verloren worden, aber dieser Städteplaner schien von etwas, das jeden anderen Chef zu einem vernichtenden Donnerwetter veranlaßt hätte, kaum berührt.

Er saß an seinem Schreibtisch. Plötzlich schloß er die Augen und wurde ganz ruhig und still. Man hätte annehmen können, daß er versuchte, angesichts dieses Desasters seine Fassung wiederzuerlangen.

Volle zehn Minuten lang blieb er so sitzen, dann erhob er sich langsam und ging hinaus zu seiner Sekretärin. »Ich glaube, ich habe sie gefunden«, sagte er mit ruhiger Stimme. »Wir wollen uns doch einmal meine Abrechnung vom letzten Donnerstag ansehen, als ich in Hartford war. In welchem Restaurant nahm ich das Abendessen ein?«

Er rief dort an, die Pläne waren da.

Dieser Städteplaner war in der Silva-Mind-Control-Methode geschult worden und hatte gelernt, Geisteskräfte und -fähigkeiten zu erschließen, die bei den meisten Menschen völlig ungenutzt brachliegen. Dazu gehörte auch die Fähigkeit, Erinnerungen zurückzurufen, die, für den ungeübten Geist nicht auffindbar, irgendwo vergraben sind.

Diese neu erweckten Fähigkeiten bewirken Erstaunliches für die mehr als vier Millionen Menschen, die bereits an einem solchen Kurs teilgenommen haben.

Was tat der Städteplaner denn im einzelnen, als er zehn Minuten lang so ruhig dasaß?

Der Bericht eines anderen Mind-Control-Anhängers gibt uns einen Hinweis darauf, was geschah:

»Als ich gestern in Bermuda war, hatte ich ein unglaubliches Erlebnis. Es waren noch genau zwei Stunden bis zum Abflug meines Flugzeuges zurück nach New York, aber ich konnte mein Ticket nirgends finden. Fast eine Stunde lang durchsuchten wir zu dritt die Wohnung, wo ich untergebracht war. Wir sahen unter den Teppich, hinter den Kühlschrank – wir suchten überall. Dreimal packte ich meinen Koffer aus und wieder ein, aber es war nichts zu finden. Schließlich zog ich mich in einen stillen Winkel zurück, um mich zu konzentrieren. Kaum hatte ich meine Grundstufe erreicht, da konnte ich das Ticket so deutlich ›sehen‹, als läge es tatsächlich direkt vor mir. Es steckte (gemäß dieser Einsicht auf meiner Grundstufe) kaum wahrnehmbar zwischen lauter Büchern auf dem Boden eines Wandschranks. Ich rannte sofort zu dem Wandschrank, und da war mein Ticket, genau, wie ich es mir vorgestellt hatte!«

Wenn man nichts von der ›Mind-Control-Methode‹ weiß und versteht, klingt das unglaublich, aber in den Schriften José Silvas, des Begründers dieser Methode, erfährt man von noch viel erstaunlicheren Fähigkeiten und Kräften des eigenen Geistes. Und das Erstaunlichste daran ist vielleicht, wie leicht und schnell man lernen kann, sie zu gebrauchen.

José Silva hat den größten Teil seines Lebens der Erforschung jener geheimnisvollen Leistungsmöglichkeiten gewidmet, zu denen der menschliche Geist bei entsprechender Übung fähig ist. Das Resultat dieses jahrzehntelangen Forschens und Experimentierens liegt vor uns in Form eines 40–48stündigen Kurses, an dem jedermann teilnehmen kann und dessen Ergebnis darin besteht,

sich wieder an Dinge und Ereignisse erinnern zu können, die man als völlig vergessen angesehen hatte;

Schmerzen unter Kontrolle zu bringen, zu lindern oder ganz auszuschalten;

Heilungen zu beschleunigen;

unerwünschte oder schädliche Angewohnheiten loszuwerden;

die Fähigkeit der intuitiven Erfassung zu verbessern und sich des sogenannten Sechsten Sinnes in schöpferischer Weise zu bedienen;

die kleineren und größeren Probleme des Alltagslebens zu lösen.

Außerdem werden Sie erfüllt sein von einem inneren Zustand des Friedens, der Fröhlichkeit und Zuversicht, die ihre Grundlage haben in der während der Mind-Control-Ausbildung gewonnenen Überzeugung, daß Sie in der Lage sind, Ihren ganzen Lebensablauf besser und leichter zu beherrschen und zu steuern, als Sie es sich jemals hätten träumen lassen.

Es liegt nun zum ersten Mal ein Buch in deutscher Sprache vor, das den Leser in die Lage versetzt, wenigstens einen Teil jener Methoden zu erlernen und anzuwenden, die bisher ausschließlich in den 40—48-Stunden-Ausbildungskursen gelehrt wurden. Wobei allerdings zu bemerken ist, daß der Umfang des Kurs-Ausbildungsprogramms über das in diesem Buch Beschriebene hinausgeht.

José Silva gibt zu, daß er viele Anregungen zu seinem Lebenswerk aus den östlichen wie westlichen Weisheitslehren entnommen hat, die er indessen zu einem Endprodukt vereinigt hat, das man als typisch amerikanisch (und abendländisch) bezeichnen kann: Die Mind-Control-Kurse — und damit auch dieses Buch — sind völlig auf die Lebenspraxis ausgerichtet. Alles zielt darauf ab, dem Leser beziehungsweise Kursusteilnehmer zu helfen, sein ganzes Leben im Hier und Jetzt glücklicher, erfolgreicher und gesünder zu machen.

Wenn Sie gewissenhaft von einer Übung zur anderen fortschreiten, wie sie in den von José Silva geschriebenen Kapiteln dargestellt sind, wird ein Erfolgserlebnis dem anderen folgen und so Ihr Selbstvertrauen und Ihre Zuversicht derart kräftigen, daß Sie nach und nach zu Leistungen fähig sind, die Sie, bevor Sie mit Mind Control bekannt geworden sind, für vollkommen unmöglich hielten. Es liegen aber wissenschaftliche Beweise dafür vor, daß Ihr Geist wirklich und wahrhaftig imstande ist, ›Wunder‹ zu bewirken. Eine Bestätigung dieser Behauptung kann in der Tatsache gesehen werden, daß bis heute etwa vier Millionen Menschen in vielen Kontinenten und Ländern mit Erfolg an Mind-Control-Kursen teilgenommen haben und die versprochene Verbesserung ihrer Lebensumstände an sich selbst erfahren konnten.

Stellen Sie sich einmal vor, Sie würden die Kräfte Ihres Geistes zur Verbesserung Ihrer Sehkraft benutzen. Hierzu ein Fall aus der Praxis:

»Als ich an meinem ersten Mind-Control-Kurs teilnahm, bemerkte ich, daß sich meine Sehkraft veränderte und besser wurde. Bisher hatte ich seit meiner Kindheit zehn Jahre lang bis zur Staatsprüfung Brillen getragen, dann abermals ab meinem 38. Lebensjahr. Mein linkes Auge, so wurde mir gesagt, sei dreimal schwächer als das rechte. Meine erste Brille im Jahre 1945 war eine Lesebrille, doch schon vier Jahre später mußte ich Bifokalgläser haben, und zwar immer stärkere. Nach dem Mind-Control-Kurs stellte ich fest, obwohl ich immer noch ohne Brille nicht lesen konnte, daß meine Sehkraft deutlich zunahm. Die Veränderung zum Besseren ging so rasch vor sich, daß ich mich entschloß, so lange wie irgend möglich zu warten, bevor ich die Gläser abermals wechselte. Und dann konnte ich zu jener Brille zurückkehren, die ich vor zwanzig Jahren getragen hatte. Als der in meinem Ort wohnende Optiker meine Augen untersuchte, fand er ebenfalls, daß die Brille von dermaleinst so gut zu meiner gesteigerten Sehkraft paßte, daß ich sie bis zum Eintreffen der neuen Brille ohne weiteres tragen konnte.«

Das mag Ihnen, dem Leser dieser Zeilen, höchst seltsam vorkommen, doch wenn Sie das zehnte Kapitel in diesem Buch gelesen haben, werden Sie wissen, was man tut, um die Herrschaft des Geistes über den Körper auszuüben und den Vorgang der natürlichen Heilung zu beschleunigen. Die Mind-Control-Methode ist erstaunlich einfach, wie auch aus den Zeilen jener Frau hervorgeht, die innerhalb von nur vier Monaten zwanzig überflüssige Pfunde ihres Körpergewichts verlor.

»Als erstes stellte ich mir innerhalb eines dunklen Rahmens einen Tisch vor, auf dem leckere Eiscreme, Kuchen und ähnliche Sachen standen, alle jene Dinge, von denen ich wußte, daß sie dick machen. Ich strich in der Vorstellung alles mit einem großen roten X energisch durch und erblickte mich dann selbst als eine recht breite und plumpe Gestalt, wie man sie von den Karnevalsumzügen her kennt. Dann wechselte ich die Szene und stellte mir bildhaft-plastisch ein von goldenem Licht überstrahltes ›Stilleben‹ vor, in dessen Mitte ein mit all den wohlbekömmlichen Speisen gedeckter Tisch stand, von denen ich wußte, daß sie meiner Gesundheit dienlich sind. Ich versah das ganze Bild mit einem goldenen Gütezeichen und sah mich gleichzeitig – immer in der Vorstellung – in einem Spiegel, wie ich groß und schlank dastand. Im Geiste sprach ich eindringlich zu mir selber, daß ich in Zukunft nur noch auf Speisen wie die auf dem goldüberstrahlten Tisch Appetit haben würde. Ich hörte dabei, wie alle meine Freunde über meine phantastische Figur staunten und sie lobten, und zwar an einem ganz bestimmten Tag, was besonders wichtig für mich war, weil ich dadurch ein zeitlich genau festgesetztes Ziel vor mir sah. Und ich schaffte es! Obwohl ich schon ewig lange Zeit diät gelebt hatte, war die oben beschriebene geistige Mind-Control-Methode die einzige, die bei mir gewirkt hat.«

Das ist Silva Mind Control – jene Methode, mit der Sie meditativ in tiefe Bewußtseinszustände hinabsteigen und Ihren Geist durch Übung dazu bringen können, die Führung und Aufsicht über alles Geschehen zu übernehmen, dabei jene den tieferen Schichten eigene Bildersprache benutzend, deren Wirkung durch entsprechende Worte noch verstärkt werden kann. Die daraus hervorgehenden Resultate werden immer erstaunlicher und grenzenlos entwicklungsfähig für den, der in Übung bleibt.

Sie sehen: Dies ist kein gewöhnliches Buch! Es führt Sie in leicht nachvollziehbaren Schritten zuerst in die verschiedenen Meditationsmethoden ein, und wenn Sie diese erlernt haben, werden Sie ohne besondere Anstrengung Dinge zu vollbringen imstande sein, die in den Augen anderer unglaublich erscheinen.

Es ist dies eigentlich ein Buch innerhalb eines anderen. Das ›äußere‹ Buch (die Kapitel 1 und 2 sowie 16 bis 19), verfaßt von *Philip Miele,* beschreibt das beinahe explosive Wachsen der Silva-Mind-Control-Organisation und den Nutzen, den die Kurse Millionen von Teilnehmern in aller Welt gebracht haben. In den anderen Kapiteln, dem ›inneren‹ Buch, macht Sie *José Silva* mit einer Reihe von technischen Anwendungen vertraut, wie sie in den Mind-Control-Kursen gelehrt werden. Weil in diesen Kursen in Gruppen gearbeitet wird und erfahrene Ausbilder die Leitung haben, ist es nicht verwunderlich, daß die Ergebnisse eines 40–48-Stunden-Kurses schneller eintreten und noch intensiver sind als die, die Sie im Alleingang erzielen. Nichtsdestoweniger: wenn Sie José Silvas Anweisungen sorgfältig folgen und die Übungen geduldig und zielbewußt durchführen, werden die Resultate Ihr Leben grundlegend zum Besseren wandeln; nicht so rasch wie in den Kursen, aber ebenso gewiß.

Sie sollten dieses Buch in einer ganz bestimmten Weise lesen: zuerst einmal durchgehend von vorn bis hinten. Bitte sehen Sie aber davon ab, schon während des ersten Durchlesens mit den Übungen anzufangen! Sodann lesen Sie die Kapitel 3 bis 15 noch einmal mit Bedacht, um auf diese Weise noch ein klareres Bild von dem Weg, den Sie nun gehen wollen, zu bekommen. Fangen Sie dann beim Kapitel 3 wieder an und führen die dort beschriebenen Übungen aus – und zwar nur diese – einige Wochen lang. Wenn Sie glauben, das in Kapitel 3 gesetzte Ziel erreicht zu haben, gehen Sie weiter zu Kapitel 4 und so weiter.

Als autorisierte Kursleiterin und beratende Psychologin führt *Maria Sorel de Neufchateau* für die Leser dieses Buches folgendes aus:

Es ist richtig, wenn José Silva sagt, daß die gründliche und gewissenhafte Durcharbeitung dieses Buches mit den erforderlichen wochen- und monatelangen Übungen den Leser befähigt, die beschriebenen Mind-Control-Methoden zu beherrschen. Er ist sich aber zugleich darüber im klaren, daß es für einen ernsthaft Interessierten besser, zeitsparender und einfacher ist, wenn er an einem der Mind-Control-Kurse teilnimmt, die außer im gesamten deutschsprachigen Raum in 53 anderen Ländern laufend durchgeführt werden; ganz abgesehen davon, daß jeder Kursteilnehmer einen Ausweis bekommt, der ihn − ganz gleich in welchem Land − zur kostenlosen Wiederholung des Kurses berechtigt.

Wer sich aufgrund der Lektüre dieses Einführungsbuches entschließt, an einem der Original-Silva-Mind-Control-Kurse teilzunehmen, wende sich wegen näherer Auskünfte an das deutschsprachige Zentrum der Silva-Mind-Control-Methode, Frau Elke Rickenbach, Postfach 104, CH-8702 Zollikon/Zürich. Telefon 01-3916094.

1

Wunder des menschlichen Bewußtseins

Können Sie sich vorstellen, mit einer alles überragenden Intelligenz in direkten konkreten Kontakt zu treten und in einem Augenblick höchster Freude zu erfahren, daß diese Intelligenz auf Ihrer Seite steht? Können Sie sich vorstellen, daß Sie diesen Kontakt auf so einfache Art und Weise hergestellt haben, daß Sie sich nun nie mehr hilflos von jener intelligenten Energie getrennt fühlen werden, an deren Existenz Sie immer geglaubt haben, die Sie aber nie erreichen konnten − eine hilfreiche Idee, ein Geistesblitz zur rechten Zeit, das Gefühl der Anwesenheit eines liebenden, starken höheren Wesens? Was würden Sie dabei empfinden?

Es wäre ein außerordentliches Erlebnis, fast wie geistige Ehrfurcht.

Soweit kommt man nach vier Tagen Ausbildung in José Silvas Mind-Control-Methode. Bis heute wissen das mehr als vier Millionen Menschen; sie haben diese Ausbildung mitgemacht. Und je vertrauter Ihnen die Anwendung der Methoden, die ein solches Gefühl hervorrufen, wird, desto erfüllter, gesünder und problemloser wird Ihr Leben.

In diesem Buch wird José Silva einige dieser Methoden erklären, damit Sie sie selbst anwenden können. Verfolgen wir zuerst einmal den Beginn einer Mind-Control-Stunde, und schauen wir uns an, was geschieht.

Am Anfang steht ein Einführungsreferat von einer Stunde und zwanzig Minuten Dauer. Der Lehrer erklärt den Begriff ›Silva Mind Control‹ und gibt einen Überblick über die zwei Jahrzehnte der Forschung, in denen Mind Control entwickelt wurde. Dann geht er kurz auf die Methoden ein, mittels derer die Teilnehmer fähig sein werden, das Gelernte zur Verbesserung der Gesundheit, zur Lösung alltäglicher Probleme, zur Erleichterung des Lernprozesses und zur Vertiefung des geistigen Bewußtseins anzuwenden. Darauf folgt eine Pause von zwanzig Minuten.

Während dieser Pause lernen sich die Teilnehmer näher kennen. Sie stammen aus den verschiedensten Verhältnissen. Eine typische Zusammensetzung wäre etwa: Ärzte, Sekretärinnen, Lehrer, Taxifahrer, Hausfrauen, Schüler und Studenten, Psychiater, Geistliche und Rentner.

Nach der Pause folgt wieder ein Unterricht von einer Stunde und zwanzig Minuten Dauer, in dem zuerst Fragen beantwortet und dann mit der ersten Übung, die auf eine tiefere Bewußtseinsebene führt, begonnen wird. Der Kursleiter erklärt, daß es sich um einen Zustand tiefer Entspannung handelt und daß diese Entspannung tiefer als der Schlaf selbst, jedoch von einem erweiterten Bewußtsein begleitet ist. Eigentlich handelt es sich um einen veränderten Bewußtseinszustand, wie er in jeder Art Meditation sowie im tiefen Gebet eintreten kann. Es werden keine Drogen oder Biofeedback-Geräte eingesetzt.

Mind-Control-Lehrer bezeichnen den Übergang in diesen Zustand als ›auf die Grundstufe gehen‹ oder manchmal auch als ›in Alpha gehen‹.

In einer dreißigminütigen Übung führen sie die Teilnehmer sanft auf diese Bewußtseinsebene und geben dabei Anweisungen in leicht verständlicher Sprache. Das gesamte Mind-Control-Vokabular ist für jedermann verständlich; es werden weder wissenschaftliche Fachausdrücke noch fernöstliche Wörter gebraucht.

Einige Teilnehmer haben vielleicht schon vor dem Besuch dieses Kurses zu meditieren gelernt, sei es durch Methoden, die man sich in ein paar Wochen aneignet, oder nach monatelangen unermüdlichen Bemühungen. Diese Teilnehmer sind erstaunt über eine einfache Übung, die nur dreißig Minuten dauert.

Einer der ersten Sätze, den die Teilnehmer hören, ist folgender: »Sie sind dabei zu lernen, mehr von Ihren geistigen Fähigkeiten anzuwenden, und Sie lernen, es in einer besonderen Weise zu tun.«

Die Teilnehmer hören diese einfache Aussage am Anfang und verarbeiten sie gleich. Die volle Bedeutung dieses Satzes ist in der Tat verblüffend. Jedermann — ausnahmslos jedermann — verfügt über ein Bewußtsein, das leicht dazu gebracht werden kann, Fähigkeiten zu entwickeln, deren Existenz Anfänger offen anzweifeln. Erst wenn sie diese Fähigkeiten selbst erleben, beginnen sie, an diese Kräfte zu glauben.

Außerdem sagt man den Teilnehmern: »Versetzen Sie sich geistig an einen Ort, der für Sie der ideale Entspannungsort wäre.« Dies ist eine angenehme, beruhigende und bemerkenswert intensive Übung, die sowohl das Vorstellungsvermögen stärkt als auch zu tiefer Entspannung führt.

Eine Bemerkung zur Meditation: In der Alltagssprache bedeutet Meditieren, etwas überdenken. Wenn Sie z. B. dieses Buch einen Augenblick beiseite legen und sich überlegen, was Sie morgen abend essen möchten, dann meditieren Sie.

Bei den verschiedenen Arten der Meditation hat das Wort jedoch eine spezifischere Bedeutung und bezieht sich auf eine bestimmte Bewußtseinsebene. Bei gewissen Meditationsarten ist das Erreichen dieser Ebene Selbstzweck, ein Mittel zur Befreiung des Geistes von allen bewußten Gedanken. Wie zahlreiche Untersuchungen gezeigt haben, wird dadurch eine angenehme Ruhe geschaffen und dazu beigetragen, Krankheiten, die durch Anspannung hervorgerufen werden, zu verhindern oder zu lindern.

Dabei handelt es sich um passive Meditation. Silva Mind Control geht aber weit darüber hinaus. Hier wird gelehrt, wie man diese Bewußtseinsstufen zur Lösung von kleinen oder größeren bedrückenden Problemen anwenden kann. Das ist dynamische Meditation — eine faszinierende Kraftentfaltung.

Heutzutage hören wir immer wieder über *Alpha*. Alpha ist eine typische Wellenform, d. h. eine Art elektrischer Energie, die vom Gehirn produziert wird. Sie kann mit einem Elektroenzephalogramm (EEG) gemessen werden. Der Rhythmus dieser Wellen wird in Zyklen pro Sekunde ausgedrückt. Im allgemeinen bezeichnet man einen Wert von 14 Zyklen pro Sekunde und mehr als *Beta-*, einen Wert von 7 bis 14 als Alpha-, von 4 bis 7 als *Theta-* und von 4 und darunter als *Delta*-Wellen.

Wenn Sie hellwach und in Ihrer alltäglichen Arbeitswelt aktiv sind, so befinden Sie sich im Wachbewußtsein, das heißt im Bereich der Beta-Wellen, auch ›äußeres Bewußtsein‹ genannt. Beim Tagträumen, kurz vor dem Einschlafen oder während des Erwachens befinden Sie sich in Alpha. Mind-Control-Teilnehmer nennen diese Zone ›inneres Bewußtsein‹. Wenn Sie schlafen, befinden Sie sich nicht, wie viele glauben, nur in Alpha, sondern abwechselnd in Alpha, Theta oder Delta. Mit Mind-Control-Ausbildung können Sie beliebig und bei unverminderter Wachheit in Alpha gehen.

Vielleicht sind Sie nun gespannt zu erfahren, wie man sich in diesen verschiedenen Bewußtseinszonen fühlt.

Die Beta-Zone, d. h. völlig wach zu sein, ruft kein spezifisches Gefühl hervor. Dort sind die Möglichkeiten unendlich: Sie können zuversichtlich oder ängstlich, beschäftigt oder untätig, in etwas vertieft oder gelangweilt sein.

Auf den tieferen Ebenen sind die Möglichkeiten für die meisten Menschen beschränkt. Man hat gelernt, sich in Beta und nicht in Alpha oder Theta zu bewegen. Auf den tieferen Ebenen ist man dann ganz erheblich eingeschränkt; dort bleibt nur Tagträumen, die Grenzbereiche des Schlafs oder der Schlaf selbst. Aber mit Mind-Control-Ausbildung öffnet sich ein unbegrenzter Horizont von vielfältigen nützlichen Möglichkeiten. Harry McKnight, einer der Direktoren von Silva Mind Control, schrieb: »Wie Beta, der Bereich des normalen Wachzustands, verfügt auch der Alpha-Bereich über eine vollständige Anzahl von Sinnesfähigkeiten.« Mit anderen Worten: Wir können in Alpha andere Dinge tun als in Beta.

Dies ist ein Grundpfeiler von Mind Control. Wenn Sie sich mit diesen Sinnesfähigkeiten einmal vertraut gemacht und gelernt haben, wie sie anzuwenden sind, werden Sie Ihr Bewußtsein besser und auf besondere Art und Weise nutzen können. Sie werden dann jederzeit fähig sein, in andere Dimensionen vorzustoßen, um unbegrenzte Möglichkeiten zu entdecken.

Die meisten Menschen kommen deshalb zu Mind Control, weil sie Entspannung suchen oder der Schlaflosigkeit ein Ende setzen, Kopfschmerzen lindern oder lernen wollen, wie man das Rauchen aufgibt, das Körpergewicht reduziert, das Gedächtnis verbessert oder leichter lernt – Ziele, die sonst nur unter Aufwendung großer Willenskraft erreicht werden können. Mit solchen Absichten kommen die meisten; aber sie lernen viel, viel mehr.

Sie lernen, daß die fünf Sinne – Tast-, Geschmacks- und Geruchssinn sowie Hören und Sehen – nur ein Teil der Sinne sind, mit denen sie geboren wurden. Es gibt andere Dinge, ob man sie nun Sinne oder Fähigkeiten nennt, die einst nur einigen wenigen Begnadeten und Mystikern bekannt waren, die sie, abgeschieden vom Gang der Welt, über Hunderte von Jahren entwickelten. Der Auftrag von *Mind Control* besteht darin, uns zu schulen, diese Fähigkeiten zu wecken.

Was dieses Erwecken bedeuten kann, wurde von Nadine Bertin, der Redakteurin für Schönheitsfragen bei ›Mademoiselle‹, in der Ausgabe vom März 1972, treffend beschrieben:

»Unsere Drogenkultur kann ihre Pillen, Pülverchen oder Spritzen haben, um damit das Bewußtsein zu erweitern. Ich ziehe etwas Unverfälschtes, Natürliches vor. Mind Control lehrt uns, wie wir unser Bewußtsein erweitern können und in der Lage sind, es gezielt einzusetzen. Die Bezeichnung ›Bewußtseinskontrolle‹ ist zutreffend, denn im Gegensatz zu Drogen oder zur Hypnose behält man die absolute Kontrolle über sich selbst. Der Bewußtseinserweiterung, der Selbsterkenntnis und der Hilfe für andere durch Mind Control sind nur die eigenen Grenzen gesetzt. Alles ist möglich! Vielleicht erfährt man, daß andere Menschen diese Fähigkeiten entwickelt haben; und jetzt ist man imstande, das gleiche zu tun.«

2

Wer ist dieser José Silva?

José Silva wurde am 11. August 1914 in Laredo im Staate Texas geboren. Als er vier Jahre alt war, starb sein Vater. Seine Mutter heiratete bald darauf ein zweites Mal, und José kam mit seiner älteren Schwester und seinem jüngeren Bruder zu seiner Großmutter. Zwei Jahre später wurde er zum Ernährer der Familie, verkaufte Zeitungen, polierte Schuhe und verrichtete Gelegenheitsarbeiten. Abends schaute er seinen Geschwistern bei den Hausaufgaben zu, und seine Geschwister halfen ihm, Lesen und Schreiben zu lernen. Er ist nie zur Schule gegangen – außer später als Lehrer.

Josés Aufstieg aus der Armut begann an jenem Tage, als er im Friseurladen darauf wartete, bedient zu werden. Er holte sich etwas zu lesen. Zufällig stieß er auf eine Lektion eines Fernkurses im Reparieren von Radiogeräten. José wollte sich diese Lektion borgen, aber der Friseur wollte sie nur gegen Geld ausleihen unter der Bedingung, daß José die Prüfungsfragen auf der Rückseite im Namen des Friseurs beantwortete: Jede Woche bezahlte José einen Dollar, studierte die Lektion und füllte die Prüfungsformulare für den Friseur aus.

Kurze Zeit später hing ein Diplom im Friseurladen, während am anderen Ende der Stadt José im Alter von fünfzehn Jahren Radiogeräte zu reparieren begann. Im Laufe der Jahre wurde sein Reparaturgeschäft zu einem der größten in der Gegend und verschaffte ihm das Geld für die Ausbildung seiner Geschwister, die nötigen Mittel, um zu heiraten, und schließlich ungefähr eine halbe Million Dollar zur Finanzierung von zwanzig Jahren Forschung, die zur Entwicklung von Mind Control führten.

Ein anderer Mann mit Diplomen, die er sich gewissenhafter erarbeitet hatte als der Friseur, gab unabsichtlich den zündenden Funken zu dieser Forschungsarbeit. Dieser Mann war ein Psychiater, dessen Aufgabe darin bestand, Männer zu befragen, die während des Zweiten Weltkrieges in die Fernmeldetruppe einberufen worden waren.

»Sind Sie Bettnässer?«

José war sprachlos.

»Mögen Sie Frauen?«

José, Vater von drei Kindern, der später einmal zehn Kinder haben sollte, war entsetzt.

Sicher wußte dieser Mann mehr über den Geist des Menschen als der Friseur über Radiogeräte, dachte José. Weshalb also diese albernen Fragen?

Dieses Erlebnis war verwirrend und führte José auf eine Odyssee wissenschaftlicher Forschung, die ihn schließlich – ohne Diplome und Zeugnisse – zu einem der schöpferischen Gelehrten seiner Zeit machte. In seinen Anfängen wurden *Freud, Jung* und *Adler* durch ihre Werke zu seinen Lehrern.

Die albernen Fragen des Psychiaters bekamen jetzt eine tiefere Bedeutung, und bald war José fähig, eine eigene Frage zu stellen: Ist es möglich, die Lernfähigkeit eines Menschen – oder sogar seinen Intelligenzquotienten (IQ) – durch Hypnose zu erhöhen? Damals glaubte man, daß der IQ etwas Angeborenes sei, aber José war sich dessen nicht so sicher.

Er mußte die Frage zunächst beiseite legen, da er einen Elektronik-Kurs für Fortgeschrittene besuchte, um Ausbilder in der Fernmeldetruppe zu werden.

Als er aus dem Militärdienst entlassen wurde, seine Ersparnisse aufgebraucht waren und er nur noch 200 Dollar in der Tasche hatte, begann er sein Geschäft wieder aufzubauen. Gleichzeitig war er die Hälfte seiner Zeit als Lehrer im Laredo Junior College tätig, wo er drei anderen Lehrern vorstand und damit beauftragt war, für die Schule ein Elektronik-Labor einzurichten.

Fünf Jahre später blühte sein Reparaturgeschäft im Zuge der Verbreitung des Fernsehens wieder auf, und José setzte seiner Lehrerkarriere ein Ende. Wiederum wurde sein Geschäft zum größten in der ganzen Stadt. Sein Arbeitstag endete üblicherweise um neun Uhr abends. Anschließend pflegte er zu essen, half dann, die Kinder ins Bett zu bringen, und lernte darauf noch drei Stunden lang, sobald es im Hause ruhig geworden war. Er vertiefte sich noch weiter in das Thema ›Hypnose‹.

Das so Erlernte, zusammen mit seinem Wissen auf dem Gebiet der Elektronik und einigen ungenügenden Noten in den Zeugnissen seiner Kinder, führte ihn zurück zu jener Frage, die er sich früher einmal gestellt hatte: Können Lernfähigkeit und IQ durch Schulung des Geistes irgendwie verbessert werden?

José wußte schon, daß bei geistiger Tätigkeit Elektrizität produziert wird; er hatte von Experimenten gelesen, die zu Beginn des Jahrhunderts zur Entdeckung des Alpha-Rhythmus geführt hatten. Aus seiner Elektroniktätigkeit wußte er überdies, daß der Stromkreis mit dem geringsten Widerstand der ideale Stromkreis ist, da er die elektrische Energie am besten ausnutzt.

Würde das Gehirn ebenfalls wirksamer funktionieren, wenn man den Widerstand vermindert? War eine solche Widerstandsherabsetzung überhaupt möglich?

Mittels Hypnose begann José, den Geist seiner Kinder zu beruhigen, und er entdeckte etwas, was vielen paradox erschien: Er fand heraus, daß das Gehirn leistungsfähiger ist, wenn es weniger aktiv ist, daß es bei niedrigeren Frequenzen mehr Informationen aufnimmt und speichert. Es sollte das entscheidende Problem werden, den Geist bei diesen Frequenzen, auf denen üblicherweise eher Tagträume und Schlaf regieren, wach zu halten.

Hypnose verhalf zwar zu jener Aufnahmefähigkeit, die José angestrebt hatte, jedoch nicht zu einem unabhängigen Denken, mit dem die Dinge durchdacht und damit verstanden werden können. Es genügt nicht, den Kopf voller eingeprägter Fakten zu haben; man benötigt auch Einsicht und Verständnis.

José ließ die Anwendung von Hypnose bald fallen und begann, mit Übungen zur Schulung des Geistes zu experimentieren, durch die das Gehirn beruhigt und doch unabhängiger wach gehalten würde als durch die Hypnose. Diese Übungen, so folgerte er, würden das Gedächtnis stärken, das Verständnis verbessern und damit zu einem höheren IQ führen.

Die Übungen, aus denen sich Mind Control entwickelte, bedingten entspannte Konzentration und intensive geistige Verbildlichung oder Visualisierung, um tiefere Bewußtseinsebenen zu erreichen. Waren diese einmal erreicht, so erwiesen sie sich für das Lernen als wirksamer als der normale Wachzustand. Den Beweis dafür lieferte die auffällige Verbesserung der Noten von Josés Kindern über einen Zeitraum von drei Jahren, währenddessen er seine Methoden verfeinerte.

Damit erzielte José einen außerordentlich wichtigen Erfolg, der seither durch andere Forschungsarbeit, hauptsächlich durch Biofeedback, bestätigt worden ist. Als erster bewies er, daß man lernen kann, im Alpha- und Theta-Bereich bei vollem Bewußtsein zu handeln.

Ein weiterer gleichermaßen erstaunlicher Erfolg ließ nicht lange auf sich warten.

Eines Abends, als seine Tochter sich auf ihre ›Grundstufe‹ begeben hatte (um moderne Mind-Control-Terminologie zu verwenden), stellte José ihr Fragen über ihre Schularbeiten. Während sie eine Frage beantwortete, legte er sich im Geiste bereits die nächste zurecht. So waren sie immer vorgegangen, und bis zu jenem Augenblick verlief auch alles so, wie sie es schon unzählige Male zuvor gemacht hatten. Aber plötzlich kam es zu einer bemerkenswerten Veränderung des gewohnten Schemas: Sie beantwortete eine Frage, die ihr Vater noch gar nicht gestellt hatte. Dann noch eine und noch eine.

Dies geschah im Jahre 1953, als ASW (Außersinnliche Wahrnehmung) dank des von Prof. J. B. Rhine von der Duke University veröffentlichten Werkes schon weitgehend zum ernsthaften Gegenstand wissenschaftlicher Untersuchung geworden war. José schrieb Prof. Rhine einen Brief, um darüber zu berichten, daß er seine Tochter in ASW geschult hätte. Er bekam eine enttäuschende Antwort. Prof. Rhine deutete an, daß das Mädchen vielleicht ganz einfach medial veranlagt sei. Ohne das Mädchen vor dieser Schulung daraufhin untersucht zu haben, könne man das gar nicht entscheiden.

In der Zwischenzeit hatten Josés Nachbarn bemerkt, daß seine Kinder ihre Hausaufgaben erheblich besser machten als früher. Zu Beginn seiner Experimente hatten sich die Nachbarn von seinen Erforschungen des Unbekannten distanziert, war doch dieses Unbekannte vielleicht auf Kräfte zurückzuführen, mit denen man sich lieber nicht einließ. Die Erfolgsserie eines Mannes, der mit seinen eigenen Kindern arbeitete, konnte aber nicht unbeachtet bleiben. Könnte José ihre Kinder nicht auch schulen?

Nach dem Brief von Prof. Rhine kam José diese Frage wie gerufen. Wenn er mit anderen Kindern dasselbe wie mit den eigenen erreichte, würde er eines jener wiederholbaren Experimente zustande gebracht haben, die die Grundlage jeder wissenschaftlichen Methode bilden.

In den folgenden zehn Jahren schulte er in Laredo 39 Kinder und erzielte noch bessere Resultate, da er seine Methoden von Kind zu Kind ein wenig verfeinerte. Damit stellte sich ein weiterer großer Erfolg ein: Zum ersten Mal in der Geschichte hatte jemand eine Methode entwickelt, um jedermann in ASW zu unterrichten; und als Beweis konnte José 39 wiederholbare Experimente vorlegen.

Dann ging es darum, die Methode zu vervollkommnen.

Innerhalb von drei weiteren Jahren entwickelte José den Grundkurs, wie er heute konzipiert ist. Die Ausbildung dauert nur 40 bis 48 Stunden und ist ebenso wirksam für Erwachsene wie für Kinder, was bisher durch etwa vier Millionen ›Experimente‹ bzw. Absolventen dieses Grundkurses bestätigt worden ist – ein Maß an Wiederholbarkeit, das kein aufgeschlossener Wissenschaftler ignorieren kann.

José finanzierte diese langen Jahre der Forschung durch sein expandierendes Elektronik-Geschäft. Für ein so ausgefallenes Forschungsgebiet wie das seine gab es weder ein Universitätsstipendium noch Staats- oder Stiftungsbeihilfen. Heute ist die Mind-Control-Organisation ein blühendes Familienunternehmen, das seine Gewinne weitgehend auf weitere Forschungszwecke und die Finanzierung der zunehmenden Expansion verwendet. Es gibt Mind-Control-Lehrer und -Zentren in sämtlichen 50 Staaten Amerikas und in 54 anderen Ländern.

Trotz all dieser Erfolge ist José weder eine Berühmtheit noch ein Guru oder Religionsführer mit Anhängern und Jüngern geworden. Er ist ein schlichter Mensch aus einfachen Verhältnissen mit dem weichen Akzent eines Mexiko-Amerikaners. Er ist ein kraftvoller, untersetzter Mann mit einem liebenswürdigen Gesicht, über das oft ein Lächeln huscht.

Jedermann, der José fragt, was ihm der Erfolg bedeute, wird mit einer Flut von Erfolgsgeschichten überhäuft. Hier einige Beispiele:

Eine Frau schrieb einen Brief an die Bostoner Zeitung ›Herald American‹ mit der Bitte um Hilfe für ihren Mann, der von Migräne geplagt wurde. Die Zeitung veröffentlichte den Brief und tags darauf einen zweiten von jemand anderem, der ebenfalls dringend eine Methode zur Bekämpfung von Migräne suchte.

Eine Ärztin las diese Briefe und schrieb, sie selbst hätte ihr ganzes Leben lang Migräne gehabt. Dann aber hätte sie an einem Mind-Control-Kursus teilgenommen, und seither wäre die Migräne völlig verschwunden.

»Und stellen Sie sich vor, bei der nächsten Einführungsstunde war der Saal gerammelt voll!«

Ein bekannter Psychiater rät all seinen Patienten, Mind Control zu erlernen. Seiner Meinung nach verhilft ihnen das zu Erkenntnissen, für die sie sonst bis zu zwei Jahren an Psychotherapie benötigen würden.

Mind-Control-Absolventen haben ein gesamtes Marketingunternehmen als Genossenschaft aufgebaut, wobei sie das Gelernte dazu anwandten, neue Produkte zu erfinden und entsprechende Vermarktungsmethoden zu entwickeln. Innerhalb von drei Jahren hat das Unternehmen achtzehn neue Produkte auf den Markt gebracht.

Ein Werbefachmann brauchte jeweils ungefähr drei Monate, um eine Werbekampagne für neue Kunden auszuarbeiten, was in dieser Branche einem Durchschnittswert entspricht. Heute kommen ihm die Leitgedanken in zwanzig Minuten in den Sinn, und die übrige Arbeit ist in zwei Wochen getan.

Vierzehn Baseballspieler von den Chicago White Sox lernten Mind Control. Alle konnten ihre Erfolgsquote erhöhen; die meisten erzielten sogar erstaunliche Verbesserungen.

Der Ehemann einer Frau mit Übergewicht empfahl ihr, es doch mit Mind Control zu versuchen, da jede Diät fehlgeschlagen war. Sie willigte unter der Bedingung ein, daß er mitgehen würde. Sie nahm in sechs Wochen zwanzig Pfund ab, und er wurde Nichtraucher.

Ein Professor an einem College für Pharmazie unterrichtet seine Studenten in Mind Control. »Ihre Zensuren steigen in allen Fächern, während sie weniger vorzubereiten haben und entspannter sind... Jedermann weiß schon, wie er seine Phantasie einsetzen soll. Ich bringe meine Studenten nur dazu, dies öfter zu üben. Ich zeige ihnen, daß Phantasie wichtig ist und daß ein Stück Wirklichkeit in ihr steckt, das sie gebrauchen können.«

Obwohl José oft lächelt, wird er ein bißchen ernster, wenn er hört: »José, Sie haben mein Leben geändert!« Dann erwidert er: »Nein, das habe ich nicht getan. Sie haben es getan, mit Ihrem eigenen Bewußtsein.«

Ab dem nächsten Kapitel wird Ihnen José zeigen, wie Sie mittels Ihres Bewußtseins Ihr Leben verändern können.

3

Die Kunst des Meditierens*

Ich werde Ihnen helfen, meditieren zu lernen. Wenn Sie das lernen, werden Sie auf einer Bewußtseinsstufe sein, die Sie befähigt, Ihre Phantasie zur Lösung all Ihrer Probleme einzusetzen. Aber vorerst wollen wir uns nur auf das Meditieren beschränken; das Lösen von Problemen werden wir später behandeln.

Weil Sie nun ohne einen erfahrenen Führer nur durch dieses Buch lernen werden, werde ich mich einer etwas anderen und ein bißchen langsameren Methode bedienen, als sie in den Mind-Control-Kursen zur Anwendung kommt. Es wird Ihnen dann keine Schwierigkeiten machen.

Sie werden auch schon Probleme lösen können, wenn Sie nur meditieren lernen und dort aufhören. In der Meditation geschieht etwas Schönes, und die Schönheit, auf die Sie stoßen, ist beruhigend. Je mehr man meditiert, desto tiefer geht man in sich selbst, desto fester findet man Halt an einem inneren Frieden, der so stark ist, daß nichts im Leben ihn erschüttern kann.

Auch Ihr Körper wird davon profitieren. Zuerst werden Sie bemerken, daß Sie beim Meditieren keine Sorgen und

---

* Bitte beachten: Dieses Kapitel und die folgenden bis Kapitel sechzehn sind möglicherweise etwas vom Bedeutendsten, was Sie je gelesen haben. José wird Sie mit den Grundzügen seines Silva-Mind-Control-Kurses vertraut machen. Bitte gehen Sie genau nach Leseanleitung vor, um den größten Nutzen aus diesen Kapiteln zu ziehen. Sie finden die Anleitung in der Einführung.

Schuldgefühle mehr haben. Etwas vom Schönsten beim Meditieren in Alpha ist die Tatsache, daß Sie Ihre Schuldgefühle und Ihren Ärger nicht mitbringen können. Wenn solche Gefühle eindringen, kommen Sie ganz von selbst aus der meditativen Bewußtseinsstufe heraus. Im Laufe der Zeit werden diese Gefühle länger fernbleiben, bis sie eines Tages für immer verschwunden sind. Das bedeutet, daß solche Tätigkeiten des menschlichen Geistes, die den Körper krank machen, neutralisiert sind. Der Körper ist zum Gesundsein geschaffen. Er hat seine eigenen eingebauten Heilmechanismen. Diese Mechanismen werden von einem Bewußtsein, das nicht darin geschult ist, sich selbst unter Kontrolle zu haben, blockiert. Meditation ist die erste Etappe in Mind Control; sie allein wird viel dazu beitragen, die Heilkraft im Körper freizulegen und ihm die einst unter Anspannung verschwendete Energie zurückzugeben.*

Um den Alpha-Bereich oder die meditative Bewußtseinsstufe zu erreichen, brauchen Sie nur folgendes zu tun:

Wenn Sie morgens aufwachen, gehen Sie, wenn nötig, auf die Toilette und dann zurück ins Bett. Stellen Sie Ihren Wecker auf eine Viertelstunde später, falls Sie während der Übung einschlafen sollten. Schließen Sie die Augen und blicken Sie in einem Winkel von etwa 20 Grad nach oben. Allein diese Augenstellung veranlaßt das Gehirn, Alpha-Wellen zu erzeugen.

Dann zählen Sie langsam, mit Abstand von ungefähr zwei Sekunden, von einhundert bis eins zurück. Konzentrieren Sie Ihr Bewußtsein voll darauf, und Sie werden gleich beim ersten Mal den Alpha-Zustand erreichen.

In den Mind-Control-Kursen reagieren die Teilnehmer ganz verschieden auf ihr erstes Erlebnis. »War das schön!« sagen die einen; andere meinen: »Ich habe überhaupt nichts gespürt.« Der Unterschied liegt viel weniger darin, was mit

---

* Beispiele dafür werden in späteren Kapiteln angeführt.

ihnen geschah, als in ihrer herkömmlichen Vertrautheit mit dieser Bewußtseinsebene. Jedermann ist mehr oder weniger damit vertraut. Der Grund dafür ist folgender: Morgens, wenn wir erwachen, sind wir oft eine Zeitlang in Alpha. Der Weg von Theta, der Schlafzone, zu Beta, dem Wachzustand, führt zwangsläufig über Alpha, und häufig verweilen wir dort während unserer allmorgendlichen Beschäftigungen.

Wenn Sie glauben, daß während der ersten Übung nichts geschehen sei, dann hat das nur zu bedeuten, daß Sie zuvor schon oft in Alpha gewesen waren, ohne sich dessen bewußt gewesen zu sein. Entspannen Sie sich einfach, zweifeln Sie nicht, und bleiben Sie bei den Übungen.

Obwohl Sie bei voller Konzentration gleich beim ersten Versuch den Alpha-Zustand erreichen können, müssen Sie immer noch sieben Wochen üben, um auf tiefere Alpha-Stufen und dann in den Bereich der Theta-Wellen zu kommen. Wenden Sie die Rückwärtszählmethode von einhundert bis eins zehn Tage lang jeden Morgen an. Dann zählen Sie je zehn Tage von fünfzig bis eins, von fünfundzwanzig bis eins, von zehn bis eins und schließlich von fünf bis eins.

Wenden Sie gleich vom ersten Mal an immer dieselbe Methode an, um wieder aus Alpha herauszukommen. Dadurch werden Sie eher verhindern können, zu plötzlich herauszufallen.

Wir wenden bei Mind Control folgendes Verfahren an: Wir sagen uns innerlich: »In einem Augenblick werde ich langsam bis fünf zählen; dann öffne ich die Augen, werde hellwach und fühle mich viel besser als zuvor. Eins – zwei – drei – ich bereite mich auf die Augenöffnung vor – vier – fünf – Augen offen – ich bin hellwach und fühle mich viel besser als zuvor.«

Sie werden zwei Verfahren entwickeln, eins, um auf die Grundstufe zu gelangen, das andere, um wieder herauszukommen. Wenn Sie die Formeln ändern, müssen Sie sie genauso neu erlernen, wie Sie es mit der ersten taten. Und das wäre sinnlos.

Wenn Sie einmal gelernt haben, morgens mit der Zählmethode von fünf bis eins auf die Grundstufe zu gehen, dann können Sie zu jeder beliebigen Tageszeit auf diese Grundstufe kommen. Sie brauchen dafür nur zehn oder fünfzehn Minuten Zeit zu opfern. Weil Sie aber dann von Beta aus, nicht von Alpha aus, wo Sie kurz nach dem Erwachen sind, auf Ihre Grundstufe gehen, bedarf dies zusätzlicher Übung.

Setzen Sie sich auf einen bequemen Stuhl oder ein Bett und stellen Sie Ihre Füße flach auf den Boden. Legen Sie Ihre Hände locker in den Schoß. Setzen Sie sich, wenn Sie es vorziehen, mit gekreuzten Beinen hin. Halten Sie den Kopf aufrecht und in der Mitte. Nun konzentrieren Sie sich zuerst auf einen Teil des Körpers, dann auf einen anderen, um diesen bewußt zu entspannen. Beginnen Sie mit Ihrem linken Fuß, dann weiter mit dem linken Bein, dem rechten Fuß usw., bis Sie die Kehle, das Gesicht, die Augen und schließlich die Kopfhaut erreichen. Wenn Sie diese Übung zum ersten Mal machen, werden Sie nachher erstaunt sein, wie angespannt Ihr Körper war. Wählen Sie nun an der Decke oder an der gegenüberliegenden Wand einen Punkt, der 45 Grad über Ihrer Augenhöhe liegt. Fixieren Sie diesen Punkt, bis Ihre Lider langsam schwer werden. Dann schließen Sie die Augen. Beginnen Sie, von fünfzig bis eins zurückzuzählen. Machen Sie diese Übung zehn Tage lang, und zählen Sie dann zehn Tage lang von zehn bis eins und anschließend von fünf bis eins. Da Sie dann in Ihren Übungen nicht mehr auf den Morgen beschränkt sind, sollten Sie sich immer zur selben Zeit zwei- bis dreimal pro Tag fünfzehn Minuten zum Meditieren reservieren.

Was geschieht, wenn Sie Ihre Bewußtseinsstufe erreicht haben? Worüber denken Sie nach?

Üben Sie das bildhafte Vorstellen (Visualisieren) gleich von Anfang an, sobald Sie Ihre Alpha-Grundstufe zum ersten Mal erreichen. Das bildhafte Vorstellen ist ein Kernstück von Mind Control. Je besser Sie das zu beherrschen lernen, um so beeindruckender werden Ihre Erfahrungen mit Mind Control sein.

Der erste Schritt besteht darin, sich ein Mittel zur Verbildlichung, einen geistigen Bildschirm, zu schaffen. Der sollte etwa wie eine große Kinoleinwand sein, aber Ihr geistiges Sehfeld nicht ganz ausfüllen. Stellen Sie sich diesen Bildschirm nicht hinter Ihren Augenlidern vor, sondern in etwa zwei Metern Entfernung vor Ihnen. Alles, worauf Sie sich konzentrieren wollen, werden Sie auf diesen Bildschirm projizieren. Später wird er noch anderen Zwecken dienen.

Haben Sie diesen Bildschirm einmal in der Vorstellung aufgebaut, so projizieren Sie etwas Vertrautes und Einfaches, z. B. einen Apfel oder eine Orange, darauf. Bleiben Sie jedesmal, wenn Sie auf Ihre Grundstufe gehen, bei einem einzigen Bild; Sie können beim nächsten Mal ein anderes wählen. Konzentrieren Sie sich darauf, dieses Bild immer lebendiger zu gestalten: dreidimensional, in allen Farben und in allen Einzelheiten. Denken Sie an nichts anderes.

Jemand hat einmal gesagt, das Gehirn sei wie ein betrunkener Affe, es torkle nolens volens von einer Sache zur andern. Es ist erstaunlich, wie gering unsere Fähigkeiten sind, unser eigenes Gehirn, das für uns oft so hervorragende Arbeit leistet, unter Kontrolle zu halten. Manchmal funktioniert es hinter unserem Rücken, ruft heimtückisch Kopfschmerzen hervor, dann einen Ausschlag und obendrein noch ein Geschwür. Dieses Gehirn ist zu mächtig, viel zu mächtig, als daß man ihm freien Lauf lassen könnte. Wenn wir lernen, das Gehirn durch unser Bewußtsein zu schulen, wird es, wie Sie bald sehen werden, verblüffende Dinge für uns tun.

Geben Sie sich vorläufig mit dieser einfachen Übung zufrieden. Benutzen Sie Ihr Bewußtsein, um das Gehirn zu lehren, ruhig in Alpha zu gehen und sich ausschließlich darauf zu konzentrieren, ein einfaches Bild immer intensiver zu gestalten. Seien Sie zu Beginn nachgiebig, wenn Ihre Gedanken abschweifen. Drängen Sie sie langsam zur Seite und kehren Sie zum gewählten Einzelgegenstand zurück. Wenn Sie sich aufregen oder verkrampfen, werden Sie gleich aus der Grundstufe herauskommen.

Dies ist also Meditation, wie sie auf der ganzen Welt weit verbreitet betrieben wird. Wenn Sie dies und nichts weiter tun, werden Sie erleben, was William Wordsworth »Eine frohe Stille des Geistes« nannte. Sie werden noch mehr, einen tiefen und dauerhaften inneren Frieden, erleben. Es wird für Sie ein berauschendes Erlebnis auf dem Weg zu tieferen Bewußtseinsebenen sein. Allmählich wird es Ihnen immer selbstverständlicher sein, und die anfängliche Begeisterung wird schwinden. Wenn es so weit ist, geben viele auf. Diese Leute vergessen, daß es sich nicht um eine ›Reise‹ um ihrer selbst willen handelt, sondern um die erste Etappe eines Unternehmens, das leicht zum größten Abenteuer des Lebens werden kann.

4

Dynamische Meditation

Die passive Meditation, über die Sie gerade gelesen haben (und die Sie, wie ich hoffe, auch bald ausführen), läßt sich noch anders erarbeiten. Statt auf ein visuelles Geschehen können Sie sich auch auf einen gedachten oder gesprochenen Laut, wie OM oder EINS oder AMEN, oder auf Empfinden Ihrer eigenen Atmung konzentrieren. Sie können Ihre Aufmerksamkeit auf ein Energiezentrum des Körpers oder einen Trommel- und Tanzrhythmus lenken oder sich einen volltönenden Gregorianischen Gesang anhören und dabei der vertrauten Vollziehung eines religiösen Rituals zusehen. All diese Methoden bringen Sie, auch in gewissen Kombinationen, auf eine meditative Bewußtseinsebene.

Ich ziehe, um Sie dorthin zu bringen, die Rückwärtszählmethode vor, weil man zu Beginn Konzentration benötigt, und Konzentration ist der Schüssel zum Erfolg. Wenn Sie Ihre Grundstufe mehrmals mit dieser Methode erreicht haben, stellt Ihr Bewußtsein eine Verbindung zwischen der Methode und dem erfolgreichen Ergebnis her, so daß der ganze Prozeß immer selbsttätiger wird.

Jedes erfolgreiche Ergebnis in Mind Control wird in unserem Vokabular zum ›Beziehungspunkt‹: Wir kommen bewußt oder unbewußt auf diese Erfahrungen zurück, wiederholen sie und gehen darüber hinaus.

Haben Sie die Alpha-Grundstufe erreicht, so genügt es nicht, einfach dort zu bleiben und der Dinge zu harren, die da kommen. Zugegeben, es ist schön und beruhigend und trägt zu Ihrer Gesundheit bei, aber solche Erfolge sind bescheiden im Vergleich zu dem, was möglich ist. Gehen Sie über dieses passive Meditieren hinaus, bereiten Sie Ihr Bewußtsein auf zielgerichtete, dynamische Tätigkeiten vor — wozu es meiner Meinung nach geschaffen wurde —, und die Ergebnisse werden Sie in Erstaunen versetzen.

Ich mache diese Feststellung jetzt, weil für uns nun die Zeit gekommen ist, über die passive Meditationsmethode, von der Sie eben gelesen haben, hinauszugehen und zu lernen, wie man die Meditation dynamisch zur Lösung von Problemen einsetzen kann. Sie werden jetzt erkennen, weshalb eine so einfache Übung, wie einen Apfel oder irgend etwas beliebig anderes auf den geistigen Bildschirm zu projizieren, von so großer Bedeutung ist.

Denken Sie nun, bevor Sie auf Ihre Grundstufe gehen, an etwas Angenehmes, das gestern oder heute geschah, wie unbedeutend es auch immer sein mag. Lassen Sie es kurz vor Ihren Augen ablaufen, gehen Sie dann zielbewußt auf Ihre Grundstufe, und projizieren Sie das gesamte Geschehnis auf Ihren geistigen Bildschirm. Was konnte man zu jenem Zeitpunkt sehen, riechen, hören und fühlen? Gehen Sie auf alle Einzelheiten ein. Sie werden erstaunt sein, welcher Unterschied zwischen dem Beta-Gedächtnis und dem Erinnerungsvermögen in Alpha besteht; es ist so, als würden Sie einmal nur vom Schwimmen reden und beim anderen Mal selbst ins Wasser springen.

Und wozu dient diese Übung? Erstens ist sie ein Sprungbrett für größere Aufgaben, zweitens ein Selbstzweck. So können Sie die Übung anwenden:

Stellen Sie sich etwas vor, was Sie nicht verloren, aber verlegt haben — vielleicht Ihre Wagenschlüssel. Sind sie auf Ihrer Kommode, in Ihrer Tasche oder im Wagen? Wenn Sie nicht sicher sind, gehen Sie auf Ihre Grundstufe, erinnern sich daran, wann Sie die Schlüssel zuletzt hatten, und erleben die Szene noch einmal mit. Wenn Sie nun auf dieser Bewußtseinsstufe zeitlich fortschreiten, werden Sie die Schlüssel aufspüren, falls sie sich noch dort befinden, wo Sie sie gelassen haben. (Wenn sie jemand anders weggenommen hat, stehen Sie vor einem andersartigen Problem, dessen Lösung viel höher entwickelter Vorgänge bedarf.)

Stellen Sie sich einen Schüler vor, dem einfällt, daß sein Lehrer für nächsten Mittwoch eine Prüfungsarbeit angesagt hat — oder war es der übernächste Mittwoch? In Alpha kann er es selbst herausfinden.

Dies sind typische kleine Alltagsprobleme, die durch unsere einfache Meditationsmethode gelöst werden können.

Jetzt machen wir einen Riesenschritt nach vorn. Wir werden ein authentisches Ereignis mit einer Wunschvorstellung verknüpfen und uns betrachten, was dabei mit der Wunschvorstellung geschieht. Wenn Sie einige einfache Gesetze befolgen, wird die Wunschvorstellung Wirklichkeit werden.

Gesetz 1: Sie müssen *wollen,* daß die Vorstellung Wirklichkeit wird. »Der erste, den ich morgen sehe, wird sich die Nase schneuzen.« Diese Vorstellung ist so sinnlos, daß sich Ihr Bewußtsein davon abwenden wird; es würde auch wahrscheinlich nicht funktionieren. Vorstellungen, die ein vernünftiges Maß des Wollens hervorrufen können, sind folgende: Ihr Chef wird angenehmer sein; ein gewisser Kunde wird empfänglicher für das sein, was Sie ihm verkaufen wollen; Sie werden in einer Aufgabe, die Ihnen normalerweise lästig ist, Befriedigung finden.

Gesetz 2: Sie müssen *glauben,* daß die Vorstellung Wirklichkeit wird. Wenn der Kunde von dem, was Sie verkaufen, einen riesigen Vorrat hat, können Sie nicht ernsthaft glauben, daß er Lust hat, noch mehr zu kaufen. Wenn Sie nicht glauben können, daß die Vorstellung im Rahmen der Vernunft Wirklichkeit werden kann, wird sich Ihr Bewußtsein dieser Vorstellung entgegenstellen.

Gesetz 3: Sie müssen *erwarten,* daß die Vorstellung Wirklichkeit wird. Das ist ein heikles Gesetz. Die ersten beiden sind einfach und passiv, während das dritte nun eine gewisse Dynamik erfordert. Es ist möglich, zu wollen und zu glauben, daß eine Vorstellung Wirklichkeit wird, und es trotzdem nicht zu erwarten. Sie wollen, daß Ihr Chef morgen angenehm sein wird, Sie glauben, daß es möglich ist, aber vielleicht sind Sie noch weit davon entfernt, es auch zu erwarten. Wie wir in einem Augenblick sehen werden, treten hier Mind Control und wirksame bildhafte Vergegenwärtigung in Erscheinung.

Gesetz 4: Sie können mit Hilfe von Mind Control nichts tun, was anderen schadet. Selbst wenn Sie es wollten, könnten Sie es nicht. Dieses Gesetz ist grundlegend; in ihm laufen alle Fäden zusammen. »Wäre es nicht enorm, wenn ich es so weit bringen könnte, daß sich mein Chef so lächerlich macht, daß er gefeuert und ich an seine Stelle kommen würde?« Wenn Sie dynamisch in Alpha arbeiten, stehen Sie mit der *Höheren Intelligenz* in Verbindung, und aus deren Sicht wäre eine solche Vorstellung keineswegs enorm. Sie können Ihrem Chef ein Bein stellen, damit er entlassen wird, aber Sie sind dann ganz allein auf sich gestellt – und in Beta. In Alpha funktioniert so etwas einfach nicht.

Wenn Sie auf Ihrer Alpha-Grundstufe versuchen, sich mit irgendeiner Intelligenz in Verbindung zu setzen, die Ihnen bei einer üblen Absicht beistehen soll, so wird Ihr Bemühen so vergeblich sein wie das Suchen einer Rundfunkstation, die nicht existiert.

Gewisse Leute werfen mir hierbei vor, daß ich ein unverbesserlicher Optimist sei. Tausende haben jeweils mitleidig gelächelt, wenn ich von der absoluten Unmöglichkeit sprach, in Alpha etwas Böses zu tun – bis sie es selbst erlebt haben. Es gibt sehr viel Böses auf diesem Planeten, und wir

Menschen tragen oft mehr als genug dazu bei. Aber meine Forschungsarbeit hat bewiesen, daß Böses in Beta, nicht aber in Alpha oder Theta und wahrscheinlich auch nicht in Delta getan wird.

Ich bin nie für Zeitverschwendung gewesen, aber wenn Sie sich das Gesagte selbst beweisen müssen, dann gehen Sie auf Ihre Grundstufe und versuchen Sie, bei jemandem Kopfschmerzen hervorzurufen. Wenn Sie sich dieses ›Geschehnis‹ so intensiv vergegenwärtigen, daß es sich verwirklichen könnte, wird folgendes geschehen: Sie, und nicht Ihr Opfer, werden Kopfschmerzen bekommen, oder Sie werden aus Alpha herauskommen. Dies beantwortet natürlich nicht alle Fragen, die Sie über die guten und bösen Kräfte menschlichen Geistes haben; aber hierauf werden wir später noch zurückkommen.

Denken Sie zunächst einmal an irgendein Problem, das Sie gerade beschäftigt, und überlegen Sie sich, wie die Lösung des Problems aussehen könnte. Wir verbinden also eine tatsächliche Begebenheit mit unserem Wunschdenken. Wenn Sie sich nun an die Reihenfolge der nachstehenden Übungen halten, können Sie erwarten, daß sich Ihr Wunschgedanke verwirklicht.

Nehmen wir einmal an, Ihr Chef sei in letzter Zeit schlechter Laune gewesen. Sie stehen vor einem noch ungelösten Problem. Begeben Sie sich auf Ihre Grundstufe und wenden Sie die folgende Technik in drei Schritten an:

1. Schritt: Projizieren Sie ein Beispiel für Ihr Problem auf Ihren geistigen Bildschirm. Sehen Sie die Szene möglichst bunt und bewegt. Denken Sie das Problem durch. Analysieren Sie es.

2. Schritt: Schieben Sie diese Szene in der Vorstellung nun schnell nach rechts und bringen Sie eine weitere Szene, die morgen stattfinden wird, auf den Bildschirm. In dieser Szene sind alle Menschen um den Chef herum fröhlich, weil Ihr Chef gerade gute Neuigkeiten erfahren hat. Ganz offensichtlich ist er jetzt besserer Laune... Wenn Sie im einzelnen wissen, was die Ursache des Problems war, sehen Sie nun, wie die Lösung vor sich geht. Stellen Sie sich das genauso lebhaft vor wie zuerst das Problem selbst.

3. Schritt: Jetzt schieben Sie diese Szene nach rechts aus dem Bildschirm heraus und ersetzen sie durch eine neue von links. Nun ist Ihr Chef glücklich, angenehm und ausgeglichen, so wie sie ihn eigentlich kennen. Erleben Sie diese Szene so lebhaft, als ob sie in der Wirklichkeit auch so geschehen sei. Verweilen Sie noch eine Weile dabei, leben Sie sich hinein.

Nun zählen Sie von eins bis fünf, und bei fünf werden Sie hellwach sein und sich besser fühlen als zuvor. Sie können nun das beruhigende Gefühl haben, daß gewisse Kräfte für Sie arbeiten, die Sie direkt auf die Verwirklichung Ihrer Vorstellung ausgerichtet haben.

Wird dies nun immer, ohne Ausnahme und ohne unliebsame Überraschungen funktionieren?

Nein.

Wenn Sie konsequent weiter üben, werden Sie jedoch folgendes erleben:

Eine Ihrer allerersten Meditationsübungen zur Lösung von Problemen führt zum Erfolg. Wer kann dann behaupten, es sei kein Zufall? Schließlich mußte Ihre Vorstellung ja so wahrscheinlich sein, daß Sie an deren Verwirklichung glauben konnten.

Dann wird es ein zweites und ein drittes Mal funktionieren. Die ›Zufälle‹ werden sich häufen. Geben Sie Ihre Mind-Control-Übungen auf, und es wird zu weniger Übereinstimmungen kommen. Nehmen Sie die Übungen wieder auf, und die ›Zufälle‹ werden sprunghaft ansteigen.

Während Sie Ihre Fähigkeiten schrittweise verbessern, werden Sie feststellen, daß Sie an immer unwahrscheinlichere Geschehnisse glauben und sie erwarten können. Mit der Zeit und mit zunehmender Erfahrung werden Ihre Ergebnisse immer erstaunlicher sein.

Beginnen Sie Ihre Arbeit an einem neuen Problem damit, noch einmal kurz Ihr bestes bisheriges Erfolgserlebnis zurückzurufen. Wenn sich ein noch besseres Erfolgserlebnis einstellt, lassen Sie das alte fallen und nehmen das bessere als ihren Beziehungspunkt. So werden Sie ›besser und besser‹, um einen Satz zu gebrauchen, der für uns Mind-Control-Leute von besonders großer Bedeutung ist.

Tim Masters, ein Student und Taxifahrer aus Fort Lee, New Jersey, meditiert in den Pausen zwischen den einzelnen Fahrten. Wenn er mit seinem Taxi gerade in einer Flaute steckt, projiziert er eine Lösung auf seinen geistigen Bildschirm: Jemand mit Koffern, der zum Kennedy Flughafen will. »Bei den ersten paar Versuchen... nichts. Dann geschah es: Es kam tatsächlich ein Mann mit Koffern, der zum Flughafen wollte. Beim nächsten Mal projizierte ich diesen Mann auf den Bildschirm, hatte dieses Gefühl, das man bekommt, wenn alles hinhaut; und wieder wollte jemand zum Flughafen. Es klappt! Es ist wie eine Glückssträhne, die nie abbricht!«

Bevor wir auf andere Übungen und Methoden übergehen, möchte ich etwas festhalten, was Sie wahrscheinlich wissen möchten: Weshalb schieben wir die Szenen auf unserer geistigen Leinwand von links nach rechts?

Meine Experimente haben gezeigt, daß die tieferen Bewußtseinsschichten den Ablauf der Zeit als von links nach rechts fließend erleben. Mit anderen Worten: Auf diesen Ebenen wird die Zukunft links und die Vergangenheit rechts erlebt. − Mehr darüber später.

5

Gedächtnisschulung

Die Methoden zur Verbesserung des Erinnerungsvermögens, die in Mind Control gelehrt werden, können dazu führen, daß wir weniger in Telefonbüchern zu blättern brauchen und von unseren Freunden bewundert werden. Wenn ich jedoch eine Telefonnummer brauche, schlage ich sie nach. Es mag Mind-Control-Absolventen geben, die ihre Fähigkeiten darauf einstellen, sich Telefonnummern zu merken, aber, wie ich im vorhergehenden Kapitel schon sagte, dabei ist das Wollen ausschlaggebend, und mein Wille, mir Telefonnummern zu merken, ist nicht gerade stark. Wenn ich jedesmal ans andere Ende der Stadt laufen müßte, um eine Telefonnummer herauszufinden, würde mein Wille schon munter werden. Aufgrund der Trilogie des *Wollens,* des *Glaubens* und *Erwartens* ist es der Sache grundsätzlich nicht zuträglich, Mind-Control-Methoden für unwichtige Dinge zu benutzen.

Aber wie viele von uns sind mit der Leistungsfähigkeit ihres Gedächtnisses voll und ganz zufrieden? Ihr Gedächtnis steigert sich vielleicht schon in unerwartetem Ausmaß, wenn Sie die in den vorhergehenden zwei Kapiteln beschriebenen Methoden beherrschen. Ihre neue Fähigkeit, sich Geschehnisse der Vergangenheit zu vergegenwärtigen und sie neu zu schaffen, überträgt sich auch in gewissem Sinne auf das Wachbewußtsein, den Beta-Bereich, so daß Ihr Bewußtsein ohne besondere Anstrengung auf neue Art und Weise für Sie wirksam werden kann. Trotzdem kann noch vieles verbessert werden. In den Mind-Control-Kursen haben wir einen besonderen Gedächtnisschlüssel. Die Übung besteht darin, daß der Kursleiter die Zahlen eins bis dreißig an eine Tafel schreibt und die Teilnehmer alle Gegenstände – zum Beispiel Schneeball, Rollschuh, Oropax – nennen, die ihnen in den Sinn kommen. Der Leiter ordnet jedes Wort einer Nummer zu, dreht sich von der Tafel weg und zählt sie der Reihe nach auf. Die Teilnehmer rufen irgendein Wort auf, und der Lehrer nennt ihnen die entsprechende Nummer.

Das ist kein Varietétrick, sondern eine Lektion in bildhafter Vorstellung (Visualisierung). Der Kursleiter hat sich zuvor für jede Zahl ein Wort eingeprägt; und so ruft jede Zahl eine visuelle Vorstellung des entsprechenden Wortes hervor. Diese Darstellungen nennen wir ›Gedächtnisstützen‹. Wenn ein Teilnehmer ein Wort aufruft, bringt der Lehrer es durch die Art der bildhaften Vorstellung fertig, die Nummer mit dem Gegenstand zu verbinden.

Nehmen wir ein Beispiel: Das Stützwort für die Zahl 8 ist ›Kuh‹. Einer der Teilnehmer sagt als achtes Wort ›Kaugummi‹. Die daraus entstehende bildhafte Darstellung wäre dann eine Kuh, die an einem Kaugummi, der lange Fäden zieht, frißt. Für jemanden, der Übung hat, ist das kein Problem.

Die Teilnehmer erlernen diese Gedächtnisstützen, indem sie im Alpha-Zustand dem Lehrer zuhören, wie er sie langsam wiederholt. Später, wenn die Teilnehmer versuchen, sich diese Stützen in Beta einzuprägen, geht alles leichter vonstatten, weil die Wörter vertraut erscheinen.

Ich kann die Gedächtnisstützen nicht in dieses Buch mit einbeziehen, weil hier zuviel Zeit und Platz nötig wären, um sie zu lernen. Aber Sie verfügen ja schon über eine wirksame Methode zur Verbesserung Ihrer bildhaften Vorstellungskraft und Ihres Gedächtnisses: den geistigen Bildschirm.

Alles, was Sie vergessen zu haben glauben, steht in Verbindung mit einem Geschehnis. Wenn Sie einen Namen vergessen haben, gibt ein Geschehnis die Zeit an, zu der Sie den Namen gehört oder gelesen haben. Wenn Sie lernen, mit Ihrem geistigen Bildschirm zu arbeiten, brauchen Sie sich nur ein Geschehnis der Vergangenheit zu vergegenwärtigen, das mit einem Umstand verbunden ist, den Sie vergessen zu haben glauben; und er wird wieder da sein.

Ich spreche von einem Umstand, den Sie vergessen zu haben *glauben,* denn in Wirklichkeit haben Sie ihn keineswegs vergessen. Sie können sich nur nicht daran erinnern. Darin besteht ein erheblicher Unterschied.

Die Welt der Werbung liefert uns ein allen bekanntes Beispiel für den Unterschied zwischen Gedächtnis und Erinnerung. Wir alle kennen die Fernsehwerbung. Die Werbespots sind so zahlreich und kurz, daß wir höchstens drei oder vier nennen könnten, wenn wir gebeten würden, fünf oder zehn aufzuzählen, die wir vergangene Woche gesehen haben.

Eine der wichtigsten Methoden der Werbebranche zur Steigerung der Umsätze besteht darin, uns so weit zu bringen, daß wir uns ein Produkt unterschwellig, das heißt an der Grenze zum Wachbewußtsein, ›einprägen‹.

Es steht zu bezweifeln, daß wir überhaupt je etwas vergessen. Unser Gehirn speichert Bilder der unbedeutendsten Geschehnisse. Je intensiver und bedeutungsvoller das Bild für uns ist, um so leichter erinnern wir uns daran.

Eine Elektrode, die ein in einer Operation freigelegtes Gehirn berührt, ruft ein seit langem ›vergessenes‹ Geschehnis in allen Einzelheiten und so intensiv zurück, daß die Laute, Gerüche und Eindrücke als echt empfunden werden. Natürlich wird dabei das Gehirn, nicht das Bewußtsein, berührt. So echt diese vom Gehirn ausgelösten Rückblenden auf die

Empfindung des Patienten auch wirken mögen, er wird wissen — irgend etwas sagt ihm dies —, daß er nicht alles wirklich noch einmal erlebt hat. Darin besteht eben die Funktion des Bewußtseins, des obersten Aufsehers, des Vermittlers — und keine Elektrode ist je bis zu ihm vorgedrungen. Im Gegensatz zu unserer Nasenspitze befindet sich unser Bewußtsein nicht an einer bestimmten Stelle.

Kommen wir auf das Gedächtnis zurück. Irgendwo, Tausende von Kilometern entfernt, fällt ein Blatt von einem Baum. Sie werden sich nicht daran erinnern, weil Sie es nicht miterlebt haben und es für Sie nicht wichtig ist. Unser Gehirn registriert jedoch viel mehr, als wir glauben.

Während Sie dieses Buch lesen, erleben Sie tausend Dinge, deren Sie sich nicht bewußt sind. In dem Maße, in dem Sie sich jetzt konzentrieren, sind Sie sich dieser Dinge bewußt. Es gibt da Laute und Gerüche, visuelle Eindrücke am Rande des Blickfeldes, eventuell ein leichtes Unbehagen, weil ein zu enger Schuh drückt, die Berührung mit dem Stuhl, die Raumtemperatur — die Liste scheint fast endlos zu sein. Wir sind uns dieser Empfindungen zwar bewußt, doch rücken wir sie nicht in das Zentrum unserer Aufmerksamkeit, was eigentlich so lange ein Widerspruch zu sein scheint, bis wir den Fall einer Frau, die unter Vollnarkose stand, betrachten.

Während ihrer Schwangerschaft hatte diese Frau zu ihrem Arzt und Geburtshelfer ein hervorragendes Verhältnis der Freundschaft und des Vertrauens entwickelt. Dann war es soweit: sie wurde für die Geburt routinemäßig unter Vollnarkose gesetzt und gebar ein gesundes Kind. Später war sie gegenüber ihrem Arzt bei seiner Visite im Zimmer des Krankenhauses seltsamerweise zurückhaltend und gar feindselig gesinnt. Weder sie noch ihr Arzt konnten sich ihren Stimmungswandel erklären und waren darauf erpicht, einen Grund dafür zu finden. Sie beschlossen, mittels Hypnose zu versuchen, versteckte Erinnerungen aufzudecken, um der Sache auf den Grund zu kommen.

Während die Frau unter Hypnose stand, wurde sie von den jüngsten Begegnungen mit ihrem Arzt zu früheren Ereignissen zurückgeführt. Sie brauchten nicht weit zu gehen. In tiefer Trance übersprang sie den Zeitraum ihrer ›Bewußtlosigkeit‹ im Gebärsaal nicht, sondern erzählte alles, was die Ärzte und Krankenschwestern gesagt hatten. In Gegenwart der Patientin, die unter Narkose stand, hatten die Ärzte und Krankenschwestern manchmal klinisch nüchtern, manchmal humorvoll geredet, und gelegentlich hatten sie ihrem Ärger über den langsamen Verlauf der Geburt Ausdruck gegeben. Sie war mehr als Gegenstand, weniger als Mensch behandelt worden, und ihre Gefühle hatte man nicht in Betracht gezogen. Schließlich war sie ja bewußtlos — oder nicht?

Ich zweifle daran, daß es überhaupt möglich ist, völlig bewußtlos zu werden. Entweder können wir uns an ein Erlebnis erinnern, oder wir können es nicht, aber wir erleben immer, und alle Erlebnisse hinterlassen fest verankerte Erinnerungen im Bewußtsein.

Soll das bedeuten, daß Sie mit den Erinnerungsmethoden, die Sie lernen werden, in zehn Jahren noch fähig sind, sich an die Zahl dieser Seite zu erinnern? Sie haben sich die Zahl möglicherweise nicht angeschaut, aber sie ist dennoch registriert; Sie haben sie sozusagen aus dem Augenwinkel gesehen. Vielleicht werden Sie sich erinnern, aber wahrscheinlich nicht. Die Seitenzahl ist für Sie nicht wichtig und wird es wohl auch nie sein.

Aber können Sie sich an den Namen jener attraktiven Person erinnern, die Sie vergangene Woche beim Abendessen trafen? Als Sie den Namen zum ersten Mal hörten, war das für Sie ein Ereignis. Sie brauchen also nur, so wie ich es erklärt habe, das ganze Drum und Dran auf Ihrem geistigen Bildschirm wieder aufzubauen, und Sie werden den Namen wieder hören. Entspannen Sie sich, gehen Sie auf Ihre Grundstufe, projizieren und erschaffen Sie sich die Szene und erleben Sie das Geschehnis noch einmal. Dies dauert fünfzehn oder zwanzig Minuten.

Aber wir haben noch einen anderen Weg, eine Art Dringlichkeitsmethode, die Sie unverzüglich auf eine Bewußtseinsebene bringt, auf der es leichter ist, sich an Fakten zu erinnern.

Diese Methode besteht aus einem einfachen Auslösungsmechanismus, der, wenn Sie ihn wirklich beherrschen, an Wirksamkeit zunimmt, je mehr Übung Sie haben. Diesen Mechanismus beherrschen zu lernen, bedarf es mehrerer Meditationssitzungen, um den Vorgang völlig zu beherrschen. So einfach ist dieser Mechanismus: Indem Sie die Kuppen des Daumens, des Zeige- und des Mittelfingers zusammendrücken, stehen Sie geistig automatisch auf einer tieferen Bewußtseinsstufe.

Versuchen Sie es jetzt, und nichts wird geschehen; es kommt noch zu keiner Auslösung. Um daraus einen Mechanismus zu machen, gehen Sie auf Ihre Grundstufe und sagen sich (im Geiste oder laut): »Immer wenn ich für einen ernsthaften Zweck meine Finger so zusammenhalte« – bringen Sie sie jetzt zusammen –, »werde ich gleich diese Bewußtseinsebene erreichen, um alles zu vollbringen, was ich will.«

Wiederholen Sie dies etwa eine Woche lang täglich, und sprechen Sie immer dieselben Worte. Bald wird Ihr Bewußtsein eine feste Verbindung zwischen dem Zusammenbringen des Daumens, des Zeige- und des Mittelfingers einerseits und dem unverzüglichen Wechsel auf eine geeignete Meditationsebene andererseits herstellen. Dann werden Sie eines Tages versuchen, sich etwas in Erinnerung zu rufen – zum Beispiel einen Namen –, doch der Name will Ihnen nicht einfallen. Geben Sie sich mehr Mühe, und der Name wird noch hartnäckiger verborgen bleiben. Der Wille ist nicht nur nutzlos, sondern ein Hindernis. Jetzt entspannen Sie sich. Bedenken Sie, daß der Name in Ihrer Erinnerung steckt und Sie über einen Rückrufmechanismus verfügen.

Die Grundschullehrerin einer vierten Klasse in Denver bringt ihren Schülern das Buchstabieren unter Einbeziehung des geistigen Bildschirms und der Drei-Finger-Technik bei. Sie lehrt ungefähr zwanzig Wörter pro Woche. Als Test fragt sie nicht, wie man jedes einzelne Wort richtig buchstabiert, sondern bittet die Schüler, alle Wörter, die sie in jener Woche gelernt haben, aufzuschreiben. Mit den drei Fingern zusammen und mit Hilfe des geistigen Bildschirms rufen sich die Schüler die Wörter *und* die Rechtschreibung in Erinnerung. »Die Langsameren«, sagt sie, »brauchen etwa fünfzehn Minuten für den Test.«

Mit derselben Methode lehrt sie ihre Schüler innerhalb weniger Monate das Einmaleins bis zur Zahl 12, was üblicherweise ein ganzes Schuljahr dauert.

Tim Masters, der Student und Taxifahrer, von dem im vorhergehenden Kapitel die Rede war, muß oft Kunden zu Adressen in Nachbarstädten fahren, wo er vor so langer Zeit zum letzten Mal war, daß er sich nur noch vage an den Weg dorthin erinnert. Kaum ein eiliger Kunde hätte wohl Verständnis dafür, wenn Tim vor dem Losfahren meditieren würde; aber mittels der Drei-Finger-Methode ›erlebt‹ er seine letzte Fahrt zur selben Adresse wieder neu.

Bevor Tim Mind Control lernte, waren seine Noten an der Technischen Hochschule von New York alle ›gut‹ und eine ›ausgezeichnet‹. »Jetzt bin ich ein Gelehrter – alle Noten sind ›ausgezeichnet‹ und eine ›gut‹«, erklärte er. Um sich auf Klausuren vorzubereiten, benützt Tim das Lern-Schnellverfahren, das im folgenden Kapitel beschrieben wird; die Klausuren schreibt er mit Unterstützung der Drei-Finger-Methode.

Die Drei-Finger-Technik kann, wie Sie später lesen werden, auch zu anderen Zwecken verwendet werden. Wir setzen sie auf verschiedene ungewöhnliche Arten ein. Diese Methode ist seit Jahrhunderten mit anderen Zweigen der Meditation verknüpft. Achten Sie beim nächsten Mal darauf, wenn Sie ein Gemälde oder die Skulptur einer Person aus dem Fernen Osten – vielleicht eines meditierenden Yogis, der die Beine gekreuzt hat – sehen, daß die drei Finger ähnlich zusammengehalten werden.

6

Das Lern-Schnellverfahren

Wenn Sie sich die Methoden zur Verbesserung des Erinnerungsvermögens im vorhergehenden Kapitel aneignen, begeben Sie sich schon auf den Weg zu unserer nächsten Etappe, zum Lern-Schnellverfahren. In knappen Worten ausgedrückt, werden Sie folgendermaßen vorgehen: Sie lernen, sich auf Alpha, die meditative Bewußtseinsstufe, zu begeben und sich dort einen geistigen Bildschirm zu schaffen, der zu verschiedenen Zwecken, unter anderem zum Rückruf von Fakten, dient. Dann lernen Sie als Abkürzung die Drei-Finger-Technik, um sofort etwas in Erinnerung rufen zu können. Wenn Sie das alles beherrschen, werden Sie bereit sein, Fakten auf neuen Wegen zu erarbeiten, was den Rückruf dieser Fakten wiederum erleichtert. Ebenso wichtig ist die Tatsache, daß diese neuen Lernmethoden nicht nur den Rückruf von Fakten erleichtern, sondern auch Ihr Verständnis dessen, was Sie lernen, schneller herbeiführen.

Es gibt zwei Methoden des Lernens. Beginnen wir mit der einfacheren, die aber nicht unbedingt die leichtere der beiden ist.

Wenn Sie die Drei-Finger-Technik so gründlich beherrschen, daß Sie Ihre Grundstufe sofort erreichen und dort bewußt vorgehen können, können Sie sie auch anwenden, während Sie eine Vorlesung hören oder ein Buch lesen. Dadurch wird Ihre Konzentration erheblich gesteigert und die Information fester verankert. Anschließend wird es für Sie leichter sein, sich diese Information im Wachbewußtsein oder Beta in Erinnerung zu rufen, und noch leichter wird es in Alpha werden. Ein Schüler oder ein Student, der bei einem Examen die Drei-Finger-Technik anwendet, kann das Lehrbuch, das er gelesen hat, fast sehen und den Lehrer beinahe hören, wie er den Unterricht erteilte.

Die andere Methode ist nicht so einfach, aber Sie werden innerhalb Ihrer Mind-Control-Übungen früher dafür bereit sein. Sie umschließt die gesamte Leistungssteigerung in Alpha plus die zusätzliche Vertiefung des Lernens in Beta. Für diese Technik brauchen Sie ein Tonbandgerät.

Nehmen wir an, Sie müßten ein kompliziertes Kapitel eines Lehrbuches lernen, und zwar müßten Sie es nicht nur sich einprägen, sondern auch verstehen können. Gehen Sie während des ersten Schrittes nicht in Alpha, sondern bleiben Sie im äußeren Bewußtsein, in Beta. Lesen Sie das Kapitel laut vor und nehmen Sie es auf Band auf. Gehen Sie nun auf Ihre Grundstufe, spielen Sie das Band ab und konzentrieren sich auf Ihre eigene, den Lehrstoff vortragende Stimme.

Am Anfang Ihrer Erfahrungen mit Mind Control werden Sie möglicherweise, besonders wenn Sie mit dem Tonbandgerät nicht allzu vertraut sind, in die Beta-Zone zurückfallen, wenn Sie das Gerät in Bewegung setzen und aufgrund des Bandgeräusches Schwierigkeiten haben, nach Alpha zurückzukehren. Und bis Sie wieder in der Alpha-Zone sind, haben Sie schon einen Teil des Kapitels oder alles verpaßt. Mit zunehmender Übung werden Sie solche Schwierigkeiten jedoch eindämmen können. Dazu einige Tips:

Halten Sie Ihren Finger bereits auf die Playback-Taste, wenn Sie auf Ihre Grundstufe gehen, damit Sie die Taste nicht mit offenen Augen zu suchen brauchen.

Lassen Sie jemand anderen die Taste auf Ihr Zeichen hin drücken. Benützen Sie die Drei-Finger-Technik, um schneller wieder in Alpha zurückzukehren.

Das Problem kann schwerwiegender erscheinen als es ist. Es kann sogar ein Maßstab Ihres Fortschritts sein. Während Sie immer geschickter werden, beginnen Sie, eine Veränderung des Alpha-Zustandes zu empfinden. Nach und nach werden Sie sich in Alpha so fühlen, als wären Sie in Beta, weil Sie nun bewußt damit umgehen können. In Alpha hellwach und bei voller geistiger Leistungsfähigkeit zu sein, ist ein besonderes Merkmal von Mind Control.

Wenn Sie Fortschritte machen und das frühere Gefühl, in Alpha zu sein, wiedererlangen, gehen Sie eigentlich auf noch tiefere Ebenen, vielleicht in die Theta-Zone. Beim Mind-Control-Kurs habe ich oft erlebt, daß Absolventen auf einer tiefen Ebene mit offenen Augen leistungsfähig und so hellwach, wie Sie jetzt sind, waren, klar und deutlich sprachen, Fragen stellten und beantworteten und Witze rissen.

Kehren wir zu Ihrer Bandaufnahme zurück: Lassen Sie einige Zeit, wenn möglich mehrere Tage, zur Vertiefung verstreichen, lesen Sie den Text noch einmal in Beta und spielen Sie ihn ab, während Sie in Alpha sind. Dann wird der Inhalt fest in Ihnen verankert sein.

Wenn Sie Mind Control mit diesem Buch zusammen mit anderen lernen, können Sie, um Zeit zu sparen, eine Art Arbeitsteilung vornehmen und Tonbänder austauschen. Das funktioniert bestens, obwohl ein geringer Vorteil darin besteht, seiner eigenen Stimme zuzuhören.

Das Lern-Schnellverfahren und die Drei-Finger-Technik haben sich für Mind-Control-Absolventen auf vielen Gebieten, wie Verkauf (vor allem von Versicherungen), Studium, Lehrberuf, Rechtswissenschaft und Schauspielerei, um nur einige Beispiele zu nennen, als wertvolle Zeitsparmethoden erwiesen.

Ein erfolgreicher kanadischer Lebensversicherungsagent ärgert seine Kunden nicht mehr damit, daß er die Unterlagen in seinem Aktenkoffer durchstöbert, um Antwort auf deren Fragen über Vermögens- und Steuerprobleme geben zu können. Die enorme Menge von Fakten, die er braucht, liegen ihm dank dem Lern-Schnellverfahren und der Drei-Finger-Technik auf der Zunge.

Ein Rechtsanwalt aus Detroit hat sich von seinen Notizen ›befreit‹, um einen komplizierten Fall vor den Geschworenen zusammenfassen zu können. Er nimmt sein Resümee auf Band auf und hört es sich am Abend zuvor in Alpha und noch einmal am folgenden Morgen in der Frühe an. Später, wenn er selbstsicher vor den Geschworenen steht, kann er einen beruhigenden Sichtkontakt beibehalten. Dadurch wirken seine Äußerungen überzeugender, als wenn er auf ein Notizblatt sehen würde, und niemand fällt es auf, was er mit den drei Fingern seiner linken Hand tut.

Ein Komiker in einem Nachtklub in New York ändert jeden Abend sein Programm; er ›kommentiert‹ die Nachrichten. Eine Stunde vor dem Auftritt hört er sich selbst auf Band an und ist dann zu zwanzig Minuten ›spontanem‹ Spitzenhumor bereit. »Früher drückte ich mir den Daumen und hoffte das Beste. Jetzt halte ich die drei Finger zusammen und weiß, was es geben wird – riesiges Gelächter.«

Das Lern-Schnell-Verfahren und die Drei-Finger-Technik sind für Schüler und Studenten natürlich ideal. Aus diesem und anderen Gründen ist die Mind-Control-Methode bisher an vierundzwanzig Colleges und Universitäten, acht Grund- und sechzehn weiterführenden Schulen unterrichtet worden. Dank dieser Methoden gibt es Tausende von Schülern und Studenten, die weniger arbeiten müssen und trotzdem mehr lernen.

7

Kreatives Träumen

Wie frei sind wir doch, wenn wir träumen! Die Schranken der Zeit, die Grenzen des Raums, die Gesetze der Logik und die Zwänge des Gewissens sind völlig verschwunden, und wir sind König unserer vergänglichen Schöpfungen. *Freud* maß den Träumen zentrale Bedeutung bei, weil alles, was wir dabei erschaffen, einzig und allein uns gehört. Verstehe eines Menschen Träume, und du verstehst den Menschen, schien Freud zu sagen.

Bei Mind Control nehmen wir die Träume auch ernst, aber auf andere Weise: indem wir lernen, unser Bewußtsein auf eine besondere Weise zu benutzen. Freud untersuchte – im Gegensatz zu Mind Control – spontane Träume. Unser Interesse liegt darin, absichtlich Träume hervorzurufen, um bestimmte Probleme lösen zu können. Weil wir die Themen der Träume vorher programmieren, legen wir sie auch anders aus, und dies mit verblüffenden Ergebnissen. Obwohl dadurch die Entstehung unserer Traumerlebnisse eingeschränkt wird, erlangen wir eine bedeutende Freiheit, nämlich größere Einflußnahme auf unser Leben.

Wenn wir einen Traum, den wir vorprogrammiert haben, deuten, gewinnen wir nicht nur Einsicht in unsere leidende Psyche, sondern finden auch Lösungen für alltägliche Probleme.

Diese Traumbehandlung – wir nennen sie im folgenden ›Traumkontrolle‹ – besteht aus drei Schritten, die sich alle der meditativen Bewußtseinsebene bedienen.

Der erste Schritt besteht darin zu lernen, uns unsere Träume in Erinnerung zu rufen. Viele sagen: »Ich träume überhaupt nicht.« Aber das stimmt niemals. Vielleicht können wir uns nicht an unsere Träume erinnern, aber wir alle träumen. Nähme man uns unsere Träume, würden schon nach wenigen Tagen Störungen unseres Geistes und unseres Gemüts einsetzen.

Als ich im Jahre 1949 den möglichen Nutzen von Träumen für das Lösen von Problemen zu untersuchen begann, war ich mir keineswegs darüber im klaren, welche Erkenntnisse ich daraus ziehen würde. Ich hatte, genau wie Sie, viele Geschichten über Träume mit Vorahnungen gehört. Wie wir alle wissen, wurde Cäsar in einem Traum vor den ›Iden des März‹, also genau jenem Zeitpunkt, gewarnt, zu dem er dann ermordet wurde. Auch Lincoln hatte im Traum Vorahnungen seiner Ermordung. Wenn diese und andere Träume unwiederholbare Zufälle gewesen wären, hätte ich also meine ganze Zeit vergeudet.

Einmal war ich sogar fest überzeugt, Zeit zu vergeuden: Ich studierte seit etwa vier Jahren Psychologie — Freud, Adler und Jung —, und es schien, als wüßte ich um so weniger, je mehr ich lernte. Es war ungefähr zwei Uhr nachts. Ich warf mein Buch zu Boden, ging ins Bett und war entschlossen, keine Zeit mehr für nutzlose Unternehmungen zu vergeuden, wie das Studium der großen Meister, die selbst nicht einmal miteinander übereinstimmten. Ich wollte mich ab sofort nur noch meinem Elektronik-Geschäft und nichts anderem widmen. Ich hatte es vernachlässigt, und nun war das Geld knapp geworden.

Etwa zwei Stunden später wurde ich durch einen Traum geweckt. Er bestand nicht, wie die meisten Träume, aus einer Reihe von Geschehnissen, sondern ganz einfach aus einem Licht. Das Gesichtsfeld meines Traumes war erfüllt mit dem goldenen, äußerst hellen Licht der Mittagssonne. Ich öffnete meine Augen; es war dunkel in meinem Schlafzimmer. Ich schloß meine Augen, und es wurde wieder hell. Ich wiederholte diesen Vorgang mehrmals: Augen offen — dunkel, Augen geschlossen — hell. Als ich meine Augen zum dritten oder vierten Mal schloß, sah ich drei Zahlen: 3 – 4 – 3. Dann sah ich eine andere Reihe Zahlen: 3 – 7 – 3. Beim nächsten Mal kam wieder die erste Reihe und beim übernächsten die zweite.

Ich war weniger an den Zahlen interessiert als am Licht, das langsam verblaßte. Ich fragte mich, ob vielleicht das Ende des Lebens wie bei einer Glühbirne mit einem plötzlichen Lichtstrahl eintrat. Als ich feststellte, daß ich nicht im Sterben lag, wollte ich das Licht zurückholen, um es zu untersuchen. Ich änderte meine Atmung, meine Lage im Bett, meine Bewußtseinsebene; nichts half. Das Licht verblaßte weiter. Alles in allem dauerte der Lichtschein etwa fünf Minuten.

Vielleicht hatten die Zahlen eine Bedeutung. Ich lag den Rest der Nacht wach und versuchte, mir Telefonnummern, Adressen, Fahrzeugkennzeichen oder irgend etwas in Erinnerung zu rufen, das diese Zahlen hätte erklären können.

Heute verfüge ich über eine wirksame Methode, Träume zu deuten, aber damals stand ich noch am Anfang meiner Forschung. Am folgenden Tag versuchte ich trotz meiner Müdigkeit nach nur zwei Stunden Schlaf weiterhin, diese Zahlen mit etwas Vertrautem in Verbindung zu bringen.

An dieser Stelle muß ich auf ein paar ganz unwichtige Ereignisse eingehen, die aber zur Entwirrung des Geheimnisses und damit zu einem bedeutenden Teil des Mind-Control-Kurses führten.

Fünfzehn Minuten vor Ladenschluß kam ein Freund in mein Elektronik-Geschäft und wollte mit mir Kaffee trinken gehen. Während er auf mich wartete, schaute meine Frau herein und sagte: »Wenn ihr Kaffee trinken geht, könntet ihr doch gleich zum mexikanischen Ufer hinübergehen und für mich Polieralkohol holen!« In der Nähe der Brücke gibt es einen Laden, wo Polieralkohol billiger ist.

Auf dem Weg dorthin erzählte ich meinem Freund von meinem Traum, und während ich erzählte, kam mir eine Idee: Vielleicht hatte ich im Traum eine Losnummer einer Lotterie gesehen. Wir fuhren an der Zentrale der mexikanischen Landeslotterie vorbei, aber der Laden war schon geschlossen, die Rollos waren heruntergezogen. Aber das machte nichts; es war ohnehin eine alberne Idee. Und wir fuhren einen Block weiter, um den Alkohol für meine Frau zu kaufen.

Als der Verkäufer den Alkohol für mich einpackte, rief mein Freund aus einem anderen Teil des Ladens: »Wie war die Nummer, die du gesucht hast?«

»Drei-sieben-drei, drei-vier-drei«, sagte ich.

»Komm her, und sieh dir das an!«

Da war ein halbes Los mit den Zahlen 3 – 4 – 3.

In der ganzen Republik Mexiko erhält jeder der Hunderttausende von Verkäufern, wie in diesem kleinen Laden auch, jeden Monat Lose mit denselben ersten drei Zahlen. Jene Verkaufsstelle war die einzige im ganzen Land, die die Nummer 343 verkaufte. Die Nummer 373 wurde in Mexico City verkauft.

Ein paar Wochen später erfuhr ich, daß meine Hälfte des ersten Lotterieloses, das ich je gekauft hatte, 10 000 Dollar gewonnen hatte. Ich hatte das Geld bitter nötig. So hocherfreut ich auch war, schaute ich diesem geschenkten Gaul trotzdem sorgfältig ins Maul und fand etwas bei weitem Wertvolleres als das Geschenk selbst. Ich fand eine Grundlage für die fest verankerte Überzeugung, daß sich meine Forschung lohnte. Irgendwie hatte ich Kontakt mit einer Höheren Intelligenz aufgenommen. Vielleicht hatte ich diesen Kontakt vorher, ohne es zu wissen, schon häufig gehabt; nun *wußte* ich es.

Betrachten Sie einmal die Anzahl der scheinbar glücklichen Umstände, die zu dieser Erkenntnis führten. In einem Augenblick der Verzweiflung träumte ich auf so überwältigende Art und Weise — mit all dem Licht — von einer Zahl, daß ich mich an sie erinnern *mußte*. Dann kam ein Freund vorbei und lud mich zum Kaffee ein, und ich willigte trotz meiner Müdigkeit ein. Meine Frau bat mich, Polieralkohol mitzubringen, was mich zum einzigen Ort in Mexiko führte, wo jenes bestimmte Los verkauft wurde.

Jeder, der glaubt, daß dies alles nur Zufall sei, hätte es sehr schwer, eine Erklärung für folgende erstaunliche und vollständig nachprüfbare Tatsache zu finden: Vier Mind-Control-Absolventen aus den USA, die verschiedene Methoden, die ich später entwickelt hatte, anwandten, gewannen ebenfalls in der Lotterie. Regina M. Fornecker aus Rockford, Illinois, gewann 300 000 Dollar, David Sikich aus Chicago ebenfalls 300 000 Dollar, Frances Morroni aus Chicago gewann 50 000 Dollar und John Fleming aus Buffalo, New York, ebenfalls 50 000 Dollar.

Wir bei Mind Control haben nichts gegen die Bezeichnung ›Zusammentreffen glücklicher Umstände‹; wir messen ihr sogar eine besondere Bedeutung bei. Wenn eine Reihe von Geschehnissen, die schwer zu erklären ist, zu einem konstruktiven Ergebnis führt, nennen wir das ›Zusammentreffen glücklicher Umstände‹. Wenn eine solche Reihe zu einem destruktiven Ergebnis führt, nennen wir das ›Zufall‹. In Mind-Control lernen wir, wie ein Zusammentreffen glücklicher Umstände herbeigeführt werden kann. ›Das war purer Zufall‹ ist ein Satz, den wir nicht gebrauchen.

Mein Traum vom Lotteriegewinn überzeugte mich von der Existenz einer Höheren Intelligenz und von ihrer Fähigkeit, mit mir in Kontakt zu kommen. Wie ich es jetzt sehe, ist es durchaus nicht bemerkenswert, daß sie diesen Kontakt herstellte, während ich schlief und durch die Gedanken über mein Lebenswerk tief aufgewühlt war. Tausende von anderen Menschen haben schon auf eine gewisse übernatürliche Art in ihren Träumen Informationen erhalten, als sie verzweifelt oder in Gefahr waren oder in ihrem Leben an einem Wendepunkt standen. Viele solcher Träume sind in der Bibel festgehalten. Jedoch schien mir damals die Tatsache, daß es *mir* geschah, nichts Geringeres als ein Wunder zu sein.

Von meiner Lektüre her wußte ich noch, daß Freud gesagt hat, im Schlaf würden günstige Voraussetzungen für Telepathie geschaffen. Um meinen Traum erklären zu können, mußte ich darüber hinausgehen und sagen, daß der Schlaf günstige Voraussetzungen für die Aufnahme von Informationen einer Höheren Intelligenz schaffe.

Dann ging ich noch weiter und fragte mich, ob wir denn gezwungen seien, wie auf einen Telefonanruf passiv zu warten. Konnten wir die Nummer nicht selbst wählen, um uns aus eigener Initiative mit einer Höheren Intelligenz in Verbindung zu setzen? Als religiöser Mensch kam ich zu dem Schluß, daß, wenn wir durch ein Gebet Gott erreichen konnten, wir sicher eine Methode entwickeln könnten, um die Höhere Intelligenz zu erreichen. (Wie Sie später, im Kapitel fünfzehn, sehen werden, unterscheide ich zwischen Gott und Höherer Intelligenz.)

Ja, meine Experimente haben mir gezeigt, daß wir eine Höhere Intelligenz auf verschiedenen Wegen erreichen können. Einer dieser Wege ist die Traumkontrolle, eine sehr einfache, leicht erlernbare Methode.

Sie können nicht mit hellen Lichtern rechnen, die Ihnen helfen, sich an Träume zu erinnern; aber um sich Träume besser in Erinnerung rufen zu können, können Sie mit einem verstärkten Resultat rechnen, wenn Sie sich selbst auf Ihrer Grundstufe programmieren. Sagen Sie sich, wenn Sie kurz vor dem Schlafengehen meditieren: »Ich möchte mich an einen Traum erinnern; ich *werde* mich an einen Traum erinnern.« Halten Sie Papier und Bleistift neben Ihrem Bett bereit, um das Erinnerte zu notieren. Dann legen Sie sich schlafen. Wenn Sie in der Nacht oder erst am Morgen aufwachen, schreiben Sie auf, was Sie von Ihrem Traum noch wissen. Üben Sie das Nacht für Nacht, und Ihr Erinnerungsvermögen wird klarer und vollständiger werden. Wenn Sie mit Ihren Fortschritten zufrieden sind, dann sind Sie für den zweiten Schritt bereit:

Lassen Sie beim Meditieren vor dem Schlafengehen ein Problem vor sich ablaufen, das durch eine Information oder einen Rat gelöst werden könnte. Versichern Sie sich, daß für Sie die Lösung des Problems erforderlich ist. Auf alberne Fragen gibt es alberne Antworten. Programmieren Sie sich dann mit folgenden Worten: »Ich möchte einen Traum träumen, der mir einen Hinweis gibt, wie ich mein Problem lösen kann. Ich werde diesen Traum träumen, werde mich an ihn erinnern und werde ihn auch verstehen.«

Wenn Sie in der Nacht oder am Morgen aufwachen, überdenken Sie den Traum, an den Sie sich erinnern, so intensiv wie möglich, und suchen Sie nach einer Bedeutung.

Wie ich schon erwähnt habe, ist unsere Methode der Traumdeutung zwangsläufig anders als die Freudsche Methode, da wir Träume absichtlich erzeugen. Deshalb müssen Sie, wenn Sie mit der Freudschen Traumdeutung vertraut sein sollten, diese im Rahmen Ihrer Mind-Control-Übungen vergessen.

Überlegen Sie sich einmal, was Freud aus dem folgenden Traum machen würde: Jemand war im Dschungel von Wilden umstellt. Die Wilden kamen drohend näher, und ihre Speere wippten auf und nieder. In jeder Speerspitze war ein Loch. Als dieser Jemand aufwachte, deutete er den Traum als Lösung eines Problems, das ihm im Wege gestanden hatte: der letzte Schritt in der Entwicklung einer Nähmaschine. Er war in der Lage, die Nadel hinauf- und hinunterwandern zu lassen, aber wie er sie zum Nähen bringen konnte, wußte er nicht — bis ihn sein Traum darauf hinwies, das Loch an der Spitze zu machen. Dieser Jemand war Elias Howe, der die erste brauchbare Nähmaschine erfand.

Ein Mind-Control-Absolvent glaubt sogar, daß ihm die Traumkontrolle das Leben gerettet hat. Am Vorabend eines siebentägigen Motorradausfluges programmierte er einen Traum, der ihn im voraus vor einer bestimmten Gefahr warnen sollte. Die meisten vorangegangenen Fernfahrten waren durch Pannen getrübt worden: Einmal war es ein platter Reifen gewesen, dann war die Benzinzufuhr verstopft, und auf seinem letzten Ausflug fiel unvorhergesehen Schnee.

Er träumte, bei einem Freund zu Gast zu sein. Zum Essen servierte man ihm eine mit rohen grünen Bohnen beladene Platte, während sich alle anderen an einer vorzüglichen Quiche Lorraine genüßlich taten. Hieß das, daß er auf dem Ausflug keine grünen Bohnen essen sollte? Dazu bestand keine große Gefahr, da er grüne Bohnen, besonders rohe, ohnehin nicht mochte. Oder hieß das, daß er bei seinen Freunden nicht mehr willkommen war? Nein, er vertraute auf ihre Freundschaft; außerdem hatte das nichts mit dem Motorradausflug zu tun. Zwei Tage später befand er sich im Morgengrauen in voller Fahrt auf einer Hauptstraße im Staate New York. Es war ein wunderbarer Morgen, die Straße war in bestem Zustand, und außer dem kleinen Lkw vor ihm war niemand auf der Straße. Er näherte sich dem Wagen und sah, daß dieser mit Bottichen voller grüner Bohnen beladen war. Sein Traum kam ihm in Erinnerung, und er verlangsamte seine Fahrt von 100 auf 40; dann, als er mit 25 km/h durch eine Kurve fuhr, rutschte das Hinterrad leicht weg — und zwar auf ein paar grünen Bohnen, die vom Laster gefallen waren! Bei höherer Geschwindigkeit hätte dieser Rutscher vielleicht tödlich sein können.

Nur Sie können die Träume deuten, die Sie sich gewünscht haben. Bei richtiger vorangehender Eigenprogrammierung zum Verständnis der Träume werden Sie eine ›Ahnung‹ ihrer Bedeutung haben. Oft ist diese Ahnung eine Mitteilung unseres stummen Unbewußten. Mit zunehmender Übung werden Sie immer mehr Vertrauen in diese programmierten Vorahnungen setzen.

Die Worte, die ich Ihnen zur Eigenprogrammierung vorgeschlagen habe, sind jene, die wir im Mind-Control-Kurs verwenden. Natürlich funktioniert es auch mit anderen Worten, aber falls Sie einmal einen Mind-Control-Kurs besuchen sollten, wären Sie bei vorhergehendem Gebrauch derselben Worte in Alpha schon daran gewöhnt und hätten damit eine reichere Erfahrung.

Wenn Sie die Traumkontrolle geduldig üben, werden Sie eines Ihrer unbezahlbaren geistigen Mittel entdecken. Vernunftgemäß würden Sie nicht erwarten, Lotteriegewinner zu werden; es liegt im Wesen von Lotterien, daß sehr wenige gewinnen. Aber es liegt im Wesen des Lebens, daß jedermann viel mehr gewinnen kann, als Lotterien zu bieten haben.

8

Die Macht Ihrer Worte

In der Einführung wurden Sie gebeten, die Übungen nicht gleich auszuführen, wenn Sie dieses Buch zum ersten Mal lesen. Die folgende Übung ist eine Ausnahme; probieren Sie sie gleich jetzt. Benutzen Sie Ihre ganze Vorstellungskraft:

Stellen Sie sich vor, Sie stehen in der Küche und halten eine Zitrone in der Hand, die Sie eben aus dem Kühlschrank genommen haben. Sie fühlt sich kalt an. Schauen Sie sich ihr Äußeres, ihre gelbe Schale an. Es ist ein wächsernes Gelb, und an den beiden Enden spitzt sich die Schale in grünen Punkten zu. Drücken Sie sie ein wenig zusammen, und spüren Sie ihre Festigkeit und ihr Gewicht.

Halten Sie nun die Zitrone unter Ihre Nase und riechen Sie daran. Nichts anderes riecht wie eine Zitrone, nicht wahr? Schneiden Sie die Zitrone jetzt durch, und riechen Sie nochmals daran. Der Geruch ist stärker. Nun beißen Sie kräftig in die Zitrone und lassen den Saft in Ihrem Mund herumsprudeln. Es schmeckt auch nicht anders wie eine Zitrone, nicht wahr?

Wenn Sie Ihr Vorstellungsvermögen richtig eingesetzt haben, läuft Ihnen jetzt das Wasser im Munde zusammen. Und nun überlegen wir uns, welche Schlüsse wir hieraus ziehen können.

Worte, ›nichts als Worte‹, haben Ihre Speicheldrüsen beeinflußt. Die Worte stellen nicht einmal eine Tatsache, sondern eine Vorstellung dar. Als Sie diese Worte über die Zitrone lasen, sagten Sie Ihrem Gehirn, wenn auch ohne Absicht, Sie hätten eine Zitrone. Ihr Gehirn nahm diese Mitteilung ernst und sagte den Speicheldrüsen: »Der Kerl beißt in eine Zitrone. Schnell, spült den Saft weg!« Die Drüsen gehorchten.

Die meisten von uns glauben, daß die Worte, die wir verwenden, eine Bedeutung widerspiegeln und daß deren Bedeutung gut oder schlecht, richtig oder falsch, stark oder schwach ist. Das trifft zu, ist aber nur die halbe Wahrheit. Worte widerspiegeln nicht nur Tatsachen, sondern sie schaffen auch Tatsachen — wie z. B. den Speichelfluß.

Das Gehirn ist kein scharfsinniger Deuter unserer Absichten; es erhält und speichert Informationen und ist für unseren Körper zuständig. Sagen Sie Ihrem Gehirn zum Beispiel: »Ich esse jetzt eine Zitrone«, und Ihr Gehirn tritt in Tätigkeit.

Jetzt ist die Zeit für eine Generalreinigung im Geiste, wie wir es in Mind Control nennen, gekommen. Dazu gibt es keine Übung, nur die Entschlossenheit, vorsichtig mit den Worten umzugehen, mit denen wir unser Gehirn in Bewegung setzen.

Die Übung, die wir gemacht haben, ist neutral: Konkret ruft sie weder etwas Gutes noch etwas Schlechtes hervor. Aber die Worte, die wir verwenden, können sowohl Gutes wie Schlechtes hervorrufen.

Viele Kinder spielen beim Essen ein kleines Spielchen. Sie beschreiben das Essen, das sie gerade zu sich nehmen, mit möglichst ekelerregenden Worten: Butter ist ›zerquetschte Wanzen‹, um eine der harmloseren Beschreibungen, die ich kenne, zu nennen. Das Ziel dieses Spieles ist es, trotz dieser neuen Bezeichnungen selbst vom Essen nicht angeekelt zu sein und gleichzeitig die anderen am Tisch durch die abschreckenden Vorstellungen vom Essen abzuhalten. Oft wird das Ziel auch erreicht, und jemand läßt sich plötzlich den Appetit verderben.

Wir spielen dieses Spiel häufig als Erwachsene. Wir verderben uns unsere Lebenslust mit negativen Worten, und diese Worte, die durch Wiederholung an Kraft gewinnen, schaffen ihrerseits ein negatives Leben, auf das wir keine Lust mehr haben.

»Wie geht es Ihnen?«

»Ach, ich kann nicht klagen«, oder: »Wie soll es schon gehen«, oder: »Es könnte schlimmer sein.«

Wie reagiert nun unser Gehirn auf eine so trostlose Einstellung?

Geht es Ihnen ›auf die Nerven‹, das Geschirr zu spülen? Machen Ihnen Ihre Finanzen ›Kopfschmerzen‹? Haben Sie das momentan herrschende Wetter ›gründlich satt‹? Ich bin überzeugt, daß die Wahrsager aller Schattierungen einen großen Teil ihrer Einnahmen den Worten, die wir verwenden, verdanken. Denken Sie daran: Das Gehirn ist kein scharfsinniger Deuter. Es sagt gleichsam: »Er bittet um Kopfschmerzen. Gut, also einmal Kopfschmerzen bitte!«

Natürlich bekommen wir nicht jedesmal unverzüglich Kopfschmerzen, wenn wir sagen, daß uns etwas Kopfschmerzen bereitet. Gute Gesundheit ist der natürliche Zustand des Körpers, und alle Vorgänge im Körper sind auf Gesundheit ausgerichtet. Wenn seine Abwehrreaktionen jedoch genügend lange mit Worten zerschlagen werden, wird er mit der Zeit jene Krankheiten liefern, die bestellt worden sind.

Zwei Dinge verleihen den Worten, die wir verwenden, Kraft: unsere Bewußtseinsebene und das Maß unserer gefühlsmäßigen Anteilnahme an dem, was wir sagen.

»Gott im Himmel, tut das weh!« wirkt, mit Überzeugung gesprochen, auf Schmerzen äußerst einladend. »Ich komme hier, verdammt nochmal, nicht dazu, etwas zustande zu bringen«, wird, mit tiefer Überzeugung gesagt, zu einer Tatsache, welche die scheinbare Stichhaltigkeit der Überzeugung bestärkt.

Mind Control bietet wirksame Abwehrmittel gegen unsere eigenen schlechten Angewohnheiten. In Alpha und Theta haben unsere Worte ein stark gesteigertes Maß an Kraft. In vorangehenden Kapiteln haben Sie gelesen, wie Sie mit erstaunlich einfachen Worten Träume vorprogrammieren und den drei Fingern die Fähigkeit, Sie in den Alpha-Zustand zu versetzen, übertragen können.

Ich habe *Emile Coué* nie belächelt, obwohl dies in unserer intellektuellen Zeit viele tun. Er ist bekannt für einen Satz, der heute so zuverlässig Gelächter erntet wie die Pointe eines Witzes: *»Es geht mir mit jedem Tag in jeder Hinsicht immer besser und besser.«* Diese Worte haben Tausende von Menschen von schweren Krankheiten befreit! Sie sind kein Witz; ich achte sie und empfinde gegenüber Dr. Coué Ehrfurcht und Dankbarkeit, denn ich habe aus seinem Buch ›Die Selbstbemeisterung durch bewußte Autosuggestion‹ (Basel: Paul Amann, 1924) Lehren von unschätzbarem Wert gezogen.

Dr. Coué war während beinahe dreißig Jahren Apotheker in seiner französischen Geburtsstadt Troyes. Er befaßte sich und experimentierte mit Hypnose und entwickelte anschließend seine eigene Psychotherapie, die auf Autosuggestion beruht. Im Jahre 1910 eröffnete er in Nancy eine freie Klinik, wo er mit großem Erfolg Tausende von Patienten mit einer erstaunlichen Palette von Leiden — von Rheumatismus, schweren Kopfschmerzen, Asthma oder Lähmung eines Körperteiles bis zu Sprachfehlern, tuberkulösen Entzündungen, Fasergeschwülsten oder Geschwüren — behandelte. Er sagte, er hätte nie jemand geheilt; er hätte den Patienten nur beigebracht, sich selbst zu heilen. Es besteht kein Zweifel daran, daß die Heilungen stattgefunden haben; es gibt genug Belege dafür. Aber seit Coués Tod im Jahre 1926 ist seine Methode fast völlig in Vergessenheit geraten. Wäre diese Methode so kompliziert, daß nur wenige Spezialisten sie erlernen könnten, so wäre sie vielleicht heute noch in hohem Ansehen. Es ist aber eine einfache Methode; jedermann kann sie lernen. Der Kern dieser Methode steckt in Mind Control.

Es gibt zwei Grundsätze:

1. Wir können immer nur an eine einzige Sache denken.
2. Wenn wir uns auf einen Gedanken konzentrieren, wird der Gedanke Wirklichkeit, weil ihn unser Körper in die Tat umsetzt.

Wenn Sie also den Heilungsprozeß Ihres Körpers, der vielleicht durch negative Gedanken bewußter oder unbewußter Art blockiert ist, in Gang setzen wollen, brauchen Sie nur folgenden Satz zwanzigmal hintereinander zu sagen: »*Es geht mir mit jedem Tag in jeder Hinsicht immer besser und besser.*« Wenn Sie das zweimal pro Tag tun, arbeiten Sie mit der Coué-Methode.

Da mir meine eigene Forschungsarbeit gezeigt hat, daß die Kraft der Worte auf meditativen Ebenen erheblich verstärkt wird, habe ich Coués Methode ein bißchen modifiziert. In der Alpha- und Theta-Zone sagen wir: »Es geht mir mit jedem Tag in jeder Hinsicht immer besser, besser *und besser.*« Wir sagen es beim Meditieren nur einmal. Wir sagen auch – und darin spiegelt sich wiederum Coués Einfluß –: »Negative Gedanken, negative Vorstellungen üben – auf welcher Bewußtseinsebene es auch sei – keinen Einfluß auf mich aus.«

Allein diese beiden Sätze haben eine beeindruckende Anzahl von konkreten Ergebnissen eingebracht. Von besonderem Interesse sind die Erfahrungen eines Soldaten, der plötzlich nach Indochina versetzt wurde, bevor er noch den ersten Tag des Mind-Control-Kurses ganz hinter sich gebracht hatte. Er wußte, wie man meditiert, und er erinnerte sich an die genannten zwei Sätze.

Er wurde der Einheit eines Feldwebels zugeteilt, der ein Trinker und Hitzkopf war und sich den Neuankömmling für eine Spezialabreibung vorknöpfte. Nach ein paar Wochen wachte der Soldat nachts jeweils mit Husten- und später mit Asthmaanfällen auf, die er vorher nie gekannt hatte. Eine ausführliche medizinische Untersuchung ergab, daß sein Gesundheitszustand ausgezeichnet war. Inzwischen wurde der Soldat aber immer müder, erfüllte seine Aufgaben immer mangelhafter und lenkte die unangenehme Aufmerksamkeit des Feldwebels immer stärker auf sich.

Andere in seiner Einheit flüchteten sich in den Konsum von Drogen; er wandte sich Mind Control und den beiden dort gelernten Sätzen zu. Glücklicherweise hatte er die Möglichkeit, dreimal täglich zu meditieren. »Innerhalb von drei Tagen war ich gegen diesen Feldwebel völlig immun. Ich tat, was er mir befahl, aber was er sagte, berührte mich nicht. Nach einer Woche waren mein Husten und mein Asthma verschwunden.«

Wenn mir diese Geschichte von einem Mind-Control-Absolventen erzählt worden wäre, hätte sie mich wie alle anderen Erfolgsgeschichten gefreut, aber nicht stark beeindruckt. Wir verfügen über einige wirksamere Methoden der Selbstheilung, in denen ich Sie in späteren Kapiteln unterrichten werde. Daß die Erfahrungen des Soldaten jedoch besonders interessant sind, beruht auf der Tatsache, daß er keine dieser Methoden kannte, sondern nur jene zwei Sätze gebrauchte, die er am ersten Tag des Kurses gelernt hatte.

Worte haben selbst auf viel tieferen Bewußtseinsebenen, als wir sie in Mind Control benutzen, erstaunliche Kraft. Frau Jean Mabrey, eine Narkoseschwester (und Mind-Control-Lehrerin) aus Oklahoma, verwendet diese Erkenntnis als Hilfe für ihre Patienten. Sobald diese ›unten‹ – in tiefer Narkose – sind, flüstert sie ihnen Anweisungen ins Ohr, die die Genesung beschleunigen und in gewissen Fällen sogar Leben retten können.

Während einer Operation, die normalerweise mit großem Blutverlust verbunden ist, war der Chirurg verblüfft: Der Patient verlor nur ein paar Tropfen Blut. Frau Mabrey hatte ihm eingeflüstert: »Befehlen Sie Ihrem Körper, nicht zu bluten.« Diese Worte flüsterte sie vor dem ersten Schnitt und dann während des Eingriffs alle zehn Minuten.

Während einer weiteren Operation flüsterte sie: »Wenn Sie aufwachen, werden Sie spüren, daß alle in Ihrem Lebenskreis Sie lieben und daß Sie sich selbst lieben.« Die betreffende Patientin machte ihrem Chirurgen besondere Sorgen. Sie war eine verkrampfte Frau, die immer jammerte und jeden Schmerz als unheilvoll betrachtete – eine Einstellung, die ihre Genesung hätte verzögern können. Als sie später aus der Narkose erwachte, machte sie ein ganz anderes Gesicht, und drei Monate danach sagte ihr Chirurg zu Frau Mabrey, daß die einst so ängstliche Patientin ›verwandelt‹ sei. Sie war nun gelöst und optimistisch und erholte sich rasch von ihrer Operation.

Frau Mabreys Arbeit veranschaulicht drei Aspekte, die wir in Mind Control lehren: Erstens haben Worte auf tiefen Bewußtseinsebenen eine besondere Kraft; zweitens beherrscht das Bewußtsein den Körper viel stärker, als man annimmt; und drittens sind wir, wie ich in Kapitel fünf bemerkt habe, nie bewußtlos.

Wie viele Väter und Mütter gehen nachts routinemäßig ins Kinderzimmer, ziehen schnell die Decke hoch und sind gleich wieder weg, während doch ein kurzes Verweilen mit ein paar positiven und liebevollen Worten dazu beitragen würde, dem Kind Ruhe und Sicherheit für den Tag zu verleihen!

Es berichten so viele Mind-Control-Absolventen, manchmal schon vor Beendigung des Kurses, von einem verbesserten Gesundheitszustand, daß ich einst in eine unangenehme Lage geriet und meine Heimatstadt beinahe Schwierigkeiten mit dem Berufsstand der Ärzte bekommen hätte. Einige Patienten hatten ihrem Arzt erzählt, wir hätten ihre gesundheitlichen Beschwerden beseitigt, und die Ärzte beklagten sich beim Bezirksstaatsanwalt. Dieser leitete eine Untersuchung ein und sah, daß wir nicht, wie die Ärzte befürchtet hatten, praktische Medizin betrieben. Glücklicherweise sind die gesundheitsfördernden Methoden von Mind Control nicht rechtswidrig, sonst würde es heute keine Mind-Control-Organisation geben.

9

Die Macht des Vorstellungsvermögens

Die Willenskraft braucht einen Feind, den sie besiegen kann, bevor sie ein gestecktes Ziel erreicht. Sie versucht, hart zu sein; aber wie die meisten harten Burschen wird sie zum Taugenichts, wenn der Weg steinig wird. Es gibt ein sanfteres, einfacheres Mittel, um schlechte Angewohnheiten abzulegen: *das Vorstellungsvermögen (Imagination)*. Es greift direkt nach dem Ziel; es erreicht, was es sich vorgenommen hat.

Deshalb war es mir in den vorangehenden Kapiteln so wichtig, daß Sie das lebensechte bildhafte Vergegenwärtigen auf tiefen Bewußtseinsebenen lernen. Wenn Sie Ihr Vorstellungsvermögen mit Ihrem Wollen, Glauben und Erwarten anspornen und es gleichzeitig darin schulen, Ihre Ziele sich so zu vergegenwärtigen, daß Sie sie sehen, spüren, hören, riechen und fühlen können, werden Sie das, was Sie wollen, erreichen.

Emile Coué sagte: »Wenn Wille und Vorstellungsvermögen um die Herrschaft kämpfen, gewinnt immer das Vorstellungsvermögen.«

Wenn Sie glauben, daß Sie eine schlechte Angewohnheit aufgeben wollen, ist es gut möglich, daß Sie sich selbst täuschen. Wenn Sie sie nämlich wirklich aufgeben wollten, würde diese Angewohnheit von selbst verschwinden. Deshalb sollten Sie die Vorteile des Aufgebens stärker wollen als die Angewohnheit selbst. Wenn Sie lernen, diese Vorteile stark genug zu wollen, werden Sie von Ihrer ›ungewollten‹ Angewohnheit befreit werden.

Wenn Sie über Ihre Angewohnheit nachdenken und sich fest dazu entschließen, sie aufzugeben, werden Sie vielleicht nur noch stärker an sie gebunden, fast wie wenn Sie sich fest vornehmen einzuschlafen; gerade dieser Nachdruck Ihrer Entschlossenheit könnte Sie wach halten.

Wie können Sie sich nun all dies zu Nutzen machen? Ich möchte als Beispiele zwei Angewohnheiten betrachten, die von Mind-Control-Absolventen mit bestem Erfolg ausgeschaltet werden: Rauchen und übermäßiges Essen.

Wenn Sie an Gewicht abnehmen wollen, müssen Sie sich als erstes auf der äußeren Ebene, also im Wachzustand, über Ihr Problem Klarheit verschaffen.

Essen Sie zu viel, mangelt es Ihnen an Bewegung, oder trifft beides zu?

Es ist gut möglich, daß Sie nicht zu viel, aber falsch essen. In einem solchen Fall könnte eine auf Ihre besonderen Bedürfnisse besser abgestimmte Ernährung die Lösung sein. Ihr Arzt könnte Ihnen darüber Auskunft geben.

Weshalb wollen Sie abnehmen? Sind Sie so dick, daß dadurch Ihre Gesundheit beeinträchtigt wird, oder glauben Sie ganz einfach, daß Sie schlanker etwas attraktiver wirken würden?

Beides sind vernünftige Gründe, abnehmen zu wollen, aber Sie müssen sich von vornherein darüber klar werden, zu welchem Zwecke Sie von einer Gewichtsabnahme zu profitieren gedenken.

Wenn Sie jetzt schon das Richtige in bescheidenen Mengen essen, sich soviel Bewegung, wie auf vernünftigem Wege nur möglich, verschaffen und ein nur geringes Übergewicht haben, würde ich Ihnen raten — falls Ihnen Ihr Arzt nichts anderes vorschlägt —, damit zu leben. Ich tue das auch. Andernfalls kommt es nur zu einem unnötigen Bruch in Ihrem Leben. Außerdem werden Sie größere Probleme und bedeutendere Möglichkeiten haben, für die Sie Ihre Mind-Control-Fähigkeiten verwenden können.

Wenn Sie sicher sind, daß Sie abnehmen wollen, und auch wissen wofür, dann müssen Sie als nächstes jeden sich daraus ergebenden Vorteil analysieren. Ich spreche nicht von einem allgemeinen Vorteil wie: »Ich werde dann besser aussehen«, sondern von konkreten Vorteilen, die, wenn möglich, alle fünf Sinne berühren. Zum Beispiel:

Sehen: Suchen Sie ein Foto, das Sie zeigt, als Sie noch so dünn waren, wie Sie jetzt sein möchten.

Tastsinn: Stellen Sie sich vor, wie geschmeidig sich Ihre Arme, Ihre Schenkel und Ihr Bauch anfühlen werden, wenn Sie wieder dünn sind.

Geschmackssinn: Stellen Sie sich den Geschmack der Speisen vor, die in Ihrer Ernährung im Vordergrund stehen werden.

Geruchssinn: Stellen Sie sich das Aroma der Speisen vor, die Sie essen werden.

Hören: Stellen Sie sich vor, was diejenigen, die Ihnen etwas bedeuten, über Ihren Erfolg durch das Abnehmen sagen werden!

Selbst die fünf Sinne genügen nicht für eine bildhafte Vorstellung und vollständige Vergegenwärtigung; Gefühle spielen ebenfalls eine Rolle.

Stellen Sie sich vor, wie selbstsicher Sie sich fühlen werden, wenn Sie so dünn sind, wie Sie sein wollen.

Halten Sie sich das alles fest vor Augen, und gehen Sie auf Ihre Grundstufe. Erschaffen Sie Ihren geistigen Bildschirm, und projizieren Sie sich auf ihn so, wie Sie jetzt aussehen. Dann lassen Sie diese Vorstellung verschwinden und bringen von links (der Zukunft) ein neues Bild von Ihnen (vielleicht das alte Foto), das Sie so zeigt, wie Sie schließlich sein wollen und bei erfolgreicher Diät auch sein werden, auf den Bildschirm.

Stellen Sie sich, während Sie geistig Ihr neues Ich anstarren, so ausführlich wie möglich vor, wie Sie sich so dünn fühlen werden. Welches Gefühl werden Sie haben, wenn Sie sich vornüber beugen, um sich die Schuhe zuzubinden, wenn Sie Treppen hochsteigen, Kleider anziehen, die jetzt zu eng sind, oder in einem Badeanzug am Strand spazieren gehen? Nehmen Sie sich Zeit und spüren Sie, wie sich all dies anfühlt. Gehen Sie die fünf Sinne einzeln, wie oben beschrieben, durch. Welches Gefühl wird Ihre Einstellung gegenüber sich selbst als Ergebnis des Erfolges auslösen?

Gehen Sie jetzt im Geiste einmal Ihre neue Ernährung durch, überlegen Sie sich nicht nur, was, sondern auch wieviel Sie essen werden, und wählen Sie ein paar Zwischenmahlzeiten, wie zum Beispiel rohe Möhren oder ähnliches. Sagen Sie sich, daß Ihr Körper nur diese Speisen brauchen und kein Hungergefühl verursachen wird, um nach mehr zu verlangen.

Damit ist Ihre Meditation beendet; führen Sie sie zweimal täglich durch.

Beachten Sie, daß beim Meditieren weder Bilder noch Gedanken auftauchen, die Sie an jene Speisen erinnern, die Sie nicht essen sollten. Sie essen zuviel davon, weil Sie diese Speisen besonders gern mögen. Wenn Sie nur schon an sie denken, schweift Ihr Vorstellungsvermögen in unerwünschte Richtungen ab.

In der Zeitung ›Mercury News‹ aus San José (13. Oktober 1974) stand folgendes Zitat der Hollywood-Schauspielerin Alexis Smith: »Positives Denken funktioniert bei einer Abmagerungskur wunderbar. Denken Sie nie darüber nach, was Sie aufgeben, sondern konzentrieren Sie sich darauf, was Sie haben werden.« Viele versichern ihr, daß sie heute attraktiver sei als damals, als sie einige jener Warner-Brothers-Filme drehte, die heute im amerikanischen Fernsehen gezeigt werden. Sie schreibt diesen Erfolg größtenteils Mind Control zu. Ein weiteres Zitat: »Der große Unterschied zu früher liegt darin, daß ich jetzt viel ausgeglichener bin und mich selbst besser unter Kontrolle habe.«

Achten Sie darauf, daß Sie sich in Ihrem Abmagerungsprogramm vernünftige Ziele setzen, sonst zerstören Sie die Glaubwürdigkeit Ihres Vorhabens. Wenn Sie 50 Pfund Übergewicht haben, können Sie nicht ernsthaft glauben, nächste Woche wie Audrey Hepburn oder Mark Spitz auszusehen. Es wird Ihnen wenig helfen, sich solche Vorbilder zu vergegenwärtigen.

In den ersten paar Tagen bekommen Sie von Ihrem Körper vielleicht alte Botschaften, die Sie an das Vergnügen Ihrer Lieblingsschokolade erinnern. Wenn dies bei der Arbeit geschieht und Sie vielleicht keine Gelegenheit haben zu meditieren, dann atmen Sie tief durch, halten die drei Finger zusammen und erinnern sich mit denselben Worten, die Sie beim Meditieren brauchten, daran, daß Ihr Körper nur Ihre neue Ernährung braucht und Sie keine Hungergefühle haben werden. Es wäre dann nützlich, einen kurzen Blick auf ein Foto werfen zu können, das Sie so dünn zeigt, wie Sie wieder sein möchten.

Mit zunehmender Übung in Mind Control auf diesem und anderen Gebieten werden Sie Ihren gesamten Geisteszustand verbessern, wodurch wiederum ein bedeutender Beitrag zum besseren Funktionieren Ihres Körpers geleistet wird. Wenn Sie sich geistig einen kleinen Stups geben, wird Ihr Körper viel eher mit Freuden versuchen, sein Idealgewicht beizubehalten.

Es stehen Ihnen verschiedene Variationen dieser Methode zur Verfügung. Vielleicht kommen sie Ihnen beim Meditieren selbst in den Sinn. Ein Fabrikarbeiter aus Omaha sagte sich beim Meditieren: »Ich werde nur jene Speisen begehren und essen, die meinem Körper guttun.« Plötzlich entdeckte er eine neue Vorliebe für Salate und Gemüsesäfte und ein schwindendes Interesse an kalorienreichen Speisen. Das Ergebnis: Er nahm in vier Monaten vierzig Pfund ab.

Eine Frau aus Ames, Iowa, wandte dieselbe Technik an. Einige Tage später kaufte sie ein paar Pfannkuchen — drei für ihre Kinder und drei für deren Freunde. »Ich vergaß völlig, für mich selbst welche zu kaufen. Ich brach beinahe in Tränen aus. Mind Control funktionierte!«

Ein Farmer aus Mason City, Iowa, kaufte für 150 Dollar einen Anzug, der gelinde gesagt, schlecht paßte. Er konnte weder die Hose hochziehen noch das Jackett zuknöpfen. »Der Verkäufer dachte, ich wäre verrückt«, sagte er. Aber mittels des geistigen Bildschirms nahm er in vier Monaten fünfundvierzig Pfund ab, und »nun sitzt der Anzug wie angegossen«.

Nicht alle Ergebnisse sind derart überwältigend; eigentlich sollten es auch nicht alle sein. Jedenfalls stellten Caroline de Sandre aus Denver und Jim Williams, der Mind-Control-Verantwortliche für die Region Colorado, ein Versuchsprogramm auf, das die Zuverlässigkeit der Mind-Control-Methoden für jene aufzeigt, die entschlossen sind, abzunehmen.

Caroline de Sandre organisierte einen Workshop für fünfundzwanzig Mind-Control-Absolventen, die sich während eines Monats einmal in der Woche trafen. Der durchschnittliche Gewichtsverlust jener fünfzehn Leute, die bei jedem Treffen dabei waren, lag knapp über viereinhalb Pfund. Alle nahmen an Gewicht ab!

Einen Monat später nahm sie mit diesen fünfzehn Leuten Rücksprache und erfuhr, daß sieben noch mehr abgenommen hatten, während acht ein stabiles Gewicht aufwiesen. Keiner hatte zugenommen!

Diese Erfahrung war für die Teilnehmer nicht nur schmerzlos, sondern auch erfreulich, wie Caroline berichtete. Sie nahmen nicht nur ohne Hungergefühl oder andere Unannehmlichkeiten an Gewicht ab, sondern steigerten auch so manche Fähigkeit, die sie sich durch Mind Control angeeignet hatten.

Der durchschnittliche Gewichtsverlust entsprach ungefähr einem Wert, den sie durch einen der erfolgreicheren Abmagerungskurse erreicht hätten. Caroline war selbst eineinhalb Jahre als Leiterin eines solchen Kurses tätig gewesen und war stellvertretende Direktorin der Nahrungsmittelabteilung im schwedischen Gesundheitszentrum von Denver: Sie kennt sich also in richtiger Ernährung und in Gewichtsfragen aus.

Sie beabsichtigt, diesen Workshop fortzuführen und einen weiteren für Raucher einzurichten.

Das Rauchen ist eine so schwerwiegende Angewohnheit, daß, wenn Sie ein Raucher sind, jetzt die Zeit für Sie gekommen ist, zum ›ehemaligen Raucher‹ zu werden. Wie bei der Gewichtsabnahme werden wir in leicht zu bewältigenden Etappen vorgehen und Ihrem Körper viel Zeit geben, damit er lernt, einer ganz neuen Art von Instruktion seitens des Bewußtseins zu gehorchen.

Es besteht keine Notwendigkeit, sich im Wachbewußtsein darüber klar zu werden, weshalb Sie aufhören sollten; die traurigen Gründe sind hinlänglich bekannt. Was Sie brauchen, ist eine Liste von Vorteilen, die Sie anschließend so sehr intensivieren, daß Ihr Wille zum Aufhören immer stärker wird.

Sie werden vitaler sein; Ihre fünf Sinne werden schärfer werden; und Sie werden das Leben intensiver genießen können. Sie wissen besser als ich – ein Nichtraucher –, daß Sie nur gewinnen können.

Gehen Sie auf Ihre Grundstufe, und sehen Sie sich selbst auf Ihrem geistigen Bildschirm in der Situation, in der Sie normalerweise die erste Zigarette am Tag rauchen. Fühlen Sie sich völlig wohl und vergegenwärtigen Sie sich selbst von diesem Zeitpunkt an bis eine Stunde später, wobei Sie all das tun, was Sie normalerweise machen – außer rauchen. Wenn diese Stunde zum Beispiel von 7 Uhr 30 bis 8 Uhr 30 dauert, so sagen Sie sich: »Ich bin jetzt von 7 Uhr 30 bis

8 Uhr 30 ein ehemaliger Raucher und werde es bleiben. Es macht mir Spaß, in dieser Stunde ein ehemaliger Raucher zu sein. Es ist leicht, und ich bin es gewohnt.«

Fahren Sie mit dieser Übung fort, bis Sie sich auf der äußeren Ebene im normalen Wachbewußtsein in dieser ersten zigarettenfreien Stunde wirklich wohl fühlen. Dann gehen Sie auf die nächste und bald auf die dritte Stunde über usw. Nehmen Sie sich Zeit und Muße dazu; wenn Sie allzu stark drängen, könnten Sie Ihren Körper bestrafen, was unfair wäre, da ja Ihr Geist, nicht Ihr Körper, diese Angewohnheit eingeführt hat. Lassen Sie Ihren Geist mittels des Vorstellungsvermögens die Arbeit verrichten.

Hier einige Tips, um den Tag der völligen Befreiung rascher herbeizuführen:

Wechseln Sie die Zigarettenmarke häufig.

Fragen Sie sich in den Stunden, in denen Sie noch kein ehemaliger Raucher sind, jedesmal, wenn Sie nach einer Zigarette greifen: »Will ich diese Zigarette jetzt wirklich?« Überraschend oft ist die Antwort ablehnend. Warten Sie, bis Sie die Zigarette wirklich wollen. Wenn Ihnen Ihr Körper in einer schon ›befreiten‹ Stunde ein offenkundiges ›Bedürfnis‹ nach einer Zigarette aufdrängt, dann atmen Sie tief durch, halten die drei Finger zusammen und erinnern sich mittels derselben Worte wie beim Meditieren daran, daß Sie in dieser Stunde ein Nichtraucher sind und bleiben werden.

Um das Rauchen unter Kontrolle zu bekommen, können Sie neben dieser grundsätzlichen Methode auch noch andere Verfahren anwenden. Ein Mann aus Omaha, der täglich eineinhalb Päckchen rauchte, vergegenwärtigte sich in Alpha alle Zigaretten, die er je geraucht hatte − ein riesiger Haufen. Dann warf er sie in einen Verbrennungsofen und vernichtete sie.

Anschließend vergegenwärtigte er sich alle Zigaretten, die er in Zukunft rauchen würde, wenn er nicht aufhörte − nochmals ein riesiger Berg −, und mit großem Vergnügen vernichtete er auch diese Zigaretten im Verbrennungsofen. Nachdem er in der Vergangenheit das Rauchen mehrmals aufgegeben hatte, brauchte er diesmal nur einmal zu meditieren, um für immer aufzuhören – ohne Sehnsucht nach einer weiteren Zigarette, ohne übermäßige Eßlust, ohne Nebenwirkungen.

Ich bedauere, daß ich beim Rauchen nicht von einer so großen Erfolgsquote wie bei der Gewichtsabnahme berichten kann. Jedoch sind mir genügend Fälle von Absolventen bekannt, die das Rauchen aufgegeben oder die Anzahl der gerauchten Zigaretten eingeschränkt haben, so daß ich jedem Raucher dringend empfehlen kann, mit Mind Control an der Bewältigung dieser Angewohnheit zu arbeiten.

10

So verbessern Sie Ihre Gesundheit

Ungefähr die Hälfte meiner Zeit verbringe ich damit, in den Vereinigten Staaten und anderen Ländern herumzureisen und vor Gruppen von Mind-Control-Absolventen zu sprechen. Im Verlaufe eines Jahres begegne ich nicht Hunderten, sondern mehreren Tausend, die von wahrlich wunderbaren Selbstheilungen berichten. Heute ist das für mich alltäglich; ich betrachte diese Geschichten in anderer Hinsicht als wunderbar. Ich wundere mich nämlich, daß die Macht des Bewußtseins über den Körper noch nicht bei jedermann Anklang gefunden hat. Es gibt so viele Leute, die psychisches Heilen als etwas Seltsames und Esoterisches betrachten. Aber was könnte denn seltsamer und noch esoterischer sein als die allmächtigen rezeptpflichtigen Medikamente mit ihren gesundheitsgefährdenden Nebenwirkungen? Während der ganzen Zeit, in der ich mich schon mit psychischem Heilen befasse, habe ich noch keine einzige schädliche Nebenwirkung erlebt oder davon etwas gehört oder gesehen.

Die medizinische Forschung macht immer neue Entdeckungen auf dem Gebiete der Beziehungen zwischen Körper und Geist. Aus all den verschiedenen und scheinbar unzusammenhängenden Forschungsarbeiten schält sich eine interessante Gemeinsamkeit der Erkenntnisse heraus: Es erweist sich, daß der Geist des Menschen eine geheimnisvoll dominierende Rolle spielt.

Ich bin überzeugt, daß, wenn Mind Control perfekt wäre (was es nicht ist, denn wir lernen noch immer), wir alle zu jeder Zeit einen völlig gesunden Körper hätten. Es ist eine unausweichliche Tatsache, daß wir schon über genügend Wissen verfügen, um mit unserem Bewußtsein die Heilkräfte des Körpers so zu verstärken, daß Krankheiten erfolgreicher bekämpft werden können. Selbst die einfachen Methoden Emile Coués funktionieren. Die Methoden von Mind Control, in denen Coués Methoden enthalten sind, funktionieren noch wirksamer.

Logischerweise werden Sie um so weniger auf ärztliche Hilfe angewiesen sein, je weiter Sie Ihre Fähigkeiten, sich selbst zu heilen, entwickeln. Jedoch ist es in diesem Stadium der Entwicklung von Mind Control sowie dem Stadium Ihrer Beherrschung dessen, was Mind Control entwickelt hat, noch viel zu früh, als daß die Ärzte in den Ruhestand treten könnten. Sie *sollten* Ihren Arzt, so wie Sie es üblicherweise tun, um Rat fragen. Sie *können* ihn jedoch mit einer raschen Genesung verblüffen. Eines Tages wird er sich vielleicht fragen, wo Sie geblieben sind.

Viele Absolventen berichten, daß sie ihre Mind-Control-Fähigkeiten in Notfällen einsetzen würden, um Blutverlust und Schmerzen einzudämmen. Zum Beispiel begleitete Frau Donald Wildowsky einmal ihren Gatten auf eine Tagung in Texas. Wie in der Zeitung ›Bulletin‹ aus Norwich, Connecticut, zu lesen war, tauchte sie in einem Swimming-pool, wobei ihr Trommelfell riß.

»Wir waren kilometerweit von der nächsten Stadt entfernt, und ich wollte nicht, daß mein Mann mitten in der Tagung abreisen müßte«, sagte sie gemäß der Zeitung. »Ich ging auf Alpha, legte meine Hand auf das Ohr, konzentrierte mich auf den Schmerz und sagte: ›Weg, weg, weg!‹

Es hörte sofort auf zu bluten, und der Schmerz schwand. Als ich schließlich einen Arzt aufsuchte, war dieser sprachlos vor Erstaunen.«

Die Methode der Selbstheilung besteht aus sechs ziemlich leichten Schritten.

Der erste Schritt besteht darin, in Beta zu spüren, daß Sie zu einem liebevollen (und deshalb nachsichtigen) Menschen werden und Liebe als Selbstzweck betrachten. Dies setzt wahrscheinlich eine ziemlich gründliche geistige Generalreinigung voraus (siehe achtes Kapitel).

Zweitens gehen Sie auf Ihre Grundstufe. Dies alleine ist ein bedeutender Schritt in Richtung der Selbstheilung, weil, wie ich früher einmal erwähnt habe, auf dieser Ebene die negative Arbeit des Bewußtseins, all sein Ärger und seine Schuldgefühle, neutralisiert werden und dem Körper freier Lauf gelassen wird, um seiner natürlichen Tätigkeit — der Selbstheilung — nachzugehen. Natürlich können Sie echte Schuldgefühle und echten Ärger haben, aber wir haben erkannt, daß diese nur auf der äußeren Ebene, in der Beta-Zone, empfunden werden und bei zunehmender Übung in Mind Control verschwinden.

Sprechen Sie, drittens, im Geiste mit sich selbst über Schritt eins: Geben Sie Ihrem Willen Ausdruck, im Geiste eine gründliche Ordnung zu schaffen — positive Worte zu gebrauchen, positiv zu denken und ein liebevoller, nachsichtiger Mensch zu werden.

Erleben Sie, viertens, im Geiste die Krankheit, an der Sie leiden. Verwenden Sie den geistigen Bildschirm, um die Krankheit zu sehen und zu spüren. Fassen Sie sich dabei kurz: der Zweck besteht einfach darin, Ihre Heilkräfte dorthin zu konzentrieren, wo sie gebraucht werden.

Mit dem fünften Schritt löschen Sie dieses Bild Ihrer Krankheit rasch aus und erleben sich selbst als völlig geheilten Menschen. Spüren Sie die Unbeschwertheit und das Glück eines vollkommen gesunden Menschen.

Halten Sie an diesem Bild fest, verweilen Sie bei ihm, genießen Sie es; werden Sie sich bewußt, daß Sie es verdienen, daß Sie jetzt in diesem gesunden Zustand völlig mit den Absichten, die die Natur mit Ihnen hat, im Einklang stehen. Verstärken Sie, sechstens, noch einmal Ihr geistiges Aufräumen und sagen Sie schließlich zu sich selbst: »Es geht mir mit jedem Tag in *jeder* Hinsicht immer besser, besser *und* besser.«

Wie lange sollte diese Übung dauern und wie oft soll man sie wiederholen?

Meiner Erfahrung nach sind ungefähr fünfzehn Minuten die ideale Dauer. Wiederholen Sie die Übung, so oft Sie können, jedoch mindestens einmal am Tag. Ein ›Zuviel‹ gibt es nicht.

An dieser Stelle möchte ich kurz abschweifen. Sie haben vielleicht gehört, Meditieren sei etwas Gutes, aber man sollte sich in acht nehmen und sich dafür nicht so begeistern, daß man es zu häufig tut. Denn dies, so heißt es, führe zur Abkehr von der Welt und zu einer ungesunden Beschäftigung mit sich selbst. Ich weiß nicht, ob dies stimmt oder nicht. Man behauptet es von anderen Arten der Meditation, nicht von Mind Control. Wir legen Wert auf Teilnahme am Geschehen der Welt, nicht auf Abkehr davon. Wir wollen uns nicht über praktische Probleme erheben oder sie ignorieren, sondern ihnen die Stirn bieten und sie lösen. Davon kann man nicht genug tun.

Kommen wir auf die Selbstheilung zurück: Schritt eins ist unbegrenzt. Üben Sie ihn in Beta, Alpha und Theta. Erleben Sie ihn mit. Wenn er Ihnen zu entgleiten droht, wenden Sie zur sofortigen Verstärkung die Drei-Finger-Technik an.

Viele unserer Mind-Control-Zentren veröffentlichen Rundschreiben für ihre Absolventen. Diese Rundschreiben enthalten Erfolgsberichte von Mind-Control-Absolventen. Es gibt unzählige Geschichten darüber, wie Kopfschmerzen, Asthma, Müdigkeit und ein hoher Blutdruck unter Kontrolle gehalten werden.

Folgende Geschichte habe ich gewählt, weil sie von einem praktischen Arzt stammt.

»Vom Alter von elf Jahren an hatte ich Migräne; zuerst nur gelegentlich und in erträglichem Maße. Aber im Laufe der Jahre wurde es schlimmer, und ich litt schließlich an ›Migränewellen‹, die drei oder vier Tage dauerten und nach nur zweitägiger Pause wieder einsetzten. Eine mit voller Kraft auftretende Migräne ist verheerend... Sie nimmt normalerweise eine Seite des Gesichtes und des Kopfes in Beschlag. Die Augen schmerzen, als würden sie aus den Augenhöhlen herausgedrückt. Die Schmerzen wirken wie ein Schraubstock, und der Magen schlägt einen Purzelbaum.

Ein Migräneanfall kann manchmal durch ein besonderes Präparat gelindert werden; es handelt sich um ein gefäßverengendes Mittel, das zu Beginn des Anfalles, wenn die Schmerzen noch zu ertragen sind, eingenommen werden muß. Ist die Migräne schon eine Weile fortgeschritten, so kann nur die Zeit Linderung bringen. Ich kam in ein Stadium, in dem ich das Präparat alle vier Stunden einnehmen mußte und die Schmerzen doch nur teilweise nachließen.

Ich suchte deshalb einen Migränespezialisten auf, der mich vollständig untersuchte, um sicherzustellen, daß keine physischen oder neurologischen Anomalitäten vorlagen. Er gab mir Rat und eine Behandlung, die ich damals sowieso schon durchgeführt hatte; ich litt weiterhin an Migräne.

Eine meiner Patientinnen war Mind-Control-Absolventin und hatte mir schon etwa ein Jahr lang vorgeschlagen, sie zum Mind-Control-Kurs zu begleiten. Ich erwiderte ihr immer, ich glaubte nicht an diesen Unsinn. Eines Tages, etwa am vierten Tag eines Migräneanfalles, traf ich sie. Ich mußte damals aschfahl gewesen sein; und sie sagte: ›Ist es nicht an der Zeit, daß Sie Mind Control lernen? Nächste Woche beginnt ein neuer Kurs... Kommen Sie doch mit mir mit!‹

Ich meldete mich für den Kurs an, ging getreulich jeden Abend hin und hatte tatsächlich jene Woche keine Migräne mehr. Aber in der folgenden Woche wachte ich mit einer schrecklichen Migräne auf und hatte nun Gelegenheit, festzustellen, ob das Programmieren funktionierte. Ich spielte den Zyklus einmal durch, kam mit Zählen aus der Grundstufe heraus und... keine Migräne... ich fühlte mich großartig. Ein Wunder war geschehen!

Fünf Sekunden später jedoch setzte die Migräne noch schlimmer ein. Ich gab nicht auf, durchlief einen zweiten Zyklus, und die Migräne verschwand vorübergehend, kam dann aber wieder zurück.

Ich mußte etwa zehn Zyklen durchmachen; aber ich gab nicht nach und nahm keine Medikamente gegen die Migräne. Ich sagte mir, daß ich es schaffen würde, und schließlich war die Migräne weg.

Ich hatte eine ganze Weile keine Migräne, und die nächste war nach drei Zyklen verschwunden. In den folgenden drei Monaten hatte ich in unregelmäßigen Abständen Anfälle, aber ich brauchte nicht einmal ein Aspirin zu nehmen. Seit ich Mind Control kenne, habe ich kein Aspirin mehr genommen. Es funktioniert wirklich!«

Hier ist eine weitere Geschichte; sie erzählt von einer Nonne, Schwester Barbara Burns aus Detroit, Michigan. Diese Geschichte wähle ich, weil Schwester Barbara ihren eigenen Auslösungsmechanismus genial eingesetzt hat.

Sie hatte siebenundzwanzig Jahre lang wegen ihrer astigmatischen Kurzsichtigkeit eine Brille getragen. Je schlechter ihr Sehvermögen wurde, um so stärker wurden ihre Gläser, was die Einschätzung von Distanzen erschwerte. Bevor sich ihr Sehvermögen besserte, benötigte sie schon Bifokal-Gläser. Dann, im Juli 1974, entschloß sie sich, mit Mind Control zu arbeiten. In tiefer Meditation sagte sie sich selbst: »Jedesmal, wenn ich blinzle, werden sich meine Augen wie die Linse einer Kamera scharf einstellen.« Beim Meditieren wiederholte sie diesen Satz jedesmal, und nach zwei Wochen brauchte sie ihre Brille nur noch zum Lesen. Sie suchte

Dr. Richard Wlodyga, einen Augenarzt (und Mind-Control-Absolventen) auf, der ihr sagte, daß ihre Hornhaut leicht verkrümmt sei. Bevor Schwester Barbara nach ein paar Wochen ein zweites Mal von Dr. Wlodyga untersucht wurde, bezog sie die Korrektur ihrer Hornhaut in die Meditation mit ein.

Im folgenden lesen Sie einen Auszug aus einem Brief, den Dr. Wlodyga auf Bitten von Schwester Barbara an uns geschickt hat:

»Schwester Barbara Burns wurde von mir zum ersten Mal am 20. August 1974 untersucht...

Ich untersuchte Schwester Burns nochmals am 26. August 1975. Sie hatte ein Jahr lang keine Brille getragen...

Die Patientin hatte eine derartige *Besserung* ihrer offenkundigen Kurzsichtigkeit erlebt, daß keine Brille mehr notwendig war.«

Natürlich litten der Arzt mit Migräne und Schwester Barbara Burns nicht an ›Einbildungskrankheiten‹ wie wir sie zu fürchten gelernt haben. Kann Mind Control auch helfen, wenn uns eine solche Krankheit befällt, oder sind wir einfach dazu verurteilt, unsere Medizin zu schlucken und die Zeit verstreichen zu lassen? Betrachten wir einmal die wahrscheinlich gefürchtetste aller Krankheiten — den Krebs.

Vielleicht haben Sie schon von der Arbeit von Dr. O. Carl Simonton, einem Krebsspezialisten, gelesen. Marilyn Ferguson beschrieb einen Teil seiner Arbeit in ihrem kürzlich erschienenen Buch ›The Brain Revolution‹, und im Jahre 1976 wurde im ›Prevention Magazine‹ der Artikel ›Bewußtsein besiegt Krebs‹ von Grace Halsell über ihn veröffentlicht. Dr. Simonton, der in Mind-Control-Methoden ausgebildet ist, hat einige dieser Verfahren erfolgreich auf die Behandlung seiner Patienten abgestimmt.

Als er für die Bestrahlungstherapie in der Luftwaffenstation Travis, in der Nähe von San Francisco, zuständig war, untersuchte er ein seltenes, aber bekanntes Phänomen, nämlich die Tatsache, daß es Leute gibt, die ihre Krebskrankheit aus medizinisch ungeklärten Gründen besiegen. Diese Fälle sind unter der Bezeichnung ›spontane Selbstremissionen‹ bekannt und machen einen sehr geringen Anteil an der Gesamtzahl der Krebspatienten aus. Wenn er herausfinden würde, weshalb sich diese Patienten erholten, überlegte sich Dr. Simonton, könnte er vielleicht eine Chance finden, um die Remission herbeizuführen.

Er entdeckte, daß all diesen Patienten etwas sehr Bedeutendes gemein war. Sie waren sehr häufig positiv eingestellt, optimistisch und entschlossen.

In einer Ansprache auf der Bostoner Mind-Control-Tagung im Jahre 1974 sagte er:

»Das größte emotionale Einzelelement, das von den Erforschern der Entwicklung des Krebses im allgemeinen identifiziert wurde, ist ein bedeutender Verlust, den der Patient im Zeitraum von sechs bis achtzehn Monaten vor der Diagnose der Krankheit erlitten hat.

Dieses Element wurde von Forschern in mehreren Langzeitstudien von überwachten Patientengruppen unabhängig voneinander aufgezeigt... Wir können feststellen, daß nicht nur der genannte Verlust ein bedeutender Faktor ist, sondern auch die Art und Weise, wie dieser Verlust vom einzelnen aufgenommen wird.

Wie Sie sehen, muß der Verlust also so groß sein, daß seitens des Patienten ein hartnäckiges Gefühl der Hilf- und Hoffnungslosigkeit hervorgerufen wird. So scheint die natürliche Widerstandskraft gebrochen und die Voraussetzung dafür gegeben, daß sich die Bösartigkeit medizinisch gesehen entwickelt.«

In einer weiteren Studie in der Luftwaffenbasis Travis, über die im ›Journal of Transpersonal Psychology‹ (Band 7, Nr. 1, 1975) berichtet wurde, teilte Dr. Simonton die Einstellung von 152 Krebspatienten in fünf Kategorien, von stark negativ bis stark positiv, ein. Dann bewertete er die Auswirkung der Therapie bei diesen Patienten von hervorragend bis schwach. Bei zwanzig Patienten waren die Ergebnisse der Behandlung hervorragend, obwohl vierzehn von ihnen sich in einem so gravierenden Zustand befanden, daß deren Chance, noch fünf Jahre zu leben, weniger als fünfzig Prozent betrug. Den Ausschlag gab ihre positive Einstellung. Am anderen Ende der Skala zeigten sich bei zweiundzwanzig Patienten schwache Behandlungsergebnisse; keiner dieser Patienten hatte eine positive Einstellung.

Als jedoch einige der eher positiv eingestellten Patienten nach Hause zurückkehrten, kam es zu einem Einstellungswandel, »und dementsprechend erlebten wir auch einen Wandel in ihrer Krankheit«. Es war klar ersichtlich, daß ihre Einstellung einen größeren Einfluß ausübte als die Schwere ihrer Krankheit.

Der Redakteur des genannten ›Journal‹ zitierte Dr. Elmer Green von der Menninger-Stiftung: »Carl und Stephanie Simonton... erzielen bemerkenswerte Ergebnisse auf dem Gebiete der Krebsbekämpfung, indem sie die Methode der bildlichen Vorstellung zur physiologischen Selbstbeeinflussung mit herkömmlicher Bestrahlung verbinden.«

In seiner Rede in Boston zitierte Dr. Simonton den Vorsitzenden der amerikanischen Krebsgesellschaft, Eugene Pendergrass, der im Jahre 1959 gesagt hatte: »Es gibt gewisse Anhaltspunkte dafür, daß der Verlauf der Krankheit im allgemeinen durch eine emotionale Belastung beeinflußt wird. Ich hoffe aufrichtig, daß wir unsere Forschungen auf eine unverkennbare Möglichkeit, daß in unserem Bewußtsein eine Kraft liegt, die fähig ist, das Fortschreiten der Krankheit zu beschleunigen oder zu hemmen, ausdehnen können.«

Dr. Simonton ist heute medizinischer Leiter des Zentrums für Krebsberatung und -forschung in Fort Worth, wo er und seine Mitarbeiterin Stephanie Mathews-Simonton die Patienten darin schulen, geistig an ihrer eigenen Behandlung teilzunehmen.

»Sehen Sie, ich ging von der Vorstellung aus, daß die Einstellung eines Patienten den Erfolg einer Behandlung und den Verlauf der Krankheit beeinflussen kann. Während ich diesen Gedanken erforschte, stellte ich fest, daß mir die Grundsätze von Mind Control – Biofeedback und Meditation – ein Mittel dafür verliehen, dem Patienten zu zeigen, wie er eine Wechselwirkung erzeugen und zu seinem eigenen Heilungsprozeß beitragen könne. Ich würde sagen, daß dies das wirksamste Hilfsmittel ist, das ich dem Patienten auf emotionaler Ebene anbieten kann.«

Einer der ersten Schritte, den Dr. Simonton in der Schulung seiner Patienten vornimmt, ist die Verbannung der Angst. Wenn dieser Unterricht begonnen hat, »erkennen wir, daß die Erzeugung von Krebszellen ein normaler Vorgang in uns allen ist und wir immer Krebszellen haben, die eine bösartige Degeneration verursachen. Der Körper erkennt und zerstört sie, wie er mit jedem fremden Eiweißkörper umgeht... Da wir jederzeit Krebszellen erzeugen, geht es nicht einfach darum, alle loszuwerden. Es geht vielmehr darum, dem Körper wieder zum Sieg und dazu zu verhelfen, daß er die Lenkung seiner eigenen Vorgänge übernimmt.«

Nach Dr. Simontons Rede ergriff Frau Simonton das Wort. Sie sagte:

»Die meisten Leute... sehen in einer Krebszelle etwas Häßliches, Gemeines und Heimtückisches, die herumschleichen kann und sehr mächtig ist und die, wenn sie sich einmal in Bewegung gesetzt hat, vom Körper nicht mehr überwältigt werden kann. In Wirklichkeit ist eine Krebszelle eine normale Zelle, die den Verstand verloren hat... Sie ist eine sehr dumme Zelle, denn sie pflanzt sich so schnell fort, daß sie sich vielfach ihre eigene Blutzufuhr abschneidet und sich dadurch selbst vernichtet. Sie ist schwach. Man schneidet in dies Gewebe, bestrahlt sie oder unterzieht sie einer Chemotherapie, und wenn sie dadurch noch kränker wird, kann sie ihre Gesundheit nicht mehr wiedergewinnen. Sie stirbt.

Ziehen Sie nun den Vergleich mit einer gesunden Zelle. Wir wissen, daß wir uns in den Finger schneiden können und, wenn das Gewebe gesund ist, nichts weiter zu tun brauchen, als ein Heftpflaster anzubringen, und die beschädigten Zellen heilen sich selbst... sie blockieren nicht ihre eigene Blutzufuhr. Und demgegenüber müssen Sie sich das Bild vorstellen, das wir uns üblicherweise im Geiste von diesen Krebszellen machen. Unsere Ängste und das Geflecht von Bildern, mit denen wir sie beladen, sind Maßstäbe für die Macht, die wir der Krankheit zuschreiben.«

In bezug auf die Entspannungs- und Verbildlichungsmethoden, die sie mit der Bestrahlungstherapie verbinden, sagte Frau Simonton:

»Die Technik der bildhaften Vorstellung ist wahrscheinlich das wertvollste Hilfsmittel, über das wir verfügen.

Wir bitten die Patienten, drei grundlegende Dinge zu tun: Wir bitten sie, sich ihre Krankheit zu vergegenwärtigen, sich ihre Behandlung zu vergegenwärtigen und sich den Immun-Mechanismus des Körpers zu vergegenwärtigen. In unserer Gruppenarbeit sprechen wir darüber, wie wir uns das ausmalen, was wir herbeiführen wollen, bevor wir daran glauben, daß es geschehen wird. Es scheint wichtig zu sein, sich dies so auszumalen.

Eines unserer Hauptthemen ist das Meditieren.«

Wie häufig meditieren Sie? Was tun Sie beim Meditieren?

11

Eine Übung nur für Liebende

In ihrer Rede vor der Mind-Control-Gruppe sprach Frau Simonton über die vielen Streßsituationen im Leben, die zu Krankheiten führen können, wenn man nicht richtig mit ihnen fertig zu werden weiß.

»Es ist äußerst ungewöhnlich, daß einer unserer Patienten eine gute Ehe führt«, sagte sie. »Wenn ein Krebspatient glücklich verheiratet ist, müssen wir uns das zunutze machen, denn eine gute Ehe ist für ihn die beste Motivierung, am Leben zu bleiben.«

Was sind die Merkmale einer guten Ehe? Das kann ich im einzelnen nicht sagen. Meine Ehe mit Paula ist außerordentlich gut; seit sechsunddreißig Jahren ist diese Ehe erfüllt und interessant, aber den Grund dafür kann ich auch nicht angeben. Vielleicht trägt die Tatsache, daß ich es nicht kann, dazu bei, daß die Ehe gut ist. Ich sage Ihnen dies, damit Sie sehen, daß ich persönlich keine Erfahrungen mit einer unglücklichen Ehe habe machen können und daher kein Fachmann bin, eine Ehe, die in großen Schwierigkeiten steckt, zu retten oder zu entscheiden, ob sie gerettet werden soll.

Ich kenne jedoch einige Mittel, um, wenn Mann und Frau es wünschen, eine Ehe zu bereichern und zu verbessern.

Vielleicht erwarten Sie, daß ich zuerst über Sex spreche, da viele glauben, daß Sex das Fundament einer guten Ehe sei. Ich betrachte Sex eher als Ergebnis einer guten Ehe und werde später darauf zu sprechen kommen.

Ich glaube, daß Vertrautheit die beste Grundlage einer Ehe ist; damit meine ich nicht ein Eindringen in die Privatsphäre des anderen, sondern eine Zweisamkeit, die auf tiefem Verständnis und echter Anerkennung beruht.

Bevor ich Ihnen etwas ziemlich Seltsames vorschlage, muß ich ein bißchen weiter ausholen. Wir haben von der freudigen Stimmung gegen Ende des Mind-Control-Kurses gesprochen. Es geschieht aber noch etwas anderes, etwas Zarteres, Feineres, das aber tief empfunden wird. Die Teilnehmer fühlen sich kurz vor Beendigung des Kurses eng, fast wie Freunde miteinander verbunden. Als sie kamen, waren sie einander fremd, und ohne den Kurs wären sie einander vielleicht nie begegnet; und bald werden wieder alle auseinandergehen und ihrem eigenen Schicksal überlassen sein. Und doch wird das Gefühl dieser persönlichen Beziehung schnell wieder aufleben, wenn sich die Teilnehmer wieder begegnen sollten.

Man nimmt allgemein an, daß diese Tatsache darauf zurückzuführen ist, daß die Teilnehmer gemeinsam eine intensive, einmalige Erfahrung durchgemacht haben. Häufig spürten Soldaten, die zusammen die intensiven Erlebnisse des Krieges geteilt haben, eine solche Verbindung untereinander. Irgendeine zusammengewürfelte Gruppe von Leuten, die einen Nachmittag lang in einem Aufzug steckengeblieben sind, würden dasselbe empfinden.

Aber dieser Grund ist nur ein Teil der Erklärung — und nicht einmal der größere. Er wird nur am häufigsten aufgegriffen, da er leicht zu verstehen ist.

Es geschieht noch etwas anderes, und ich möchte versuchen, es zu erklären. In tiefer und anhaltender Meditation werden Beziehungen hergestellt: Das Bewußtsein ist dabei sehr empfindlich und aufnahmefähig und wird sanft von einem anderen Bewußtsein berührt, wie es sonst nur jene kennen, die ein Leben lang zusammengelebt haben. Die meisten schnellen privaten Kontakte sind oberflächlich und falsch und hinterlassen ein gewisses Unbehagen. Sie sind nur von kurzer Dauer. Anders verhält es sich mit der Erfahrung, von der ich spreche; sie liegt auf einer dauerhaften geistig-seelischen Ebene.

Da es sich eher um ein zartes denn ein überwältigendes Gefühl handelt, brauchen Sie nicht überrascht zu sein, wenn Ihnen noch kein Mind-Control-Teilnehmer, dem Sie begegnet sind, etwas davon erzählt hat. Erwähnen Sie es, und Ihr Gegenüber wird wahrscheinlich sagen: »Oh ja. Wir alle haben das verspürt. Es war wunderbar!«

Dieses Gefühl ist ein unbeabsichtigtes Ergebnis des Mind-Control-Kurses, der indessen nicht speziell dafür entwickelt worden ist.

Es ist jedoch möglich (um auf den erwähnten seltsamen Vorschlag zurückzukommen), das, was Sie beide als Ehemann und Ehefrau von Mind Control schon gelernt haben, zu benutzen, um bewußt ein warmes Zusammengehörigkeitsgefühl, das sonst nur durch Jahre des Zusammenlebens erreicht werden könnte, zu schaffen. Das Ergebnis wird stärker und tiefer sein als die Erfahrung unserer Teilnehmer in den Unterrichtsstunden.

Gehen Sie folgendermaßen vor:
1. Wählen Sie im Geiste einen Ort, wo Sie sich beide äußerst glücklich und entspannt fühlen. Vielleicht haben Sie dort einmal gemeinsam Urlaub gemacht. Wählen Sie irgendeinen Ort, der gemeinsame angenehme Erinnerungen hervorruft. Es kann sogar ein Ort sein, wo Sie beide noch nie gewesen sind, schaffen Sie sich zusammen diesen Ort in der Vorstellung. Wählen Sie jedoch keinen Ort, wo nur einer von beiden schon einmal gewesen ist. Dadurch würde das Erlebnis asymmetrisch und die Gemeinsamkeit beeinträchtigt werden.

2. Setzen Sie sich bequem und nah beieinander hin, so daß Sie sich anschauen können. Entspannen Sie sich und lassen Sie die Augen zufallen.
3. Der eine beginnt und sagt zum anderen etwa: »Ich werde jetzt langsam von zehn bis eins abwärts zählen. Bei jeder Zahl, die ich nenne, wirst du die Vertiefung fühlen und wirst auf angenehme tiefere Bewußtseinsstufen gelangen. Zehn − neun − fühle das Vertiefen! − acht − sieben − sechs − tiefer und tiefer − fünf − vier − drei − und tiefer − zwei − eins − du bist jetzt ganz entspannt auf einer tiefen und angenehmeren Bewußtseinsstufe. Mit deiner Hilfe komme ich jetzt zu dir.«
4. Der andere sagt: »Ich werde jetzt langsam von zehn bis eins abwärts zählen. Bei jeder Zahl, die ich nenne, kommen wir uns näher auf einer tieferen Bewußtseinsstufe. Zehn − neun − fühle das gemeinsame Vertiefen − acht − sieben − sechs − zusammen tiefer und tiefer − fünf − vier − noch tiefer und näher beieinander − drei − zwei − eins. Wir sind beide ganz entspannt, auf einer sehr angenehmen Bewußtseinsstufe. Gehen wir zusammen noch tiefer.«
5. Der erste wiederum sagt: »Gut, gehen wir zusammen ganz tief hinunter. Erleben wir zusammen unseren Ort der Entspannung. Je deutlicher wir ihn erleben, um so tiefer werden wir kommen. Schau dir den Himmel an...«
6. »Ja... er ist klar, mit ein paar vorbeiziehenden Wolken.« Beide werden langsam und aus eigenem Antrieb die Szene beschreiben, die sie zusammen erleben: die Temperatur, die Farben, die Geräusche, all die erfreulichen Einzelheiten des Ortes.
7. Wenn beide sich auf einer tiefen Ebene befinden − wozu keine Eile besteht − und ihren Ort der Entspannung intensiv erleben, wird einer zum anderen sagen: »Das höchste Ziel in meinem Leben ist es, dich glücklich zu machen; erst dann will ich selbst glücklich werden.«

8. Der andere wird sagen: »Und mein höchstes Ziel im Leben ist es, dich glücklich zu machen; erst dann will ich selbst glücklich werden.«
9. Halten Sie jetzt — solange Sie wollen — schweigende Einkehr, bevor Sie wieder erwachen. Manche Leute empfinden diese schweigende Einkehr noch tiefer, wenn man sich dabei gegenseitig in die Augen blickt. Für jemand, der in Meditation erfahren ist, ist es durchaus möglich, mit offenen Augen in Alpha oder Theta zu bleiben. Erzwingen Sie jedoch nichts, wenn Sie sich dabei nicht wohl fühlen.

Dieses Erlebnis ist weit stärker, als Sie es sich hier beim Lesen vielleicht vorstellen. Sie werden schon beim ersten Versuch davon überzeugt sein; und in Abwandlungen, die Sie entwickeln können, kann es zur ständigen Einrichtung in Ihrem gemeinsamen Leben werden.

Aber nehmen Sie sich in acht: Die Schönheit dieses Erlebnisses wird vollständig verlorengehen, wenn es mißbraucht wird. Wenn eine der beteiligten Personen den Zweck nicht versteht oder ihn nicht völlig bejaht, kann die sich daraus ergebende enge Gemeinschaft zu einer sehr unangenehmen Erfahrung werden.

Ich kann diese Übung nur für einen Mann und eine Frau empfehlen, die sich tiefer, umfassender und dauerhafter aneinander binden möchten.

Wir alle haben eine Aura, die einige Menschen als schwach sichtbares Kraftfeld, das den Körper umgibt, erkennen können. Man kann darin geschult werden, diese Aura zu sehen. Als ein weiteres unbeabsichtigtes Ergebnis des Mind-Control-Kurses sind die Berichte vieler Teilnehmer zu betrachten, die ihre eigene Aura und die Aura anderer sehen können. Jede Aura ist so einzigartig wie ein Fingerabdruck.

Wenn Leute nahe nebeneinander stehen, durchdringen sich ihre Kraftfelder. Die Form, die Stärke, die Farbe und die Schwingungen der Felder ändern sich. Dies geschieht sowohl in vollen Theatersälen und Bussen wie auch zu zweit im Bett. Je häufiger der Kontakt hergestellt wird, desto dauerhafter ändert sich die Aura.

Bei Ehemann und Ehefrau handelt es sich um einen Wandel zum Guten, weil sich die Auren immer besser ergänzen. Eine anhaltende physische Trennung macht diesen Prozeß rückgängig, was natürlich der Ehe nicht zuträglich ist. Physische Nähe ist unerläßlich; ich empfehle Doppelbetten.

Kommen wir nun zur Sexualität: Sex ist nicht eine einzelne Erfahrung. Es gibt eine ganze Palette von Möglichkeiten. Ich meine damit nicht Techniken oder Stellungen, sondern Erlebnisse, gehaltvolle Erfahrungen auf verschiedenen Tiefen und bei unterschiedlicher Intensität. Es gibt ein weites Feld von Möglichkeiten, so weit wie der Unterschied zwischen flüchtigem Spaß und dauerhafter Freude.

Allzu viele Paare lesen Sex-Anweisungen und glauben, bei einem hochentwickelten Stand ihrer Methoden ein gutes Sexualleben zu führen. Dadurch, daß jeder Schritt einzeln geplant wird und logisch zum nächsten führen soll, bleibt das Erlebnis, das sonst bis in seelische Tiefen reichen könnte, in der oberflächlichen, bewußten Beta-Zone. Es ist aber viel wichtiger, sich mit entspanntem Geist auf einer meditativen Ebene vom Erlebnis mitnehmen zu lassen.

Die Sensibilität eines Ehepaares kann eine Ehe in unerhörtem Maße bereichern und verbessern. Selbst ohne Schulung kann sich aus einer langjährigen und glücklichen Ehe ein tiefes seelisches Verhältnis zwischen den Partnern entwickeln. Aber warum soll man so lange darauf warten?

12

Außersinnliche Wahrnehmung (ASW) kann geübt werden

Gibt es ASW wirklich? Heute sind sich praktisch alle Fachleute darüber einig, daß es sie gibt. Die Wahrscheinlichkeitsrechnung hat es bis auf die letzte Dezimalstelle bewiesen, daß wir Informationen auch durch etwas anderes als unsere fünf Sinne erhalten können. Es kann sich um Informationen aus der Vergangenheit, der Gegenwart oder der Zukunft handeln, um solche aus der Nähe oder aus der Ferne. Welche ›übersinnliche‹ Kraft in ASW auch am Werk sein mag, sie wird weder durch die Zeit noch durch den Raum oder durch Faradaykäfige behindert.

ASW ist die Abkürzung für ›Außersinnliche Wahrnehmung‹. Ich mag diese Bezeichnung nicht. ›Außersinnlich‹ bedeutet außerhalb unseres Sinnesapparates. Damit scheint die Existenz eines umfassenderen Sinnesapparates als der unserer fünf Sinne bestritten zu werden, obwohl ein solcher offensichtlich existiert, da wir wirklich Informationen ohne Hilfe unserer fünf Sinne gewinnen können. ASW hat überhaupt nichts Außersinnliches an sich. Das Wort ›Wahrnehmung‹ ist zutreffend im Falle von Experimenten wie jenen, die von Prof. *J. B. Rhine*, Direktor des Parapsychologischen Laboratoriums an der Duke University, durchgeführt wurden, wo die Wahrnehmenden die Rückseite von speziellen Karten so präzise errieten, daß der Zufall praktisch ausgeschlossen werden konnte.

In Mind Control nehmen wir jedoch nicht einfach wahr, sondern wir projizieren unser Bewußtsein dorthin, wo die gewünschte Information sich befindet. Wahrnehmung ist eine zu passive Bezeichnung für das, was wir tun. Deshalb sprechen wir in Mind Control von *A*ktiver *S*inneserweiterung oder -projektion. Die Abkürzung ist immer noch die gleiche, und das ist auch richtig, weil wir unter unserer Bezeichnung all das und mehr verstehen, was generell mit ASW gemeint ist.

Um ASW zu erleben, machen Mind-Control-Absolventen keine Experimente, bei denen sie Karten erraten müssen. Mittels solcher Experimente findet man nur heraus, ob jemand sensitiv veranlagt ist. Wir wissen schon, daß unsere Teilnehmer so veranlagt sind und setzen uns deshalb ein höheres Ziel, nämlich sie zu schulen, im wirklichen Leben eine Art geistiges ›Hoch‹ intensiv zu erleben, was eine Wandlung ihres ganzen Lebens zur Folge haben kann. Dies geschieht nach ungefähr vierzig Stunden Unterricht und Übung.

Routinemäßig und verläßlich bilden wir die Teilnehmer darin aus, ihre psychischen Kräfte zu aktivieren, wie wir es schon mit mehr als vier Millionen Absolventen getan haben.

Wenn Sie alle bisher in diesem Buch beschriebenen Methoden beherrschen, haben Sie schon einen großen Schritt hin zu ASW getan. Sie werden dann fähig sein, auf tiefere Bewußtseinsebenen zu gehen und dabei völlig wach zu bleiben und sich Dinge und Geschehnisse beinahe in der vollen Wirklichkeit der fünf Sinne vergegenwärtigen zu können. Dies sind die beiden Tore zur übersinnlichen Welt.

Schon gegen Ende des zweiten Tages des Mind-Control-Kurses werden die Teilnehmer in die Nähe des psychischen Handelns geführt, das sie am dritten Tag tatsächlich erreichen und dann ihr Bewußtsein aus ihrem Körper hinauszuprojizieren vermögen.

Sie beginnen mit einer einfachen Übung der visuellen Vorstellung. In sehr tiefer Meditation projizieren Sie sich selbst vor Ihr Zuhause, indem Sie sich bildhaft vorstellen, daß Sie wirklich da sind. Sorgfältig achten Sie auf alles, was Sie sehen können, bevor Sie das Haus oder die Wohnung durch die Eingangstür betreten, ins Wohnzimmer gehen und sich gegenüber der auf der Südseite befindlichen Wand hinstellen. Sie sehen diesen Raum nachts bei künstlichem Licht, dann tagsüber bei Sonnenlicht, das durch die Fenster scheint. Sie studieren jede Einzelheit, an die Sie sich erinnern können. Dann berühren Sie die Wand auf der Südseite und gehen in sie hinein. Für Sie mag das seltsam klingen, aber jemand, der intensive Vergegenwärtigungsübungen hinter sich hat, empfindet das als völlig natürlich.

Innen in einer Mauer sind die Teilnehmer noch nie gewesen; deshalb ›testen‹ sie ihre neue Umgebung, indem sie vom Licht, von den Gerüchen, von der Temperatur und – durch Klopfen auf das Innere der Wand – von der Festigkeit des Materials Kenntnis nehmen.

Dann stellen sie sich in der Vorstellung wieder gegenüber der Wand hin und ändern deren Farbe in schwarz, rot, grün, blau und violett, bis sie schließlich wieder zur ursprünglichen Farbe zurückkehren.

Als nächstes heben sie einen in diesem Bewußtseinszustand schwerelosen Stuhl in die Höhe und untersuchen ihn vor dem Hintergrund der Wand, während sie seine Farbe ebenfalls ändern. Diesen Vorgang wiederholen sie mit einer Wassermelone, einer Zitrone, einer Apfelsine, drei Bananen, drei Rüben und einem Kopfsalat.

Wenn diese Meditationssitzung beendet ist, ist der erste bedeutende Schritt getan, das logische Denken auf den Rücksitz zu versetzen und das Vorstellungsvermögen nach vorne ans Steuer zu bringen. In den Übungen, wie ich sie jetzt beschreibe, sagt das logische Denken des Teilnehmers: »Nein, erzähl mir nicht, du seist innen in einer Wand oder an einem anderen seltsamen Ort. Du weißt, daß das nicht stimmen kann; du sitzt ja hier.«

Aber das Vorstellungsvermögen kann diesen Einwand, bestärkt durch eine Reihe von Visualisierungsübungen, ignorieren. Je stärker unsere Vorstellungskraft wird, um so besser werden unsere mentalen Fähigkeiten. Das geübte Vorstellungsvermögen hält die Zügel dieser mentalen Kräfte in der Hand.

In der folgenden Stunde projizieren sich die Kursteilnehmer geistig in würfel- oder zylinderförmige Metallstücke aus rostfreiem Stahl, Kupfer, Messing oder Blei, hinein, wo sie, wie in der Mauer, Licht, Gerüche, Farben und Temperatur so rasch testen, daß das logische Denken ausgeschaltet bleibt.

Die Teilnehmer arbeiten sich in ihren Übungen von ganz einfachen zu komplexeren Gegenständen hoch, und als erste lebende Materie wählen sie einen Obstbaum, in dessen Nähe sie sich projizieren. Sie stellen sich auf ihrem geistigen Bildschirm diesen Obstbaum zu allen vier Jahreszeiten vor, einmal mit Blüten, dann mit Blättern und natürlich mit den sich verändernden Farben. Sodann projizieren sie sich in die Blätter und in eine Frucht.

Machen wir nun einen Riesenschritt nach vorn zur Projektion in ein Haustier. Bis zu diesem Zeitpunkt sind die Teilnehmer so erfolgreich gewesen, daß sich nur wenige fragen, ob sie das überhaupt können.

Vor dem Hintergrund ihres geistigen Bildschirms untersuchen sie das Tier selbstsicher von außen und ändern seine Farben; dann versetzen sie sich geistig ebenso selbstsicher in den Schädel und das lebende Gehirn des Tieres.

Nach ein paar Minuten der Erkundung im Innern des Tierkopfes kommen sie wieder heraus, um von außen die Brust zu untersuchen. Dann gehen sie in die Brust hinein und untersuchen den Brustkorb, die Wirbelsäule, das Herz, die Lungen und die Leber.

Zuletzt kommen sie wieder heraus und sind nun mit Vergleichsmaterial für den vierten Tag ausgerüstet, der wahrscheinlich zum verblüffendsten Tag ihres Lebens werden wird: Am vierten Tag werden sie nämlich mit dem Menschen arbeiten. Davor gibt es jedoch einiges zur Vorbereitung zu tun.

Auf einer besonders tiefen Bewußtseinsstufe, manchmal schon in Theta, bauen sich die Mind-Control-Teilnehmer durch ihr bereits wohlgeschultes Vorstellungsvermögen ein Laboratorium von beliebiger Größe, Form und Farbe auf. In einem solchen Labor soll es einen Schreibtisch und einen Stuhl in irgendeiner Ausführung geben, dazu eine Uhr, einen Kalender mit allen Daten der Vergangenheit, Gegenwart und Zukunft, sowie Aktenschränke — soweit also nichts Außergewöhnliches.

Damit der nächste Schritt verstanden wird, muß noch einmal betont werden, wie weit unser mentaler Sinnesapparat von Sprache und Logik entfernt und wie eng er mit Bildern und Symbolen verbunden ist. Darauf mache ich Sie aufmerksam, weil der nächste Schritt darin besteht, das Laboratorium mit ›Instrumenten‹ auszurüsten, mit denen auf mentalem Wege Anomalitäten, die am folgenden Tag bei der Untersuchung eines Menschen entdeckt werden, korrigiert werden können. Die meisten dieser Instrumente gleichen keinen jener Gerätschaften, die Sie vielleicht schon in irgendeinem Labor gesehen haben. Es sind äußerst hilfreiche Symbole — symbolische Instrumente, wenn Sie so wollen.

Da gibt es ein feines Sieb, um Fremdstoffe aus dem Blut zu filtrieren; eine hochempfindliche Bürste, um das weiße Pulver (Kalzium) wegzuwischen, das bei Arthritisfällen mental entdeckt werden kann; Wässerchen für schnelles Heilen; Bäder, um die Hände in Unschuld zu waschen, oder eine Stereoanlage mit besonderer Musik, um gehetzten Personen Ruhe zu gewähren.

Jeder Teilnehmer schafft sich sein eigenes Rüstzeug, so daß nie zwei Laboratorien sich genau gleichen. Die Instrumente werden dort entwickelt, wo alles möglich ist — auf tiefen Bewußtseinsebenen. Viele Absolventen stellen fest, daß die Arbeit, die sie mittels dieser Instrumente verrichten, einen Einfluß auf die objektive Welt, wie wir sie nennen, ausübt.

In seiner Arbeit mit den neuen Werkzeugen benötigt der Teilnehmer vielleicht in einer verzwickten Lage einen weisen Rat, eine innere ›ruhige leise Stimme‹. Für einen Mind-Control-Teilnehmer ist diese Stimme jedoch stark und deutlich, und er verfügt nicht nur über eine, sondern über zwei solcher Stimmen.

In seinem Laboratorium ruft er sich *zwei Ratgeber,* einen Mann und eine Frau, herbei. Es wird ihm vor der entsprechenden Meditationssitzung gesagt, daß er dies tun wird; und wahrscheinlich hat er auch schon eine ziemlich klare Vorstellung davon, wen er als Ratgeber nehmen will. Nur selten geht ein bestimmter Wunsch in Erfüllung, aber fast nie ist ein Teilnehmer enttäuscht.

Einer der Teilnehmer, der hoffte, Albert Einstein zu begegnen, traf statt dessen einen kleinen Mann, der als Clown geschminkt war, auf der Nase einen rosaroten Pingpongball und auf dem Kopf eine Mütze mit einem Windrädchen. Der kleine Mann erwies sich als verläßliche Quelle für praktische Ratschläge...

Ein anderer Teilnehmer, Sam Merrill, der in ›New Times‹ (2. Mai 1975) einen Artikel über Mind Control schrieb, rief zwei äußerst echte Personen als Ratgeber herbei, obwohl sich deren Verhalten keineswegs mit ihrer wahren Persönlichkeit deckte.

In seinem Laboratorium, dem U-Boot ›Nautilus‹, so schreibt Merrill, »tauchte ein kleiner Mann in einer Überfallhose und einem seidenen Hemd aus der Unterdruckkammer auf. Er war schlank und freundlich, hatte schütteres Haar und in seinen tiefen Augenhöhlen sanfte Augen wie ein Reh. Mein Ratgeber war William Shakespeare. Ich begrüßte ihn, aber er erwiderte nichts.

...Eine geisterhafte Stimme kündigte an, daß wir an Land gingen, und Will und ich sprangen aus einer Luke auf einen verlassenen Strand... Dort trafen wir meinen zweiten Ratgeber, eine Schauspielerin... Auch sie beachtete mich zuerst nicht, war aber hocherfreut, Shakespeare zu treffen.«

Am folgenden Tag ging es um ernsthafte Bearbeitung von Krankheitsfällen, und Sam Merrills Partner (der ›Orientierende‹ — wie er bei Mind Control heißt) nannte ihm den Namen einer zweiundsechzigjährigen Frau aus Florida. Die zwei mentalen Ratgeber, die mehr aneinander als an der Frau interessiert waren, untersuchten sie und verschwanden, um dringenderen Beschäftigungen nachzugehen.

Hatten ihn seine Ratgeber ohne Ratschläge zurückgelassen? Nein, auf dem Bildschirm war der Unterleib der Frau verschwunden. »Anstelle des Unterleibes«, schrieb Merrill, »leuchtete ein Stück Darm aus rosarotem Neon unruhig auf.« Er erfuhr von seinem Partner, daß die Frau mit einer schweren Darmentzündung — einer Divertikulitis — im Krankenhaus läge.

Für Mind-Control-Absolventen können die Ratgeber sehr echt sein. Was sind diese Gestalten? Wir wissen es nicht genau; vielleicht sind sie ein Gespinst archetypischer Phantasie, vielleicht die Verkörperung einer inneren Stimme, vielleicht mehr. Was wir jedoch wissen, ist, daß die Verbindung zwischen uns und unseren Ratgebern, wenn wir ihnen begegnet sind und mit ihnen zu arbeiten gelernt haben, respektvoll und unbezahlbar ist.

Mehr als vier Jahrhunderte vor Christus hatte der griechische Philosoph *Sokrates* einen Ratgeber, der sich im Gegensatz zu den Ratgebern in Mind Control darauf beschränkte zu warnen. Gemäß Plato soll Sokrates gesagt haben: »Seit meiner Kindheit werde ich von einem halbgöttlichen Wesen begleitet, dessen Stimme mir zuweilen von gewissen Vorhaben abrät, ohne mich jedoch auf den richtigen Weg zu führen.«

Ein weiterer Schriftsteller, *Xenophon,* zitierte Sokrates folgendermaßen: »Bislang hat sich die Stimme nie geirrt.«

Wie Sie bald sehen werden, verfügt ein Mind-Control-Absolvent, der sich geistig in seinem Laboratorium befindet und sich vertrauensvoll mit seinen Ratgebern bespricht, über enorme Fähigkeiten, sich und anderen Gutes zu tun. Auf Ihrem jetzigen Stand innerhalb der Mind-Control-Ausbildung können Sie das verstehen, jedoch noch nicht selbst erleben.

Am folgenden Tag herrscht aufgrund der Erwartung große Spannung. Selbst jene Absolventen, die für einen Auffrischungskurs wiedergekommen sind, spüren das. Bis zu diesem Zeitpunkt sind alle Erlebnisse eines Teilnehmers nur für ihn selbst wahrnehmbar gewesen und haben sich nur in seinem Bewußtsein abgespielt. Jetzt ist der Moment gekommen, in dem es gilt, die anderen an einem Erlebnis teilnehmen zu lassen.

Zuvor müssen zwei Übungen absolviert werden. Beide bestehen aus der mentalen Untersuchung des Körpers eines Freundes, ähnlich wie bei der vorhergehenden Untersuchung eines Tieres, wobei jedoch die Funktionen diesmal ausführlicher untersucht werden sollen. Nach diesen Übungen bilden die Teilnehmer Paare.

Einer der beiden Teilnehmer, die ein Paar bilden, ist der ›*Psycho-orientologe*‹, der andere der ›*psychisch Geführte*‹. (›Psycho-orientologe‹ ist abgeleitet von ›*Psycho-orientologie*‹, ein Wort, das ich prägte, um alle Mind-Control-Aktivitäten unter einen Hut zu bringen. Es bedeutet ganz einfach ›*Orientierung des Bewußtseins*‹. Wir nennen ihn im folgenden ›den Orientierenden‹.)

Dieser Orientierende schreibt den Namen, das Alter, den allgemeinen Aufenthaltsort und die Beschreibung eines schweren Leidens einer Person, die er kennt, auf ein Blatt Papier. Der psychisch Geführte geht, manchmal mit Hilfe des Orientierenden, und wahrscheinlich zum ersten und letzten Mal mit schwankendem Vertrauen zu seinem eigenen Tun auf seine Grundstufe in Alpha.

Wenn sich nun der psychisch Geführte auf seiner Grundstufe und in Gegenwart seiner Ratgeber im Laboratorium befindet und sich mit einem Zeichen als bereit meldet, gibt ihm der Orientierende Namen, Alter, Geschlecht und Aufenthaltsort der Person an, deren Name auf dem Blatt Papier steht.

Die Aufgabe des Geführten besteht darin, die Krankheit der Person, der er nie zuvor begegnet ist und von der er nie zuvor etwas gehört hat, herauszufinden. Er geht bei der äußeren und inneren Untersuchung des Körpers der Person auf dem Bildschirm systematisch vor, wie es sein Vorstellungsvermögen gelernt hat, bespricht sich nötigenfalls mit seinen Ratgebern und ›spricht‹ eventuell mit der Person selbst.

Der psychisch Geführte wird vom Orientierenden aufgefordert, während der Untersuchung Ergebnisse zu melden und »weiterzusprechen, selbst wenn er das Gefühl haben sollte, nur zu raten«.

In einer derartigen Sitzung könnte es folgendermaßen ablaufen (dieser Auszug ist authentisch):

Der Orientierende: »Der Name der Person, die ich auf meinem Zettel stehen habe, lautet John Summers. Er ist achtundvierzig Jahre alt und lebt in Elkhart, Indiana. Eins, zwei, drei – John Summers aus Elkhart, Indiana, ist jetzt auf Ihrem Bildschirm. Spüren Sie es, fühlen Sie es, vergegenwärtigen Sie sich den Mann, stellen Sie ihn sich vor, erschaffen Sie sein Bild, seien Sie davon überzeugt, daß er da ist, betrachten Sie das als selbstverständlich. Tasten Sie den Körper mit Ihrer Intelligenz ab von da, wo der Kopf sein muß, bis dort, wo die Füße sind, herauf und herunter, herauf und herunter, einmal pro Sekunde.

Während Sie den Körper so untersuchen, lassen Sie Ihr Vorstellungsvermögen die drei Zonen der größten Anziehungskraft finden. Bleiben Sie dabei, den Körper einmal pro Sekunde abzutasten und nennen Sie mir die Stellen der Anziehungskraft, so wie sie Ihnen bewußt werden. Sie werden vielleicht das Gefühl haben, alles nur zu erfinden, doch trotzdem müssen Sie mir alles, was Ihnen in den Sinn kommt, sofort sagen.«

Der psychisch Geführte: »Seine rechte Schulter hängt ein bißchen nach unten und nach vorne... Sonst scheint alles in Ordnung, außer vielleicht dem linken Fußknöchel... rechts ein bißchen kühler... kühler und dunkler... Seine rechte Lunge ist verschwunden... Und jetzt zu diesem Knöchel... Scheint in Ordnung, nur eine gezackte, kleine weiße Linie... schmerzt bei feuchtem Wetter... muß mal gebrochen gewesen sein... Ich glaube, das wär's... Moment, mein weiblicher Ratgeber dreht den Mann für mich herum und zeigt auf eine Stelle hinter den Ohren... ja, da gibt es schrecklich tiefe Narben... er hatte eine Operation im Bereich der Schädelknochen, sehr tief... Gut, das wär's.«

Der Orientierende: »Sehr gut. Der rechte Lungenflügel fehlt ihm, und er hat eine tiefe Narbe hinter einem Ohr. Ich habe keine Angaben über den Knöchel. Empfinden Sie jetzt noch einmal die Gefühle, die Sie hatten, als Sie mir vom rechten Lungenflügel und von der Narbe hinter dem Ohr erzählten. Empfinden Sie diese Gefühle nochmals, und benutzen Sie diese bei Ihrer nächsten Bearbeitung eines Krankheitsfalls als Bezugspunkte.«

Nach einer kurzen Pause kehrt der psychisch Geführte in die Beta-Zone zurück und lächelt. »Mann! Das ist verrückt!«

Ja, es ist verrückt. Es verstößt gegen alles, was wir bisher in dieser normalen Welt erlebt haben. Und trotzdem ist die Szene, die ich eben beschrieben habe, durchaus nicht ungewöhnlich. Einige Teilnehmer liegen beim ersten Versuch nicht ganz richtig, einige liegen beim ersten, zweiten und sogar beim dritten Versuch völlig falsch; aber gegen Ende des Tages hat praktisch jeder genügend Volltreffer erzielt, um zu wissen, daß es nicht ›purer Zufall‹ war. Hier ist etwas sehr Wichtiges am Werke.

Allzuoft betrachten wir das Vorstellungsvermögen (Imagination) als unverantwortlichen Erzeuger von Unsinn. Häufig ist es dies auch. Aber Kunstwerke sind Produkte eines geschulten Vorstellungsvermögens; psychisch-mentale Ergebnisse sind ebenfalls Produkte eines auf besondere Art und Weise geschulten Vorstellungsvermögens. Wenn ein Mind-Control-Teilnehmer zum ersten Mal am Bildschirm arbeitet, glaubt er, sich alles, was er sieht, ›nur einzubilden‹. Aus diesem Grunde fordert ihn der Orientierende auf, weiterzusprechen, selbst wenn er das Gefühl haben sollte, zu raten. Wenn er nicht weiter sprechen würde, könnte ihn sein logisches Denken wie im Alltag dazu verleiten, über die Dinge nachzudenken und damit die psychischen Fähigkeiten zu ersticken.

Nach seinem ersten Volltreffer weiß ein Mind-Control-Teilnehmer, daß nicht ›alles Einbildung‹ ist. Er benützt sein Vorstellungsvermögen und lernt, dem ersten Gedanken, der ihm einfällt, zu vertrauen. Hier stößt seine psychische Begabung durch.

Alles verläuft gemäß vollkommen natürlichen Gesetzen. Unser Bewußtsein ist nicht auf unseren Kopf beschränkt; es greift darüber hinaus. Um dies wirksam tun zu können, muß es durch das *Wollen* motiviert, durch das *Glauben* genährt und durch das *Erwarten* gezündet werden.

Bei seiner ersten Bearbeitung eines Krankheitsfalls ist die durchschnittliche Erwartung eines Teilnehmers nicht hoch. Wenn er überhaupt sachkundig und aufgeschlossen ist, weiß er zwar ganz genau, daß es so etwas wie ASW gibt, aber

alles, was er in seinem Leben gelernt hat, war für ihn ein
›Beweis‹ dafür, daß ASW nicht seine, sondern die Fähigkeit
anderer ist. Wenn er einmal vom Gegenteil überzeugt wird
und seinen ersten Volltreffer erzielt, steigt seine Erwartung
sprunghaft an, und er kommt in Fahrt. Ein paar Stunden
später wird er mit acht oder neun weiteren guten Bearbeitungsversuchen in der Tasche den Mind-Control-Kurs erfolgreich abschließen.

»Immer wieder habe ich es erlebt, daß ein Teilnehmer die
richtige Diagnose gestellt hat...«, schrieb Bill Starr von der
Zeitung ›Midnight‹ in seinem Artikel ›Mind-Control-Lektionen *können* die Kraft Ihres Geistes erhöhen‹ (19. November 1973). In diesem Artikel beschrieb er einen Fall, den er
einst zur Bearbeitung vorgelegt bekam und von dem er gedacht hatte, es wäre besonders schwierig, die entsprechende
Diagnose zu stellen, da weder er noch sonst jemand in dem
Kursus wußte, welche Krankheit vorlag.

Früher an jenem Tage hatte ein gewisser Herr Thomas,
ein Mind-Control-Absolvent, seinen Sohn im Krankenhaus
besucht. Im selben Zimmer wie sein Sohn lag noch ein zweiter Patient, über den Herr Thomas nichts als den Namen erfuhr.

Er fand auf seinem inneren Bildschirm folgendes heraus:
Das rechte Bein war ›so etwas wie gelähmt‹, die Arme und
die Schultern waren steif, und einige Rückenwirbel waren
aufgrund einer Krankheit verschmolzen. Außerdem hatte
der Mann eine Halsentzündung und einen entzündeten
Darm. Er war 170 cm groß und 50 kg schwer.

Im Krankenhaus erfuhr Herr Thomas, daß der Patient in
jungen Jahren an Kinderlähmung erkrankt war. Er war von
einem Rollstuhl gefallen und hatte sich die rechte Hüfte gebrochen. Auch alles andere, was der Mind-Control-Teilnehmer gesagt hatte, traf bis auf die Halsentzündung und den
entzündeten Darm zu. Letztere waren die Symptome seines
Sohnes.

Wie in diesem Fall erweisen sich scheinbare Fehlschläge oft als Treffer ins falsche Ziel. Übung verbessert die Treffsicherheit. Mit noch mehr Übung kann sich der ›Bildschirm-Detektiv‹ sowohl mit Dingen wie auch mit Menschen in Verbindung setzen.

Dick Mazza, ein Schauspieler und Sänger aus New York, tippte mit der Maschine Büchermanuskripte für Schriftsteller und Verleger ab, um sich ein Nebeneinkommen zu sichern. Eines Tages verlor er ein Manuskript und rief völlig außer sich einen Mind-Control-Absolventen an und bat ihn um Hilfe. Er sagte, er hätte das Manuskript zuletzt gehabt, als er in einer Kirche einen kleinen Vortragssaal betrat, um ein Theaterstück zu proben. Eine Gruppe junger Totenbestatter war gerade im Hinausgehen begriffen; sie kamen von ihrer Diplomfeier. Das Manuskript steckte in einem weißen Umschlag, der Dicks Namen und Adresse sowie das Wort ›eilt‹ trug.

Einer der Ratgeber des betreffenden Mind-Control-Absolventen war eine ältere stumme Frau, deren Hilfe sich auf ein bejahendes Nicken oder ein verneinendes Kopfschütteln und eine Art Zeichensprache beschränkte. Der männliche Ratgeber sprang jeweils als Vermittler ein und legte gelegentlich auch mit eigenem Rat los.

Der Absolvent vergegenwärtigte sich das Manuskript gemäß Dicks Beschreibung. Er sah es mitten in einem Stapel Unterlagen auf einem großen, unordentlichen Schreibtisch.

»Ist das Manuskript dort sicher?« fragte er seinen weiblichen Ratgeber. Sie nickte.

»Hat es einer der frischgebackenen Totenbestatter?«
Nein.
»Befindet sich der Schreibtisch in der Kirche?«
Nein.
»Wird es bald zurückgegeben werden?«
Ja.
»Wer hat es?«

Sie deutete auf den Absolventen.

»Ich habe es?« fragte dieser.

Nein.

Der männliche Ratgeber kam zu Hilfe. »Sie meint, jemand in ihrem Alter habe es. Er bat eine junge Frau, seine Unterlagen in sein Büro zurückzubringen, weil er mit seinen Studenten feiern ging. Das Manuskript ist auf seinem Schreibtisch. Machen Sie sich keine Sorgen; wenn er es sieht, wird er es Dick schicken.«

Zwei Tage später wurde Dick vom Direktor des Bestattungsinstituts angerufen. Dieser erklärte, er hätte nach der Diplomfeier einen Stapel Unterlagen mitgenommen, in dem aus irgendeinem Grund Dicks Manuskript steckte, und seine Sekretärin gebeten, diesen Stapel auf seinen Schreibtisch zu stellen, weil er mit den frischgebackenen Totenbestattern etwas trinken gehen wollte.

Viele Leute haben schon behauptet, bei unseren Fallbearbeitungen liege nichts anderes vor als Gedankenübertragung. (Nichts anderes! Wie blasiert gewisse Leute doch sein können!)

Der Fall, den ich als Beispiel angeführt habe – jener Mann mit dem fehlenden Lungenflügel –, ist authentisch. Sie erinnern sich daran, daß der Teilnehmer offenbar einen Fehlschlag zu verzeichnen hatte, nämlich den gebrochenen Knöchel. Der Orientierende konnte die Operation im Bereich der Schädelknochen und den fehlenden Lungenflügel – beides hatte er zuvor aufgeschrieben – bestätigen. Aber alles, was er zum gebrochenen Knöchel sagen konnte, war: »Darüber habe ich keine Angaben.«

Später erklärte die Person, deren Fall man versucht hatte zu bearbeiten, Jahre zuvor den Fußknöchel gebrochen zu haben und bei feuchtem Wetter gewisse Beschwerden zu verspüren. Gedankenübertragung? Nicht im herkömmlichen Sinne des Wortes; der Gedanke war im Geiste des

Orientierenden nicht vorhanden, da dieser nichts vom gebrochenen Knöchel wußte. Es ist auch unwahrscheinlich, daß der Gedanke zu jenem Zeitpunkt im Geiste des ›Fallobjektes‹ (Patienten) vorhanden war.

Aber, so mögen Sie einwenden, der Gedanke kann einfach allgemein in dessen Geiste vorhanden gewesen sein. Ja, es kann einfach so gewesen sein.

Ein weiteres Beispiel: Ein Teilnehmer, der einen Fall bearbeitete, sagte, die betreffende Frau hätte eine Narbe am Ellbogen, die von einem Bruch stamme. Der Orientierende hatte darüber keine Angaben und hielt bei der Frau Rückfrage. Sie antwortete, sie hätte sich ihren Ellbogen nie verletzt. Ein paar Tage später erwähnte sie dies gegenüber ihrer Mutter, und es stellte sich heraus, daß sie im Alter von drei Jahren ihren Ellbogen gebrochen hatte! Ist das Gedankenübertragung?

Die positive Energie, die ein Mensch ausströmt, ist am stärksten, wenn sein Leben auf dem Spiel steht. Deshalb stehen so viele Fälle spontaner ASW mit Unfällen und plötzlichem Tod in Zusammenhang.

Aus diesem Grunde besteht unsere abschließende Übung darin, Fälle schwer kranker Patienten zu bearbeiten. Ein Absolvent, der die Bearbeitung des Krankheitsfalles gewissenhaft übt, lernt, immer schwächere psychische Signale wahrzunehmen, bis er eines Tages fähig ist, beliebig mit jedermann psychisch in Kontakt zu treten, ob die betreffende Person in Schwierigkeiten ist oder nicht. Mit zunehmender Übung werden wir immer empfindsamer.

In meinen frühen Experimenten habe ich herausgefunden, daß Kinder ihre psychischen Fähigkeiten bereitwilliger demonstrieren als Erwachsene. Kinder sind viel weniger beeinflußt durch die allgemein herrschende Beta-Ansicht, was möglich sei und was nicht, und ihr Realitätssinn ist nicht so weit entwickelt, daß sie nur das sagen, was ihnen logisch erscheint.

Gleich nachdem die Grundzüge des Mind-Control-Kurses entwickelt waren, wurde ein Experiment durchgeführt, um den eben beschriebenen Sitzungen zur Bearbeitung von Krankheitsfällen eine gewisse Form zu verleihen. Wie Sie sehen werden, war meine frühere Methode ganz anders als die heutige.

Zwei Kindern, Jimmy und Timmy, waren die Grundzüge vermittelt worden. Ich trennte die beiden und schickte sie mit je einem Experimentator, gewissermaßen dem Vorgänger des heutigen Orientierenden, in zwei verschiedene Zimmer. Das eine Kind, Jimmy, wurde gebeten, auf seine Alpha-Grundstufe zu gehen und in seiner Vorstellung irgend etwas zu erschaffen. Inzwischen ging Timmy im anderen Zimmer in Alpha und wurde gebeten herauszufinden, was Jimmy im Schilde führte. Jimmy sagte zu seinem Experimentator: »Ich mache einen Kleinlaster. Er hat eine grüne Karosserie und rote Räder.«

Timmys Orientierender fragte: »Was macht Jimmy gerade?«

»Oh, er macht gerade einen kleinen Spielzeuglaster.«

»Gut, beschreib ihn.«

»Oh, er hat eine grüne Karosserie und rote Räder.«

Das ist Fallbearbeitung in einem höherentwickelten Stadium, als wir es mit Erwachsenen in unseren Stunden erreichen. – Es bedarf großer Übung, ›wie Kinder zu werden‹.

13

Helfen Sie anderen durch Silva Mind Control

Krankheiten bei Personen zu erkennen, die man nie zuvor gesehen hat, ist erstaunlich genug, aber wir belassen es nicht dabei. In den Körper, in den wir unser Bewußtsein projizieren, projizieren wir auch Heilung.

Offensichtlich ist bei der geistigen Projektion eine Energie am Werke, die durch die Absichten unseres Bewußtseins gesteuert wird. Verwandeln Sie diese Absichten der Beschaffung von Informationen in die Absicht der Heilung, dann verwandeln Sie die Funktion der Energie und bewirken eine psychische Projektion.

Wie bringen wir unsere Absichten so mit dieser Energie in Verbindung, daß sie für uns arbeitet? Die Absichten alleine sind in ihrer reinen Form so etwas wie der Wille. Wie ich schon im Kapitel über die schlechten Angewohnheiten gesagt habe, ist der Wille allein von sehr geringem Nutzen. Ebenso wie wir Anomalitäten durch Verbildlichung erkennen, vergegenwärtigen wir uns den gewünschten Zustand — ohne die eventuell vorhandenen Anomalitäten. Das ist psychisches Heilen. So einfach ist das.

Bei den meisten Heilungen, die Sie vornehmen wollen, brauchen Sie die Methode nicht zu beherrschen. Sie können zum leistungsfähigen *mentalen Heiler* werden, indem Sie ganz einfach Ihren geistigen Bildschirm benutzen, wie Sie es beim Lösen von Problemen tun. Sie können sogar gute Ergebnisse erzielen, selbst wenn Sie sich noch in einem frühen Stadium der Meditation und der bildhaften Vergegenwärtigung befinden.

Viele Möglichkeiten im Leben beruhen auf labilem Gleichgewicht. Ein kleiner Schubs genügt, und das Gleichgewicht verschiebt sich zu Ihren Gunsten. Natürlich besteht häufig schon ein Ungleichgewicht zu Ihren Ungunsten, und es bedarf eines erfahreneren mentalen Heilers – zu dem Sie sich entwickeln werden –, um das Blatt wieder zu wenden. Wenn Sie warten, bis Sie in Mind Control so leistungsfähig sind, wie Sie gerne sein möchten, bevor Sie mit dem psychisch-mentalen Heilen beginnen, verschenken Sie unschätzbare Gelegenheiten, dringend benötigte Hilfe zu leisten.

Ich hatte mit meiner Heilarbeit lange bevor ich Mind Control entwickelte und sogar, bevor ich über eine strukturierte Methode des Heilens verfügte, begonnen. Ich probierte eine Methode nach der anderen aus und erzielte unterschiedliche Ergebnisse. Wichtig war, daß ich nicht abwartete, denn ich konnte eine stattliche Anzahl Heilungen verzeichnen – genug, um mir im amerikanisch-mexikanischen Grenzgebiet einen gewissen Ruf als Heiler zu schaffen. Viele glaubten, ich verfüge über besondere Begabungen oder außergewöhnliche Kräfte; aber alles, was ich getan hatte, war, so lange zu lesen und zu experimentieren, bis ich es heraus hatte.

Eine meiner frühen Heilungen zeigt den Unterschied zwischen meinen damaligen und meinen heutigen Methoden. 1959 hörte ich von einem Gemeindepfarrer aus Laredo, der schon seit fünfzehn Jahren an schmerzhaften Knieschwellungen litt. Er war oft ans Bett gefesselt. Die Schmerzen und die Bettlägerigkeit des Pfarrers waren aber nicht seine ganze Mühsal; er war auch nicht fähig hinzuknien, wie es das Zelebrieren einer Messe vorschrieb. Der Erzbischof hatte ihn davon dispensiert, aber keine Dispensation konnte den armen Mann von dem Gefühl befreien, gegen ein heiliges Ritual zu verstoßen.

Ich besuchte ihn. »Ich glaube, ich kann Ihnen helfen«, sagte ich. »Ich bin kein Arzt, aber in den vergangenen zwölf Jahren habe ich mit Parapsychologie gearbeitet und ganz ähnliche Ergebnisse erzielt wie beim Gesundbeten, das Ihnen ja bekannt ist.«

Sobald ich von ›Ergebnissen wie beim Gesundbeten‹ sprach, machte der Pfarrer sich mehr Sorgen um mich, als um sich selbst. Parapsychologie?

»Ich habe nie etwas von einer solchen Wissenschaft gehört. Ich hoffe, du betreibst nicht irgend etwas, was die Heilige Kirche mißbilligen würde.«

So gut ich konnte, erklärte ich einige Grundsätze der Parapsychologie, die ich gelernt hatte, und wie die Heilungsprozesse ausgelöst werden können. Nichts von dem, was ich sagte, schien mit der Theologie dieses Mannes vereinbar zu sein. Er versprach mir, die Sache näher zu prüfen und sich vielleicht bald an mich zu wenden. Sein erbarmungsvoller Blick und der zweifelnde Ton seiner Stimme nahmen mir allerdings jede Hoffnung, jemals wieder von ihm zu hören. Ich wußte jedoch, daß er für mich um Beschützung vor den Gefahren beten würde, die in seiner Vorstellung so groß waren, daß sie sogar seine eigene mißliche Lage in den Schatten stellten.

Trotzdem hörte ich einen Monat später wieder von diesem Pfarrer und saß erneut an seinem Bett.

»Wie du weißt, José, führt uns der Herr auf seltsamen Wegen. Ein paar Tage nach deinem Besuch erhielt ich ein Rundschreiben mit einer Besprechung eines Buches, das einer unserer Ordensbrüder geschrieben hat. Ich fand ein ganzes Kapitel, das dieser Parapsychologie gewidmet war, von der du mir erzählt hast. Ich verstehe dieses Thema jetzt ein bißchen besser und bin bereit, dich an meiner Krankheit arbeiten zu lassen.«

Ich saß über eine Stunde bei ihm und sprach über mein Lesestudium und gewisse Erfolge, die ich erzielt hatte. Je länger um so stärker wurde meine Zuneigung zu dem Mann. Schließlich wurde er müde, und es war Zeit zu gehen.

»Gut«, sagte er, »wann beginnen wir mit der Behandlung?«

»Vater, sie hat schon begonnen.«

»Aber — ich verstehe nicht.«

»Es ist geistige Arbeit, Vater, und während wir sprachen, habe ich die Vorarbeit geleistet.«

In derselben Nacht vollbrachte ich den Rest der Arbeit zu Hause. Am folgenden Morgen rief mich der Pfarrer an und erzählte mit überraschter und erfreuter Stimme, daß sich sein Zustand über Nacht sehr gebessert habe.

Drei Tage nach meinem Besuch konnte er gehen und knien und seither hat er nie mehr Beschwerden mit seinen Knien gehabt. Ein Wunder? Nein, ein völlig natürliches Phänomen. Ich machte es folgendermaßen:

Während unserer über einstündigen Unterhaltung waren wir beide aufmerksam und entspannt — zwei für das Heilen nützliche Voraussetzungen. Die Themen, über die wir sprachen, flößten ihm zusätzliches Vertrauen zur Parapsychologie ein. Für psychische Arbeit ist Vertrauen so wichtig wie der Glaube für die Religion. Ich begann, mir ihn in besserem Gesundheitszustand zu vergegenwärtigen und lernte — was ebenso bedeutend ist —, ihn mehr und mehr zu lieben. Liebe ist eine ungeheuer große Kraft, die ich ebenfalls auf unserer Seite haben wollte.

Als Vorbereitung darauf, was ich nachts zu Hause tun sollte, machte ich noch etwas: Ich studierte den Pfarrer — sein Gesicht, das Gefühl seines Händedrucks, seine Ausdrücke, seine Gestik und sein ganzes Benehmen sowie den Klang seiner Stimme und das allgemeine Gefühl seiner Gegenwart, um mir ihn später besser vergegenwärtigen zu können. Das war die ›Vorarbeit‹.

Mehrere Stunden später, als ich zu Hause war, vollbrachte ich den Rest der Arbeit. Was ich damals tat, war etwas völlig anderes als das, was ich heute mache. Wie im zwölften Kapitel erwähnt, hatte ich gelernt, daß die psychische Energie am wirksamsten übertragen wird, wenn das Leben eines Menschen auf dem Spiel steht. Statt, wie ich es heute tun würde, auf meine Grundstufe zu gehen, hielt ich meinen Atem an, während ich mir den Pfarrer als völlig gesund vorstellte. Lange Minuten vergingen, bis mein Körper nach Luft schrie. Dennoch behielt ich das Bild des völlig gesunden Pfarrers bei. Mittlerweile stieß mein Gehirn gewissermaßen einen ›mentalen Schrei‹ aus, und die Energie dieses Schreis trug das sorgfältig gehütete Bild der vollkommenen Gesundheit genau dorthin, wo es hingehen sollte.

Schließlich holte ich Luft, als ich überzeugt war, meine Arbeit getan zu haben. Und sie war getan. — Die Technik, die ich heute lehre und gebrauche, ist für den Ausübenden viel einfacher und ebenso wirkungsvoll. Lernen Sie einfach, Ihren geistigen Bildschirm intensiv und zuversichtlich zu gebrauchen. Ich möchte hier das Vorgehen Schritt für Schritt aufzeigen.

1. Es ist nützlich, wenn auch nicht notwendig, den Zustand der Person, die Sie zu heilen beabsichtigen, zu kennen. Angaben über den Zustand kann man sowohl mental wie objektiv erhalten; das spielt keine Rolle.
2. Gehen Sie auf Ihre Alpha-Grundstufe und projizieren Sie darauf die betreffende Person so, wie sie ist, egal welche Krankheit sie hat. Setzen Sie links ein weiteres Bild auf die Leinwand, das zeigt, daß etwas getan wird, um die Krankheit zu heilen. (Wenn Sie die Person noch nicht kennen und für die Fallbearbeitung noch nicht bereit sind, versuchen Sie vorerst zu erfahren, wie sie aussieht, damit Ihre Vergegenwärtigung so präzise wie möglich wird.)

3. Projizieren Sie nun noch weiter links ein intensives Bild auf den Bildschirm, das die Person bei bester Gesundheit und voller Energie und Optimismus zeigt. In tiefer Meditation sind Sie äußerst empfänglich für das, was Sie zu sich selbst sagen. Dieser bestimmte Moment ist entscheidend für die Schaffung einer festen Überzeugung, daß das glückliche Bild, das Sie sich nun von der Person machen, das echte Bild ist — nicht, daß es echt werden oder echt sein wird, sondern, daß es echt *ist*. Der Grund dafür liegt darin, daß Ihr Bewußtsein auf dieser meditativen Ebene, in Alpha und Theta, mit den Ursachen im Bunde ist; in Beta beschäftigt es sich eher mit Auswirkungen. Wenn Sie sich in Alpha und Theta etwas mit Überzeugung vergegenwärtigen, dann *bewirken* Sie etwas. Kümmern Sie sich nicht darum, was Sie der Zeit durch das Austauschen von ›wird‹ durch ›ist‹ antun. Die Zeit ist auf dieser Ebene ein anderer Begriff. Vergegenwärtigen Sie sich Ihre Ziele als schon erreicht.

Unter den Gesetzen des Universums scheint es eine Art Grundgesetz zu geben, das allen — ohne Unterschied von Herkunft oder Intelligenz — garantiert, mit dem Gesetz vereinbare Dinge durch die Festigkeit unseres Wollens, unseres Glaubens und unseres Erwartens zu bewirken. Dies wurde früher — und besser — schon vor 2000 Jahren von Markus im Neuen Testament ausgedrückt: »Alles, um was ihr betet und bittet, glaubet nur, daß ihr es empfangen habt, und es wird euch zuteil werden.«

Wenn Sie sich eine Person als völlig gesund vergegenwärtigen, wird ein sehr angenehmer Augenblick kommen, in dem Sie spüren, daß Sie genug getan haben. Dieser Augenblick ist angenehm, weil er Ihnen das Gefühl vermittelt, ein Ziel erreicht zu haben. Zählen Sie von eins bis fünf, um wieder in die Beta-Zone zu kommen, und »Sie sind hellwach und fühlen sich besser als zuvor«.

Je häufiger Sie diese Methode anwenden, um so mehr schöne Übereinstimmungen wird es geben und um so fester werden Sie an die Methode glauben, was wiederum noch mehr schöne Erfolge hervorruft. Sobald Sie lernen, Ihren geistigen Bildschirm zu benützen, können Sie diese Kettenreaktion auslösen.

Während die Methoden des Gesundbetens und des psychischen Heilens verschieden sein mögen, glaube ich, daß deren Grundsätze – und Ergebnisse – dieselben sind. Die Rituale des Gesundbetens unterscheiden sich von einer Kultur zur anderen, aber sie haben eine gemeinsame Doppelwirkung: Sie führen auf eine tiefere Bewußtseinsebene und stärken das Glauben und das Erwarten.

Viele Heiler wenden Methoden an, die sie ganz erschöpfen. Sie verlieren Energie und nehmen in einer einzigen Sitzung an Gewicht ab. Das ist nicht nötig. Die Mind-Control-Methoden haben in Tat und Wahrheit eine gegenteilige Wirkung. Wenn wir dieses Gefühl, ein Ziel erreicht zu haben, spüren, erfahren wir einen Auftrieb – nicht nur einen leichten, sondern einen ziemlich starken –, und wenn wir anschließend erwachen, fühlen wir uns wirklich ›besser als zuvor‹. Wir haben also festgestellt, daß es dem Heiler gut tut, andere zu heilen.

Viele Heiler glauben, sich selbst nicht heilen zu können. Einige sind überzeugt, ihre ›Kräfte‹ zu verlieren, wenn sie es nur versuchen würden. Wir haben unzählige Male bewiesen, daß dies nicht stimmt. Viele glauben auch, daß sie wegen des ›Handauflegens‹ bei den Patienten oder Hilfesuchenden sein müßten. Für jene unter uns, die keine zugelassenen Ärzte sind oder ein Amt in anerkannten Kirchen haben, ist dies ungesetzlich. Noch wichtiger ist aber die Tatsache, daß eine Anwesenheit des Kranken oder Leidenden gar nicht notwendig ist. Das Heilen funktioniert auch so einwandfrei.

Wenn wir in den Mind-Control-Kursen darüber diskutieren, verwenden wir oft als Beispiel aus der Bibel den Knecht des Hauptmanns, den Jesus auf Distanz heilte. Jesus sah den Knecht nicht, sondern nur den Hauptmann, der ihm den Fall darlegte. »Und sein Knecht wurde in jener Stunde geheilt.«

Eine Nebenbemerkung: Beachten Sie, daß es im Volksmund heißt, wir dürften unseren Wunsch nicht ausplaudern, wenn wir uns mit einem Ziehknochen oder beim Anblick einer Sternschnuppe oder beim Ausblasen der Geburtstagskerzen etwas wünschen. Diese Geheimhaltung ist wahrscheinlich mehr als ein bloßer Kinderglaube. Ich schätze, dahinter steckt eine Weisheit. Die Geheimhaltung unseres Wunsches — oder in unserem Falle der Vergegenwärtigung der Heilung — scheint ein Mittel zu sein, durch das die Verflüchtigung der Energie des Wunsches verhindert werden und möglicherweise sogar weitere Energie hinzugefügt werden kann. Aus diesem Grunde raten viele Mind-Control-Ausbilder sowie auch ich selbst den Teilnehmern, ihre Heilarbeit für sich zu behalten. — Als Jesus nach einer seiner Heilungen sagte: »Sieh zu, sage niemandem etwas«, bat Er nicht darum, die Heilung zu vertuschen; seine Gründe gingen tiefer.

14

Einige Überlegungen

Die Absicht hinter den Kapiteln drei bis dreizehn, die Sie bis jetzt gelesen haben, auch hinter diesem Kapitel und dem Mind-Control-Kurs als Ganzem, besteht darin, Ihnen zu helfen, Ihr Bewußtsein besser als bisher und auf besondere Art und Weise zu nutzen, um jene Probleme zu lösen, mit denen jeder Mensch im Leben überhäuft wird. Was Sie gelesen haben, beruht auf meiner über dreißigjährigen Arbeit und meinen Experimenten. Wie Sie sehen, bin ich in meiner Arbeit immer auf einer praktischen Ebene geblieben; vielleicht, weil ich in eine sehr arme Familie geboren wurde und im Leben gleich von Beginn an mit praktischen Problemen konfrontiert wurde.

Es schien mir jedoch als durchaus natürlich, nebenbei Überlegungen über die vielen Entdeckungen, die mich verblüfften, anzustellen. Der große Lesestoff, den ich bewältigt habe, meine gelehrten Kollegen und − vielleicht am stärksten − die äußerst reiche Tradition des Christentums haben mich derart beeinflußt, daß ich nur einen geringen Anspruch auf die Originalität meiner Gedanken erheben kann.

Eines jener Dinge, die mich am meisten verblüfften, war die Tatsache, daß nichts, was sich in meiner Forschung als durchführbar erwies, in irgendeiner Hinsicht zu meinen religiösen Überzeugungen im Widerspruch stand. Seit Jahrhunderten ist die Beziehung zwischen Wissenschaft und Religion schon auf tragische Weise gespannt. Ich persönlich habe das allerdings nie miterlebt. Noch mehr aber verblüffte es mich, daß meine Erkenntnisse auch mit keiner anderen Religion und nicht einmal mit irgendeiner traditionellen Weltanschauung in Widerspruch standen. Unter unseren begeisterten Absolventen gibt es Atheisten, Protestanten jeder Konfession, Katholiken, Juden, Moslems, Buddhisten und Hindus sowie Wissenschaftler und Gelehrte der verschiedensten Disziplinen.

Soll das heißen, daß Silva Mind Control keine innewohnenden Werte aufweist? Sind die Methoden, die ich entwickelt habe, wie das Einmaleins weder gut noch schlecht?

Ich habe angekündigt, in diesem Kapitel Überlegungen anzustellen, aber in diesem Zusammenhang habe ich einige feste Überzeugungen, die ich meiner Ansicht nach logisch untermauern kann.

Ich möchte diesen Überzeugungen in einer Art Katechismus Ausdruck geben:

1. Gibt es Gesetze des Universums? – Natürlich, die Wissenschaft erforscht sie.
2. Können wir diese Gesetze brechen? – Nein. Wir können von einem Gebäude springen und sterben oder uns selbst krank machen, aber diese Gesetze werden dadurch nicht gebrochen; *wir* wären gebrochen.
3. Kann das Universum über sich selbst nachdenken? – Wir wissen, daß wenigstens ein Teil des Universums dies kann, nämlich wir selbst. Ist es nicht vernünftig, den Schluß zu ziehen, daß das Ganze es auch kann?
4. Ist das Universum gleichgültig uns gegenüber? – Wie könnte es das sein? Wir gehören zum Universum, und es reagiert auf uns.
5. Sind wir grundsätzlich gut oder schlecht? – Wenn wir – beim Meditieren – den engsten Kontakt mit uns selbst herstellen, sind wir nicht fähig, etwas Schlechtes zu tun; jedoch können wir sehr viel Gutes tun.

Ohne meine Experimente, die die Beweise für Punkt 5 liefern, wäre ich und meine Ansicht über die Wirklichkeit ganz anders.

Die beste Definition von ›Wirklichkeit‹, die ich je gehört habe, lautet, daß sie der eine Traum ist, den wir alle gemeinsam träumen. Wir verfügen nur über sehr schwache Hinweise, was diese Wirklichkeit tatsächlich ist. Was wir wahrnehmen und wie wir die Dinge sehen, entscheiden wir weitgehend nach eigenem Gutdünken. Weit Entferntes ist nicht wirklich kleiner, und Massives ist nicht wirklich massiv.

Alles ist Energie. Der Unterschied zwischen einer Farbe und einem Laut, zwischen einem kosmischen Strahl und einem Fernsehbild liegt in der Frequenz – im Wirken und in der Geschwindigkeit der Energie. Wie wir der Formel $E = m \cdot c^2$ entnehmen können, ist auch Materie Energie, nämlich Energie, die sich in einer besonderen Weise verhält, sich in einem besonderen Zustand befindet. In einer Welt der Gegensätze – wie oben und unten, schwarz und weiß, schnell und langsam – ist das Interessante an der Energie, daß es für sie keinen Gegensatz gibt. Dies beruht darauf, daß es einschließlich allem Existierenden und allem, was wir denken und fühlen, nichts gibt, was nicht Energie wäre. Denken verbraucht und erzeugt Energie oder, genauer gesagt, wandelt Energie um.

Nun können Sie verstehen, weshalb für mich zwischen einem Gedanken und einem Gegenstand nur ein geringer Unterschied besteht.

Können Gedanken Gegenstände beeinflussen? – Natürlich: Die Energie kann das.

Können Gedanken Geschehnisse beeinflussen? – Natürlich: Die Energie kann das.

Ist Zeit Energie? – Darüber stelle ich nur sehr provisorische Betrachtungen an, da die Zeit für uns so viele verschiedene Gesichter hat. Betrachten Sie die Zeit aus einem bestimmten Blickwinkel, und Sie werden glauben, alles klar zu sehen; dann betrachten Sie sie aus einem anderen Blickwinkel, und sie erscheint wieder völlig anders.

Um die Straße zu überqueren oder uns die Schuhe zuzubinden, ist es bequem, sich den Verlauf der Zeit als eine gerade Linie von der Vergangenheit über die Gegenwart in die Zukunft vorzustellen. Wir *müssen* ihn uns so vorstellen, damit wir unsere alltägliche Aufgabe, nämlich zu leben, erfüllen, genauso wie wir praktischerweise immer noch von Sonnenaufgang und Sonnenuntergang sprechen, als habe Kopernikus die antike Astronomie nie widerlegt. Aus dieser Perspektive können wir uns an die Vergangenheit erinnern, die Gegenwart erleben und ungewiß, wenn überhaupt, in die Zukunft schauen.

Aus einer anderen Perspektive sieht alles anders aus. In Alpha und Theta können wir sowohl in die Zukunft wie in die Vergangenheit schauen. Kommende Ereignisse werfen *wirklich* ihre Schatten voraus, und wir können darin geschult werden, sie zu sehen. Diese Fähigkeit ist unter dem heute oft gebrauchten Wort ›Präkognition‹ bekannt. Als ich in der mexikanischen Lotterie gewann, war das Wort noch ziemlich ungebräuchlich.

Wenn die Zukunft in Alpha und Theta hier und heute gesehen werden kann, dann muß sie eine Art Energie voraussenden, auf die wir uns einstellen können. Damit die Zeit irgendeine Art Energie irgendwohin senden kann, muß sie selbst Energie sein.

Als ich vor vielen Jahren mit Hypnose experimentierte, entdeckte ich etwas ziemlich Seltsames. Als ich zwei meiner Kinder einer sogenannten Altersregression unterzog, d. h. sie zeitlich zurückversetzte, stolperten sie jeweils nach rechts, wenn der Szenenwechsel von Gegenwart auf Vergangenheit allzu abrupt verlief, genau wie wir im Bus vorwärts stolpern, wenn er brüsk bremst.

Die Kinder empfanden die Reise in die Vergangenheit als eine Fahrt nach rechts. Als ich sie wieder in die Gegenwart zurückholte und stoppte, passierte jeweils das Gegenteil; sie stolperten nach links. Viele meiner frühen Experimente mit verschiedenen Leuten bestätigen das. Später, als ich die Hypnose zugunsten kontrollierter Meditation aufgab, wollte ich lernen, mich subjektiv auf der Zeitebene vor- und rückwärts zu bewegen. Ich drehte mich nach Osten, weil die orientalischen Lehren dies vorschreiben und der Osten mir so gut wie jede andere Richtung erschien. Dann fragte ich mich, ob ich mich in der Zeit freier bewegen könnte, wenn ich, basierend auf meinen Hypnoseexperimenten, die Zukunft links und die Vergangenheit rechts plazieren würde.

Auf diesem Planeten bringt die Sonne den neuen Tag vom Osten her und trägt ihn zum Westen. Wenn ich mich nun beim Meditieren nach Süden wenden würde, wäre der Osten zu meiner Linken und der Westen zu meiner Rechten, und damit wäre ich auf den planetarischen Zeitablauf ausgerichtet.

Ich weiß nicht, ob ich wirklich die Richtung, in der die Zeit auf der Erde fließt, entdeckt habe oder nicht; ich weiß jedoch, daß ich mich von jenem Zeitpunkt an besser auf die Zeit bezogen fühlte und mich in ihr freier bewegen konnte, als ich mich nach Süden wandte.

Befassen wir uns nun mit einer umfassenderen Frage. Ich habe die *Höhere Intelligenz* in den vorangehenden Kapiteln mehrmals erwähnt. Will ich mich damit auf unverbindliche Art und Weise auf Gott beziehen? Was ich nun sagen werde, kann ich nicht beweisen, aber ich glaube fest daran: Meine Antwort ist ›nein‹, ich meine mit Höherer Intelligenz nicht Gott. Ich schreibe das Wort zwar mit großen Anfangsbuchstaben, weil ich soviel Respekt davor habe, aber es bedeutet für mich nicht Gott.

Das Universum scheint seine Arbeit mit bemerkenswerter Wirksamkeit, ohne die Spur einer Verschwendung, zu verrichten. Wenn ich einen Fuß vor den anderen setze, kann ich nicht glauben, daß es zu Gottes Beschäftigungen gehört oder etwa im Interesse der Höheren Intelligenz liegt, mich vor dem Stolpern zu bewahren; dafür habe ich zu sorgen. Ich wurde genetisch programmiert, um gehen zu lernen; darin bestand die Arbeit Gottes. Jetzt, da ich es gelernt habe, muß ich die routinemäßigen Schritte selbst vollziehen.

Gewisse Schritte im Leben sind jedoch keine Routine, und um eine Entscheidung treffen zu können, brauche ich vielleicht Informationen, die durch die fünf Sinne nicht verfügbar sind. Dafür wende ich mich an die Höhere Intelligenz. Manchmal benötige ich einen allgemeinen Ratschlag von einer Bedeutung, die alles übertrifft. Dafür wende ich mich an Gott; ich bete.

Meiner Auffassung nach bestehen verschiedene, fließend ineinander übergehende Ebenen der Intelligenz, angefangen bei lebloser Materie über Pflanzen zu Tieren, dann zum Menschen und zur Höheren Intelligenz und schließlich zu Gott. Ich glaube, auf wissenschaftlicher Basis Mittel zur Kommunikation mit jeder Ebene gefunden zu haben — von der leblosen Materie bis zur Höheren Intelligenz. Ich habe Experimente unter kontrollierbaren Voraussetzungen durchgeführt und durch Wiederholung den Beweis für deren Stichhaltigkeit erbracht, und jedermann, der die Anweisungen in diesem Buch befolgt oder den Mind-Control-Kurs absolviert, kann sie wiederholen. Das meine ich mit ›wissenschaftlich‹. Ganz im Gegensatz dazu ist der Rest weitgehend Spekulation und Überzeugung.

Lassen Sie mich noch eine meiner Überlegungen erwähnen: Innerhalb unserer langen Geschichte haben wir Menschen erst vor kurzer Zeit eine Evolutionsphase abgeschlossen. Es handelt sich dabei um die Entwicklung des Gehirns. Diese Entwicklung ist unter Dach und Fach gebracht worden; wir verfügen jetzt über alle Gehirnzellen, die uns zustehen. Die nächste Phase ist schon im Gange, nämlich die Entwicklung unseres Bewußtseins. Was heute noch als besondere psychische Fähigkeit gilt, wird bald für jedermann so alltäglich werden, wie es jetzt schon für Mind-Control-Absolventen und jene Leser ist, die die Schritte, die ich in diesem Buch beschrieben habe, nachvollziehen.

Diesen Betrachtungen können Sie entnehmen, daß ich eine gewisse Weltanschauung und bestimmte Ansichten über Wahrheit und Wirklichkeit habe. Es ist nun Ihr gutes Recht zu fragen: »Werden bei den Mind-Control-Absolventen durch deren Erlebnisse ähnliche Ansichten erzeugt?« Nein, bei weitem nicht. Ich gebe Ihnen dafür ein Beispiel:

Von denjenigen, die mit den Mind-Control-Übungen am engsten verbunden bleiben, werden erstaunlich viele zu Vegetariern. Harry McKnight, einer meiner engsten Mitarbeiter, wurde jüngst zum Vegetarier. Ich aber mag ein gutes Steak.

15

Eine Übersicht

Wenn Sie alle Methoden, die ich in diesem Buch beschrieben habe, beherrschen, werden Sie so wie die meisten Mind-Control-Absolventen ein paar Arten, die Ihnen am geläufigsten sind, anwenden und die anderen fallenlassen. Wenn Sie aber jene, die Sie vielleicht vernachlässigt haben, wieder einmal rasch durchgehen, kommen Sie bald wieder hinein und können auch die guten alten Ergebnisse wieder erzielen.

Damit Sie keine Zeit verlieren, gebe ich Ihnen eine Übersicht über alle in den Kapiteln drei bis dreizehn beschriebenen Methoden:

1. Wie lerne ich, morgens zu meditieren? 32

2. Wie lerne ich, aus der Grundstufe wieder herauszukommen? 33

3. Wie meditiere ich zu jeder Tageszeit? 34

4. Der erste Schritt: die bildhafte Vergegenwärtigung (Visualisierung) des geistigen Bildschirms 36

5. Der erste Schritt in dynamischer Meditation 38

6. Wie löse ich Probleme durch die Meditation? 41

7. Wie benütze ich die Drei-Finger-Technik, um mir sofort etwas in Erinnerung zu rufen? 49

8. Die Schritte zur Aneignung des Lern-Schnellverfahrens   52

9. Wie erinnere ich mich an meine Träume?   61

10. Wie träume ich von Lösungen für meine Probleme?   62

11. Wie werde ich unerwünschte Angewohnheiten los: Übermäßiges Essen, Rauchen?   74

12. Wie funktionieren meine psychischen Sinnesprojektionen?   75

13. Wie kann ich lernen, psychisch zu heilen?   82

14. Wie heile ich mich selbst?   83

15. Wie verbessere ich meine Ehe?   94

16

Ein Psychiater arbeitet mit Silva Mind Control*

In den vorangehenden Kapiteln hat José Silva Mind Control dargelegt und ausführliche Angaben darüber gemacht, wie Sie sich einen großen Teil davon zunutze machen können. Wie Sie sehen, führt Sie Mind Control auf sehr tiefe Bewußtseinsebenen, und Sie können sich jetzt — wie es andere getan haben — fragen, ob irgendwelche Gefahren auf Sie lauern, wenn Sie die mächtigen Tiefen Ihres eigenen Bewußtseins, vielleicht zum ersten Mal, erforschen.

José und seine engsten Mitarbeiter an der Spitze der Mind-Control-Organisation glauben, die Erfahrung habe bisher gezeigt, daß die Vorteile des Unterrichts nicht im geringsten durch irgendwelche ›unangenehmen Nebenwirkungen‹, um einen Begriff aus der Medizin zu benutzen, beeinträchtigt würden. Mit anderen Worten hat niemand, soweit José und seinen Kollegen bekannt, dadurch einen Nachteil gehabt, daß er den Kurs absolviert hat.

Dr. Clancy D. McKenzie, ein bekannter Psychiater und Psychoanalytiker aus Philadelphia, Direktor des dortigen psychiatrischen Beratungsdienstes und leitendes Mitglied des Psychiatrischen Zentrums von Philadelphia, praktischer Arzt und Mind-Control-Absolvent, hat die Gefahrlosigkeit

---
* Mit dem gleichen Thema, nur ausführlicher, beschäftigt sich der Anhang I ab Seite 188.

von Mind Control auf Herz und Nieren geprüft. Dr. McKenzie hat auch große Erfahrung mit Yoga und anderen Arten der Meditation sowie mit Biofeedback und Parapsychologie. Als Teil seiner Beschäftigung mit diesen Gebieten schrieb er sich 1970 für den Mind-Control-Kurs ein. »Ich wollte wissen, ob dort tatsächlich Hellsehen gelehrt wird, wie einige meiner Patienten, denen der Kurs geholfen hatte, mir erzählten. Ich gewann die Überzeugung, daß dabei etwas Psychisches geschehen muß, und seither widme ich mich der weiteren Erforschung dieses Gebietes mit einem großen Aufwand an Zeit und Überlegung.«

Zwei weitere Aspekte schürten sein Interesse an Mind Control: ein Kommentar Sigmund Freuds, den dieser gegen Ende seiner Laufbahn machte, und etwas, das in einem Mind-Control-Kurs geschah.

Freud hatte gesagt, daß die Entwicklungsrichtung der Psychotherapie, die für die Zukunft am meisten verspräche, zur Mobilisierung der Energien des Patienten hinführen würde. Dr. McKenzie stellte unzweifelhaft fest, daß Mind-Control-Teilnehmer Energien nutzen, von deren Existenz sie vorher keine Ahnung hatten.

Er machte aber während des Kurses noch eine weitere Feststellung: »Drei von dreißig Teilnehmern litten an emotionalen Störungen, und die Stabilität eines vierten Teilnehmers war in Frage gestellt. Aus welchem Grunde? Beschleunigte der Kurs emotionale Krankheiten, oder waren diese Teilnehmer schon krank gewesen, als sie mit dem Kurs begannen? Hatten meine eigenen Patienten, denen der Kurs geholfen hatte, ganz einfach Glück gehabt?«

Er überlegte sich, daß der praktischste Weg, dies herauszufinden, darin bestünde, die Teilnehmer vor und nach dem Kurs zu testen. In diesem Test sollten die psychisch Verwundbarsten beobachtet werden. Zusammen mit einem Kollegen, Dr. Lance S. Wright, Professor für Psychiatrie an der University of Pennsylvania, leitete er eine Untersuchung ein. In den folgenden viereinhalb Jahren stellten sich 189 psychiatrische Fälle zur Verfügung, die Mind-Control-Ausbildung zu machen. Um dem Test noch mehr Überzeugungskraft zu verleihen, konzentrierten sie sich in einer noch ausführlicheren Studie innerhalb dieser Gruppe auf die Geisteskranken, auf die Grenzfälle der Geisteskrankheit und auf jene, die von einer Psychose genesen waren. Diese Untergruppe umfaßte 75 Personen.

Aufgrund ihrer Beobachtungen der positiven Auswirkungen des Kurses auf gesunde Personen waren Dr. McKenzie und Dr. Wright über die Ergebnisse ihrer Tests nicht überrascht. Bei den psychiatrischen Fällen verbesserte sich der Geisteszustand stetig.

Hier einige Einzelheiten für jene, die etwas über die lückenlose Argumentation und die strenge Kontrolle wissenschaftlicher Untersuchungen erfahren möchten. Von den 75 geistig Gestörten waren 66 Patienten von Dr. McKenzie. Sie bildeten die Gesamtheit aller Geisteskranken und aller Grenzfälle, die den Kurs besuchten.

Zu Beginn der Untersuchung wurden die Patienten vorsichtigerweise einzeln in den Kurs geschickt, damit sie genauestens überwacht und allfällige negative Auswirkungen auf sie selbst oder auf die anderen Teilnehmer entdeckt werden konnten. Außerdem wurden sie in einer ihrer ›stabileren Phasen‹, wie es Dr. McKenzie beschreibt, hingeschickt. Später bemerkte er, daß er die Patienten auch in den weniger stabilen Phasen hineinschicken konnte; vier Patienten gingen sogar in einer Phase aktiver Wahnvorstellungen hin. Noch später hatte er keine Bedenken mehr, mehrere geistig Gestörte zusammen, manchmal sechs oder mehr, hinzuschicken.

Innerhalb der Untersuchung testete er 58 dieser Patienten vor und nach dem Kurs, um mögliche Auswirkungen erkennen zu können. Der Test (Experiential World Inventory) — etwas Ähnliches wie der berühmte Rorschach-Test, aber in geschriebener Form — besteht aus vierhundert Fragen, um jemandes Wahrnehmung der Wirklichkeit einschätzen zu können. Der Unterschied zwischen den Ergebnissen vor und nach dem Kurs war eindrucksvoll: 36 Patienten verzeichneten eine entscheidende Verbesserung der Wirklichkeitswahrnehmung, 21 blieben stabil, und ein Patient erzielte nach dem Kurs ein schlechteres Resultat.

Letzterer war ein neunundzwanzigjähriger katatonisch schizophrener Patient, der — zum ersten Mal in seinem Leben — auf medizinische Hilfe verzichtete und mit Mädchen auszugehen begann. »Klinisch gesehen«, sagte Dr. McKenzie, »hatte er nach dem Kurs mehr emotionale Energie und rosigere Aussichten. Durch das Ausgehen geriet er jedoch in einen Konflikt und wurde zwei Wochen nach dem Kurs geistesgestört. Er brauchte aber nicht in ein Krankenhaus eingewiesen zu werden.«

Natürlich waren alle Patienten — viele seit einem Jahr oder länger — in psychotherapeutischer Behandlung, was Dr. McKenzie eine hervorragende Gelegenheit gab herauszufinden, welche eigentlichen medizinischen Veränderungen stattfanden. Im folgenden einige seiner Erkenntnisse:

Ein dreißigjähriger schizophrener Patient hatte früher einmal geglaubt, telepathisch den Befehl erhalten zu haben, jemanden zu töten. Glücklicherweise konnte er die betreffende Person nie finden. Nach dem Kurs war er in der Therapie fähig, zum ersten Mal über seine Wahnvorstellung zu sprechen. Seine emotionale Energie war viel stärker, und er sah das Leben rosiger als zuvor. Bald kehrte er auf die Schulbank zurück und wurde Dr. phil. »Die Tatsache, daß er dazu fähig war, steht in direktem Zusammenhang mit seinem Kursbesuch«, erklärt Dr. McKenzie.

Von 28 Patienten, die an verschiedenen Arten von Depressionen litten (Involutions-, psychotischen, schizo-affektiven oder manisch-depressiven Depressionen), fühlten sich 26 nach dem Kurs besser. Die anderen zwei, die erklärten, depressiver als zuvor zu sein, erzielten nicht nur bessere Resultate mit dem Fragebogen, sondern waren wie die anderen auch fähig, Probleme anzugehen, mit denen sie sich vorher nicht auseinanderzusetzen vermochten.

Eine einundzwanzigjährige Frau war entschlossen, Selbstmord zu begehen, und war in einer frühen Phase akuter Psychose. Sie versicherte Dr. McKenzie, daß er ihr durch nichts helfen könne; sie würde auf jeden Fall Selbstmord begehen. Er empfahl ihr, den Kurs zu besuchen. Gegen Ende der Woche war er »total verblüfft; sie reagierte besser als alle anderen Patienten zuvor. Bei ihr stellte sich eine der aufsehenerregendsten Zustandsverbesserungen ein, die ich je erlebt habe.«

Sie fand eine neue Ruhe, wurde rationaler, und ihre Gedanken schossen nicht mehr in sich rasch ändernde Richtungen. Ebenso bedeutend war, daß die Last ihres Pessimismus größtenteils beseitigt worden war.

In einem klinischen Bericht hielten Dr. McKenzie und Dr. Wright folgendes fest: »Ein Krankenhausaufenthalt und hohe Dosen von Medikamenten hätten sie nicht so entscheidend beruhigen können. Sie wiederholte den Kurs zwei Wochen später, und wieder stellte sich eine Besserung ein. Die Veränderungen waren dramatisch; in den folgenden sechs Wochen konnte sie in der Therapie besser arbeiten.« Ein Jahr später erachtete Dr. McKenzie sie als von ihrer akuten Krankheit völlig geheilt.

Psychosen sind natürlich schwere Geistesstörungen. Neurosen sind weit weniger schwerwiegend. Von den 189 Patienten, die den Mind-Control-Kurs besuchten, litten 114 nur an Neurosen. All diesen Patienten half der Kurs ebenfalls.

Als Zusammenfassung der klinischen Resultate im oben erwähnten Bericht schrieben die beiden Ärzte:

»Von den gesunden Teilnehmern, die Mind Control nach dem Kurs weiterbetrieben, konnten alle ihr Leben dadurch erheblich ändern, und selbst diejenigen, die nicht weiterübten, konnten Mind Control in einer Krise, wenn sie mit Streß fertig werden mußten oder wichtige Entscheidungen zu treffen hatten, benutzen. Für jeden Patienten schien der Kurs eine bewußtseinserweiternde Erfahrung zu sein, eine Offenbarung, daß sie ihr Bewußtsein anders nutzen konnten. Die Gruppenbegeisterung steigerte sich gegen Ende des Kurses, und die meisten Teilnehmer verfügten über ein höheres Maß an emotionaler Energie.

Die Gruppe der geistig Behinderten verzeichnete klinisch gesehen ebenfalls eindrucksvolle Verbesserungen. Nur der eine Teilnehmer (jener Neunundzwanzigjährige, der begann, mit Mädchen auszugehen) wurde stärker aufgewühlt; alle anderen konnten mindestens einen gewissen Nutzen aus dem Kurs ziehen. Viele Patienten mit schwachem Affekt (schwachen oder gar keinen emotionalen Reaktionen) zeigten zum ersten Mal Begeisterung für etwas. Nach dem Kurs schien sich offensichtlich eine Veränderung der emotionalen Energie und eine Besserung der Reaktion zu vollziehen. Die Patienten schauten positiver in die Zukunft, und einige verstanden ihre psychotischen Prozesse besser. Die Patienten mit Wahnvorstellungen litten nach dem Kurs eindeutig weniger häufig darunter.

Alle Patienten waren gelöster und weniger verängstigt. Sie lernten, auf ihre eigenen Fähigkeiten zu vertrauen, um Probleme zu verstehen, mit ihnen fertig zu werden und sie zu lösen, und diese Erkenntnis flößte ihnen wiederum Vertrauen ein.«

Da von den 189 Patienten alle bis auf einen von dem Kurs profitiert hatten, zog Dr. McKenzie das Fazit, daß er »mehr als nur ungefährlich und nützlich ist; als Bestandteil der Psychotherapie kann er unerhört förderlich sein«.

Heute schickt Dr. McKenzie fast alle seine Patienten in den Kurs. Mit den Mind-Control-Methoden verkürzen einige dieser Patienten die Dauer ihrer Therapie um ganze zwei Jahre.

»Eine dieser Methoden, nämlich die ›Traumkontrolle‹«, so sagt er, »kann sehr gut zu einem bedeutenden Durchbruch in der Psychiatrie werden. Es ist eine schnelle und verläßliche Methode zum Verständnis und zur Lösung von Problemen.« Dr. McKenzie, der mit der Freudschen Psychoanalyse vertraut ist, sieht keinen Konflikt zwischen der Freudschen Auslegung spontaner Träume und der Methode von Mind-Control-Absolventen zur Auslegung ihrer vorprogrammierten Träume. »Der Freudsche Traumwunsch wird zum Wunsch, die Lösung zu finden«, erklärt er. Er warnt jedoch: »Es ist notwendig, sich zu versichern, daß kein unbewußter Traumwunsch den bewußten Wunsch, die Lösung zu finden, verdrängt hat.«

Eine Patientin, die Dr. McKenzie schon seit einiger Zeit behandelte, rief ihn an und teilte ihm mit, sie würde wegen Schmerzen in ihrer Brust und ihrem Bauch in ein Krankenhaus eingewiesen. Er sagte ihr, er wolle sie statt dessen in einer psychiatrischen Klinik haben. Der Anruf war für ihn keine Überraschung; er hatte so etwas schon lange kommen sehen. Ihr Geisteszustand hatte sich ständig verschlechtert.

In der psychiatrischen Klinik forderte Dr. McKenzie sie auf, einen Traum zur Beantwortung von vier Fragen zu programmieren: Was ist das Problem? Wo ist es? Wodurch wurde es hervorgerufen? Wie kann ich es loswerden?

Und folgendes träumte sie: Sie, ihr Mann und ihre drei Kinder fuhren auf einer kurvenreichen Straße. Es begann zu schneien, und der Wagen glitt von der Straße ab. Kurz darauf war der Wagen mit Schnee bedeckt. Ihr Mann sagte ihr, sie solle den Motor abstellen. Dann kamen acht oder zehn Leute aus der Stadt, um sie auszugraben. Als sie aus dem

Wagen befreit worden waren, waren ihre drei Kinder verschwunden.

Ein bißchen weiter vorne war die Straße zu Ende. Eine andere Straße zweigte in einem rechten Winkel ab, von dieser wiederum eine in einem rechten Winkel und noch eine – und schließlich, wieder in einem rechten Winkel, eine Autobahn.

Dr. McKenzie hörte ihr beim Erzählen dieses Traumes zu und vermutete, daß sie einen Darmtrakt beschrieb; er bat sie, die ›kurvenreiche Straße‹ aufzuzeichnen. Sie tat dies, und die Straße verlief tatsächlich genau wie der Darmtrakt eines Menschen – alles in den richtigen Proportionen. Dazu kam, daß eine spätere medizinische Untersuchung eine Verstopfung im Darm ergab, die sich genau an der entsprechenden Stelle befand, wo ihr Wagen von der Straße abgeglitten war, nämlich beim Zusammentreffen von Dick- und Dünndarm. Mit anderen Worten wies der Traum dieser Frau (sie wußte nichts über Anatomie) präzise auf eine Verstopfung in einem drei Zentimeter großen Abschnitt eines sechs Meter langen menschlichen Darmtraktes!

Es kommt noch besser: gemäß der symbolischen Bedeutung ihres Traumes war der Schnee ein Milchprodukt, das die Darmverstimmung verursachte und irgendwie Verstopfung zustande gebracht hatte.

Der Rat ihres Mannes, den Motor abzustellen, war – wiederum in symbolischer Form – der beste Rat, den man ihr geben konnte: er bedeutete, ›die Kraftstoffversorgung des Körpers zu unterbinden, also mit dem Essen aufzuhören‹. Die acht oder zehn Leute, die sie ausgruben, sind in der Traumsprache die Finger der beiden Hände. Dieses Symbol kann eine Heilung durch ›Händeauflegen‹ oder durch einen operativen Eingriff bedeuten. Daß die Kinder plötzlich verschwunden waren, war die Erfüllung ihres Wunsches, die Kinder in den Hintergrund zu stellen, um die Aufmerksamkeit ihres Mannes stärker auf sich zu lenken.

Dr. McKenzie ließ die Patientin in ein Krankenhaus überführen, da eine Darmverstopfung wie diese normalerweise unverzüglich operiert werden muß. Ausgerüstet mit diesem Verständnis ihres Traumes und mit dem im Mind-Control-Kurs gewonnenen Wissen um die Beherrschung des Körpers durch das Bewußtsein sowie dem Vorgeschmack einer Operation begann sie jedoch, die Verstopfung zu lösen. Eine Stunde, nachdem Dr. McKenzies auf dem Traum basierende Diagnose im Krankenhaus medizinisch bestätigt worden war, hatte sie sich von der Verstopfung befreit, und es war kein Eingriff mehr notwendig. Der Chirurg war verblüfft.

Dr. McKenzie erfuhr später, daß diese Frau in den vorangehenden zwanzig Jahren viermal wegen einer Darmverstopfung operiert worden war und die Verstopfung sich immer an derselben Stelle befunden hatte. Offenbar hatte sie gelernt, immer dann, wenn ein psychologisches Bedürfnis danach bestand, diese Krankheit zu erzeugen.

Später wandte sich die achtzehnjährige Tochter dieser Frau an Dr. McKenzie; sie war schwanger und unverheiratet. »Was soll ich denn tun?« fragte sie. Wiederum empfahl er, mittels der ›Traumkontrolle‹ die Antwort auf diese Frage zu finden. In ihrem Traum erschien ein Mann. Dieser sagte: »Bringen Sie das Kind zur Welt, warten Sie drei Jahre lang, heiraten Sie den Mann und ziehen Sie dann in eine andere Gegend.«

»Ich hätte ihr keinen besseren Rat geben können«, sagte Dr. McKenzie. »Die Scheidungsrate bei Teenagern beträgt achtzig Prozent; deshalb war es logisch, drei Jahre zu Hause zu warten. Der Mann war der Richtige für sie, aber um eine glückliche Ehe zu führen, war es besser, von zu Hause wegzuziehen und weit von den Eltern entfernt zu leben.«

In einem anderen Fall führte die ›Traumkontrolle‹ zu einer vollkommen neuen Therapiemethode, die eine jahrelange Behandlung ersparte. Das Problem der betreffenden Patientin bestand darin, daß sie sich jedesmal, wenn ihr

Mann mehr als zehn Minuten zu spät zum Essen kam, ihre Handgelenke aufschnitt. Monatelang versuchte ihr Dr. McKenzie zu erklären, daß sie zwar glaubte, auf die Unpünktlichkeit ihres Mannes zu reagieren, jedoch in Tat und Wahrheit das Gefühl einer Erfahrung wiedererlebte, die sie früher — in ihrer Kindheit — gemacht hatte, als ihr Vater, ein Alkoholiker, nicht pünktlich nach Hause kam. Wenn sie das einmal verstanden hätte, würde sie sich nicht mehr die Handgelenke aufschneiden. Aber Dr. McKenzie kam mit ihr nicht weiter. So wie die Dinge standen, hatte die Frau noch zwei weitere Jahre vor sich, in denen sie zweimal pro Woche zur Therapie mußte. Dr. McKenzie schlug vor, sie solle einen Traum programmieren.

Ihr Traum erwies sich als erstaunlich kreativ und löste ihr Problem über Nacht.

Sie träumte, Dr. McKenzie hätte jene Bemerkungen, die sie am meisten ärgerten, auf Band aufgenommen. Sie spielte das Band zu Hause ab und hielt auf einem zweiten Band ihre Reaktionen fest. Dann spielte sie Dr. McKenzie das zweite Band vor, damit er die Reaktionen deuten konnte. Bei allen seinen Auslegungen eiferte sie: »Ach, wie dumm von mir!« In seinen Auslegungen bemerkte er, daß sie zwei verschiedene Realitäten — Vergangenheit und Gegenwart — durcheinanderbrachte. — Ihr Traum brachte sie so weit, dies zum ersten Mal zu verstehen. Nie wieder schnitt sie sich ihre Handgelenke auf.

»Dieser bemerkenswerte programmierte Traum heilte die Patientin vollständig. Eine dreijährige Überwachungszeit ergab, daß die Patientin geheilt blieb«, berichtete Dr. McKenzie.

Ein weiterer Patient litt an Klaustrophobie (Angst vor geschlossenen Räumen) und kämpfte mehr als ein Jahr darum, die Ursache herauszufinden. Sie erwies sich als interessant. In einem programmierten Traum befand er sich mit drei anderen Leuten in einem Rechteck, das am Boden von einem

Seil begrenzt war. Außerhalb an einer Ecke des Rechtecks befand sich ein zweites, kleineres Rechteck, das ebenfalls durch ein Seil abgesteckt war. Alle versuchten, durch das kleinere Rechteck aus dem größeren herauszukommen.

Die Bedeutung dieses Traumes wird klar, wenn man die größere Fläche als die Gebärmutter betrachtet und die kleinere als den Gebärmutterhals. Außerhalb dieser Flächen lag eine grüne Weide mit Kühen (Brüste).

Einer der Leidensgenossen des Patienten lief auf das kleinere Rechteck zu, wurde aber von einer unsichtbaren Schranke (Gebärmutterwand) aufgehalten. In der Nähe seiner Gürtelschnalle war eine Schnur aus Blechbüchsen (eine Nabelschnur) angebracht.

Der Patient wußte, daß er auf irgendeine Art hinausfinden mußte, aber er entschloß sich, den anderen den Vortritt zu lassen. Er war in gewisser Weise nervös, als müßte er eine Rede halten — als hätte er etwas zu tun, das getan werden mußte, obwohl es zu Anspannung und Angst führt (Geburtstrauma) —, aber danach war er erleichtert.

Die anderen drei Personen im Rechteck waren die Geschwister des Patienten.

Dieser eine Traum verschaffte ihm die benötigte Einsicht in sein Problem der Klaustrophobie.

Besonders interessant an diesem Traum ist nicht etwa die Tatsache, daß er jemanden in die Zeit vor dessen Geburt zurückversetzt — das ist nicht ungewöhnlich —, sondern der Hinweis auf die ›unsichtbare Schranke‹. Dr. McKenzie fragt sich nun, ob dadurch auf die Möglichkeit des Hellsehens vor der Geburt angespielt wird.

Dr. McKenzie rät nicht nur seinen Patienten, Mind Control zu verwenden, sondern benutzt Mind Control selbst, um seinen Patienten zu helfen. »Einige der erstaunlichsten Erkenntnisse habe ich, wenn ich mit der ›Traumkontrolle‹ arbeite.«

Eines Abends programmierte er einen Traum über einen Patienten in der Psychoanalyse. Der Mann war siebenundzwanzig und zwei Jahre lang nicht mehr mit Frauen ausgegangen. Die Frauen wollten seiner Meinung nach nichts von ihm wissen, »und außerdem taugten sie auch nichts«. In seinem Traum hörte Dr. McKenzie sich selbst sagen: »Ich habe nichts dagegen, wenn Sie keine Beziehung zum anderen Geschlecht haben.« Als sich das nächste Mal der Patient über die Frauen beklagte, sagte Dr. McKenzie genau diesen Satz.

Es klappte. Der Patient war sprachlos. Den Frauen aus dem Weg zu gehen, war seine Art, sich gegen die Behandlung zu wehren –, jetzt funktionierte das nicht mehr. Außerdem wurde er beim Gedanken, nie eine gesunde Beziehung zu einer Frau zu haben, von einem panischen Schrecken ergriffen.

In jener Nacht hatte er eine solche Beziehung.

Dr. McKenzie, der zum Berater von Silva Mind Control geworden ist, sucht weiterhin neue Methoden, um Mind Control zur Verbesserung und Abkürzung der psychiatrischen Behandlung zu nutzen. Gleichzeitig bemüht er sich, Mind Control in weitere Gebiete medizinischen Wirkens – der Diagnose von Krankheiten – einzuführen.

Als ersten Schritt versucht er dabei, die Verläßlichkeit der Methoden zur Bearbeitung von Krankheitsfällen von Mind Control zu messen. Nach dreijähriger Untersuchungsarbeit glaubt er, einem, wie er es nennt, ›absoluten Forschungsmodell‹, das alle Variablen eliminiert und nur mißt, was zu messen beabsichtigt wird, sehr nahe gekommen zu sein. Er hat vor, Wege und Mittel zu finden, um die Bearbeitung der Fälle medizinisch nutzbar zu machen.

Die medizinische Diagnose macht häufig Sondierungseingriffe oder die Verabreichung von Medikamenten notwendig, die für den Patienten unangenehm oder gefährlich sind;

und keine Methode der Diagnose ist jederzeit zutreffend. Vorausgesetzt, daß ihre Verläßlichkeit nachgewiesen werden kann, würde die mentale Diagnose für den Patienten kein Risiko darstellen. Diese Verläßlichkeit nachzuweisen, ist das Ziel von Dr. McKenzies Arbeit.

Sein neues Forschungsmodell wandte er erstmals mit einer Gruppe von dreißig Mind-Control-Absolventen an. Die Richtigkeit der Ergebnisse war größer, als es der Zufall bei einem Chancenverhältnis von 200:1 hätte zustande bringen können. Dr. McKenzie fand in diesem Ergebnis Ermutigung, aber er wollte seine Methode noch weiter verfeinern und die Ergebnisse mittels eines Computers erfassen und auswerten.

Er diskutierte seine Pläne mit der Fakultät für Statistik an der University of Pennsylvania; die Fachleute waren sich einig, daß er die für die psychische Forschung so lästigen Variablen tatsächlich ausgeschaltet hatte und seine Messungen präzise sein würden.

In den Mind-Control-Nachrichten wurden die Zeichnungen zweier menschlicher Körper (siehe S. 145, 146) mit Kreisen, die den Lesern die zu untersuchenden Stellen anzeigten, veröffentlicht. Wie bei der Bearbeitung der Krankenfälle wurden dem Leser Name, Alter, Geschlecht und Aufenthaltsort zweier kranker Personen genannt, jedoch stand nichts da über die Art der Krankheiten, die nicht einmal Dr. McKenzie bekannt waren. Der Arzt aus Florida, der ihm diese Fälle gegeben hatte, sollte die Art der Erkrankungen erst nach Einreichung der angekreuzten Zeichnungen bekanntgeben.

Wichtig: Der Zweck dieses Experiments besteht darin, die Stelle der Anomalität oder der Krankheit genau zu ermitteln. Bitte beschränken Sie sich auf diese *Ermittlung,* damit die Krankheit selbst nicht während des Experimentes beeinflußt wird.

Fall A: Debbie V. ist dreiundzwanzigjährig und lebt in Miami, Florida. Sie hat ein medizinisches Problem, dem Sie vielleicht abhelfen können. Gehen Sie bitte auf Ihre Mind-Control-Grundstufe und stellen Sie sich dann Debbie geistig oder bildlich vor, so daß Sie die Stelle ihrer Erkrankung bestimmen können. Wenn Sie glauben, die Stelle gefunden zu haben, kreuzen Sie *einen* Kreis im Diagramm A an; kreuzen Sie nur jenen Kreis an, der dem Punkt am nächsten liegt, wo Sie die Krankheit gespürt oder erraten haben.

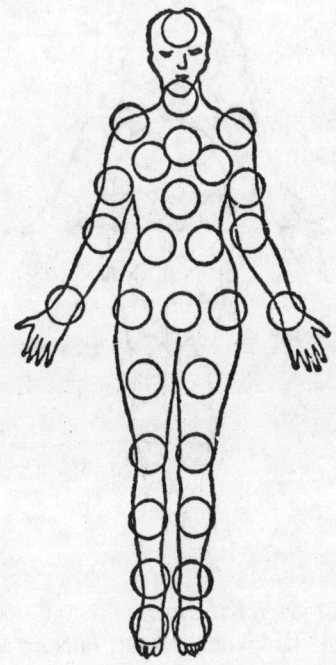

Wichtig: Wenn Sie pro Diagramm mehr als einen Kreis ankreuzen, ist Ihre Antwort ungültig.

Warten Sie mindestens zehn Minuten, bevor Sie auf Fall B übergehen.

Fall B: Cynthia C. ist einundzwanzigjährig und lebt in Miami, Florida. Sie hat ein medizinisches Problem, dem Sie vielleicht abhelfen können. Gehen Sie bitte auf Ihre Mind-Control-Grundstufe und stellen sich Cynthia geistig oder bildlich vor, so daß Sie die Stelle ihrer Krankheit bestimmen können. Wenn Sie glauben, diese Stelle gefunden zu haben,

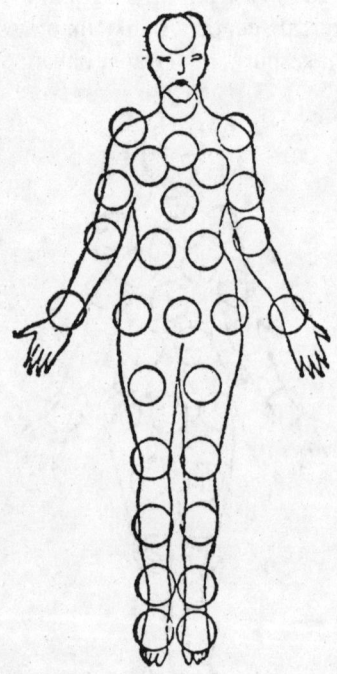

kreuzen Sie nur jenen Kreis an, der dem Punkt am nächsten liegt, wo Sie die Krankheit gespürt oder erraten haben. Da es in diesem Experiment nur um örtliche Bestimmung geht, sollen Sie keine Heilmethoden anwenden.

Es ist ein Kernstück des neuen Forschungsmodells, zwei Fälle statt nur einen zu bearbeiten. Dadurch ist es Dr. McKenzie möglich, alle geratenen Ergebnisse auszusondern. Wenn zum Beispiel die Patientin A, aber nicht die Patientin B, eine Verletzung am linken Fußknöchel aufzuweisen hätte, so wären alle am linken Knöchel von B angekreuzten Kreise nur geraten. Wenn fünf Leser auf den linken Knöchel von B tippen würden, wäre es vernünftig anzunehmen, daß dieselben Leser auch bei A nur geraten haben.

Nehmen wir an, fünfzig Leser würden den linken Knöchel von A ankreuzen. Dr. McKenzie würde davon fünf als geraten abziehen und den Schluß ziehen, daß fünfundvierzig Einsender auf psychischem Wege zu ihrem Resultat gekommen sind. Der Computer würde anschließend die statistische Bedeutung der Ergebnisse ausrechnen.

Damit dies funktioniert, müssen die beiden Fälle verschieden sein. Wenn beide Fälle eine Verletzung am linken Fußknöchel hätten, könnte diese Methode, welche die nicht psychischen Ergebnisse aussondert, nicht zum Tragen kommen.

Der Arzt aus Florida vereitelte das Experiment; es stellte sich heraus, daß er zwei Fälle mit Verletzungen an der gleichen Körperstelle geliefert hatte. Dr. McKenzie mußte seine Pläne ändern und die Ergebnisse auf andere Art und Weise auswerten. Statt Fall A mit Fall B zu vergleichen, stellte er die Anzahl richtiger Kreuze der nächstgrößeren Anzahl Kreuze gegenüber. Obwohl ihm der Computer sagte, die Möglichkeit, daß die Ergebnisse auf Zufall beruhten, sei nur eins zu einer Milliarde, betrachtete er sein Experiment nicht als schlüssig, da sein Forschungsmodell nicht angewandt werden konnte.

Sein Forschungsmodell weist viel mehr Aspekte als nur die hier beschriebenen auf, und er hat zahlreiche weitere Experimente durchgeführt, die, wie er es bezeichnet, ›statistisch bedeutende Ergebnisse‹ erbrachten. Sein gesamtes Projekt ist von solcher Bedeutung, daß wir sicher mehr darüber hören werden, wenn er seine Methode noch weiter verfeinert hat. Die Mind-Control-Absolventen werden dann aufgefordert, nicht nur einen Kreis zur örtlichen Bestimmung einer Krankheit anzukreuzen, sondern auch mit Listen von medizinischen Leiden eine spezifische Diagnose zu stellen.

»Diese Voruntersuchungen«, sagte er, »deuten auf hohe Werte statistischer Bedeutung. Ich bin jedoch nicht bereit, aus ihnen Schlußfolgerungen zu ziehen. Es steht noch viel mehr sorgfältig durchzuführende Arbeit an. Wenn kommende Untersuchungen ebenso ermutigend sind, kann es uns gelingen, eine Methode zu entwickeln, um Helfer, die in Mind Control ausgebildet sind, auf noch verläßlichere Art und Weise als heute den Ärzten zur Verfügung zu stellen. Es könnte schlechthin ein Durchbruch in der Medizin erzielt werden. Jetzt ist es noch zu früh, um mit Gewißheit davon zu sprechen, aber auf dieses Ziel hin ist meine Arbeit ausgerichtet.«

Der Forschungsleiter bei Mind Control, J. Wilfred Hahn, ein Biochemiker und ehemaliger Präsident der Mind Science Foundation, teilt Dr. McKenzies Hoffnungen. »Seit dem 19. Jahrhundert, als die wissenschaftlichen Methoden auf die psychische Forschung ausgedehnt wurden, lassen unerforschte (manchmal unbekannte) Variablen Fragen im Zusammenhang mit den Erkenntnissen offen. Wie Dr. McKenzie sagt, muß es sich erst noch herausstellen, ob er im Begriff ist, einen Durchbruch in der Medizin zu erzielen. Ich glaube jedoch, daß er in seiner Forschungsmethode schon einen Durchbruch erzielt hat. Aus all den Daten, die er erhält, kann er einerseits die psychischen Antworten bestimmen und andererseits alles Wertlose ausscheiden, wodurch ihm nur noch das bleibt, was er untersuchen will; er tut dies wie ein Chemiker, der ein einziges Spurenelement des Wassers untersuchen will und das Wasser und alle anderen Elemente außer jenem, das er untersuchen will, eliminieren kann.«

17

Ihre Selbstachtung
wird sprunghaft ansteigen

»Wir verschwenden viel zuviel Zeit damit, nutzlose Selbstkritik zu üben. Wenn wir die Hälfte unserer Zeit damit verbringen würden, ganz einfach in unserem Geist zu erforschen, wie wir mit dem Leben besser fertig werden könnten, würden wir erkennen, daß wir sehr viel stärker sind, als wir glauben«, soll die Sängerin und Schauspielerin *Carol Lawrence* gemäß ›Chicago Tribune‹ (14. November 1975) gesagt haben. Sie besuchte auf Empfehlung einer anderen Mind-Control-Absolventin, der Sängerin *Marguerite Piazza,* selbst den Mind-Control-Kurs.

Es stimmt: Die meisten von uns sind Gefangene ihrer Vorstellungen davon, wer sie sind und was sie tun können. Bald werden Sie die Freude erleben, mit der die Mauern dieser Vorstellungswelt eingerissen und außerhalb dieser Welt neue Freiheiten gefunden werden. Wenn Sie erkennen, wozu Sie fähig sind, wird Ihre Selbstachtung sprunghaft ansteigen. Diesbezüglich wurden zahlreiche Untersuchungen durchgeführt, und die Ergebnisse liegen vor. Sie beziehen sich auf große Gruppen von Personen ohne Probleme sowie auf solche, deren Selbstvertrauen offensichtlich in die Brüche gegangen ist – Studenten, Alkoholiker, Drogenabhängige, Häftlinge und Unterstützungsbedürftige.

Kommen wir als erstes auf die Schüler und Studenten zu sprechen. Mind Control ist, häufig sogar als Hauptfach oder

Seminar, an vierundzwanzig Colleges und Universitäten, sechzehn High Schools und acht Grundschulen unterrichtet worden.

Man könnte annehmen, daß derselbe Kurs, der auf dieselbe Art und Weise Schülern und Studenten unterschiedlichen Alters und mit unterschiedlicher kultureller und wirtschaftlicher Grundlage gelehrt wird, zu unterschiedlichen Ergebnissen führen würde. Aber dem ist nicht so. Die Ergebnisse sind so einheitlich gewesen, daß jetzt mit Gewißheit die Behauptung aufgestellt werden kann, daß sie in ihren Grundzügen voraussehbar sind. Führen Sie Mind Control in einer Schule ein, und die Schüler werden die Lenkung und Führung ihres Geschickes aufgrund ihrer verbesserten Fähigkeit, selbst Probleme zu lösen, stärker in die eigene Hand nehmen.

Mit anderen Worten: Ihr Selbstbewußtsein wird zunehmen. Diese Tatsache ist von Dr. George De Sau, dem ehemaligen Forschungsleiter für Erziehung und Bildung bei Silva Mind Control und einstmaligen Direktor für Beratung und Tests im Gemeinde-College von Williamsport (Pennsylvania), wissenschaftlich gemessen worden.

Der erste Test wurde 1972 in der Hallahan High School durchgeführt, wo 2000 Schüler den Kurs absolvierten. Eine Woche vor und zwei Wochen nach dem Kurs füllten die 220 zufällig ausgewählten Schüler den High-School-Persönlichkeits-Fragebogen* aus, der aus 140 Fragen besteht, die das geistige Selbstbildnis einer Person ausführlich messen. Die gesamte Selbstdarstellung einer Person kann anschließend als eine Art Porträt mit vierzehn Eigenschaften — abenteuerlustig, begeisterungsfähig, selbstbewußt usw. — dargestellt werden. Dieser Test ist in Forschung und Beratung weit verbreitet.

---

* Veröffentlicht vom Institut für Persönlichkeits- und Fähigkeitstests, Hallahan High School, Philadelphia.

Die Selbstporträts der 200 Schüler vor und nach dem Kurs wurden in einem Gruppenprofil zusammengefaßt und miteinander verglichen. Das Ergebnis lautet: Bedeutende Verschiebung hin zu einem stärkeren Ich, zu erhöhtem Selbstbewußtsein und größerer Gelassenheit, weg von Ungeduld, Unsicherheit und Absonderung. In mancher Hinsicht blieben die Schüler unverändert, wie in ihrer Stellung zwischen Herrschaft und Unterwürfigkeit oder geistiger Härte und Zartbesaitetheit. Die Quintessenz des Experiments war, daß die Schüler nach dem Mind-Control-Kurs größere Achtung vor sich selbst hatten als zuvor.

Natürlich wandelt sich unsere Selbsteinschätzung täglich mit dem gesamten Lebenslauf. Wenn wir den Test mit einer zufällig zusammengestellten Gruppe durchführen und drei Wochen später wiederholen würden, ergäben sich gewisse Veränderungen. Auch dies haben jene, die den Test entwickelten, untersucht. Diejenigen Veränderungen, die durch Zufall auftreten würden, müssen als normale Veränderungen in Kauf genommen werden, und ihre Häufigkeit ist errechnet worden. Um die Ergebnisse der Hallahan High School bewerten zu können, war es notwendig festzustellen, um wieviel die tatsächlichen Veränderungen die erwarteten Zufallsveränderungen überstiegen. Folgendes wurde festgestellt:

Damit jene positive Veränderung des Ichbewußtseins, die durch den Mind-Control-Kurs in Hallahan erzielt wurde, auch durch Zufall erreicht werden könnte, müßte der Test mehr als eintausendmal mit einer zufällig zusammengestellten Gruppe durchgeführt werden — mehr als eintausendmal, um jene Veränderung des Selbstbewußtseins zu erreichen, mehr als eintausendmal, um jene Veränderung der Gelassenheit zu erreichen. Ausschlaggebend war nicht der Zufall, sondern Mind Control.

Im Verlaufe des Kurses sprach Joe Clark, ein Reporter der ›Philadelphia Daily News‹, in einer Mittagspause mit einigen Schülern. In einem Artikel, der am 27. September 1972 veröffentlicht wurde, zitierte er die dreizehnjährige Kathy Brady, die seit ihrem neunten Lebensjahr die Angewohnheit hatte, an den Nägeln zu kauen: »Immer wenn ich nervös wurde, kaute ich an meinen Nägeln. Heute morgen im Vorlesungssaal hatte ich Lust, an ihnen zu kauen, aber ich tat es nicht. Ich sagte mir ganz einfach: ›Kaue nicht an deinen Nägeln.‹ Ich schloß die Augen und entspannte mich.«

Pat Eisenlohr erzählte ihm, sie hätte auf eine Rauferei mit ihrem Bruder verzichtet — etwas, was noch nie vorgekommen wäre. »Ich sagte mir: ›Es hat keinen Zweck, wütend zu werden. Weshalb soll ich mich schlagen?‹ Ich tat es nicht. Heute morgen wurde ich auch Kopfschmerzen los, indem ich mir sagte, ich wolle sie loswerden. Ich weiß, es klingt sonderbar, aber es funktioniert.«

Vergleichen wir nun die Ergebnisse der Untersuchung an dieser Schule mit zwei anderen Untersuchungen, die in Lawrenceville, einer gemischten katholischen High School in Pittsburgh, sowie in St. Fidelis, einer katholischen High School für Priesteranwärter, durchgeführt wurden.

In den Schulen Lawrenceville und St. Fidelis geschah die Hauptveränderung bei dem Ichbewußtsein der Schüler, so wie es auch in Hallahan der Fall gewesen war. Dazu kommt, daß sich diese Veränderung einheitlich einstellte: In jeder Schule wurde das Gruppenprofil in einem Ausmaß verbessert, das vom Zufall alleine nur bei einer Möglichkeit von 1:1000 hätte erreicht werden können. Die Gelassenheit (Ausgeglichenheit) veränderte sich in Lawrenceville und Hallahan in demselben Ausmaß, jedoch weniger stark in St. Fidelis. In allen drei Schulen gab es unterschiedliche Veränderungswerte des Selbstbewußtseins, wobei aber alle eindeutig positiv waren.

Die erwähnten und die übrigen Erkenntnisse stellten Dr. De Sau nicht vollständig zufrieden. Obwohl er über die positiven Ergebnisse erfreut war und das einheitliche Bild des Nutzens von Mind Control bestätigt wurde, fehlte irgend etwas. Tests, die mit einer Gruppe vor und zwei Wochen nach dem Mind-Control-Kurs durchgeführt wurden, machten keine Angaben darüber, ob die positiven Veränderungen von Dauer waren. Dies hätte festgestellt werden können, wenn der zweite Test vier Monate nach dem Kurs durchgeführt worden wäre.

In Lawrenceville und St. Fidelis ging Dr. De Sau deshalb so vor und erlebte einige Überraschungen. Bei allen genannten Eigenschaften — Ichbewußtsein, Selbstsicherheit und Gelassenheit — erzielten die Schüler beider Schulen im viermonatigen Zeitraum weit positivere Veränderungen als in den zwei Wochen direkt nach dem Kurs!

In seinem Bericht über diese Untersuchungen folgerte Dr. De Sau:

»Die Veränderungen, die sich bei diesen Schülern in den verschiedenen schulischen Umgebungen einstellten, können vielleicht am besten aus der Perspektive eines Erziehers und Schriftstellers wie John Holt beurteilt werden. Seiner Meinung nach wird im Erziehungs- und Bildungsprozeß oft Unsinniges gelehrt, indem zur Erhöhung der Angst, der Schuldgefühle und des beinahe blinden Vertrauens auf die Zustimmung oder Mißbilligung der Umwelt, also zu all jenen Voraussetzungen beigetragen wird, die zu Konformismus und neurotischem, roboterhaftem Verhalten führen können, aber der Bildung und der Selbstverwirklichung eines Menschen wenig zuträglich sind. Es gibt Grund genug anzunehmen, daß dieselben Bedingungen in anderen gesellschaftlichen Institutionen ebenfalls vorherrschen.

Die erwähnten Untersuchungsergebnisse bieten wenigstens in pädagogischer Hinsicht eine erfrischende, brauchbare Alternative. Ein Element der Veränderung, das sich nach der Mind-Control-Ausbildung als dauerhaft und stark erweist, ist die Verschiebung hin zu inneren Beziehungspunkten oder, mit anderen Worten, zur Anerkennung der eigenen Werte und zu einem bedeutenden Schritt in Richtung des Sichselbstbeherrschens, statt sich von außen durch andere beherrschen zu lassen.«

In den meisten Schulen, in denen Mind Control unterrichtet wird, werden die Lehrer eindringlich dazu aufgefordert, den Kurs ebenfalls zu absolvieren. Wenn man sich den Nutzen dieser Ausbildung vor Augen führt, sind die Beweggründe, bis auf einen, klar ersichtlich. Die Lehrer lassen sich nicht mehr so schnell aus der Ruhe bringen und sind geduldiger, und für die Schüler wird es viel angenehmer, mit ihnen die Schulstunden zu verbringen.

Es ist allgemein bekannt, daß ein Lehrer, der von seinen Schülern wenig erwartet, mit ihnen auch wenig erreicht, während einer, der viel erwartet, viel erreicht. Ein in Mind Control ausgebildeter Lehrer hat direkte Erfahrung mit dem, was José ›das Grundgesetz des Universums‹ nennt, und mit dessen Zuständigkeit, die für die gesamte Menschheit Gültigkeit hat. Ein Lehrer mit dieser Ausbildung wird nie wieder über jemandes ›geistiges Rüstzeug‹ spotten können, da er die zahlreichen Fähigkeiten jedes menschlichen Geistes nur allzugut kennt. Selbst wenn seine Schüler nie etwas von Mind Control gehört haben, wird er ein besserer Lehrer sein.

Sind jedoch Lehrer und Schüler Mind-Control-Absolventen, so geschehen erstaunliche Dinge im Klassenzimmer.

Eine Grundschullehrerin aus Buffalo lehrt ihre Schüler, sich auf Georg Washington oder andere Persönlichkeiten der Vergangenheit ›einzuschalten‹, damit sie ihnen im Geschichtsunterricht helfen; sie verwenden dazu Methoden, die sie in den abschließenden Stunden des Mind-Control-Kurses bei der Bearbeitung von Fällen gelernt haben. Auf diese Art erleben sie die Geschichte mit. Und während der Klassenarbeiten finden sie Hilfe, indem sie sich auf die Lehrerin ›einschalten‹ und ihre Antworten bestätigt finden.

Wieder eine andere Lehrerin, diesmal auf College-Ebene, läßt ihre Studenten sich auf Philosophen einschalten, um Erläuterungen von Textstellen zu erhalten, die den Studenten unklar sind. »Es klappt!« sagt sie.

Frau Joe Lytle, eine Mind-Control-Lehrerin aus Virginia Beach, unterrichtet mit besonderem Vergnügen ihre Siebenbis Siebzehnjährigen. Unter dem Titel ›Schüler zeigen hervorragende Leistungen nach Mind-Control-Kurs‹ berichtete die Norfolker Zeitung ›Ledger-Star‹ (16. Juli 1975) über einige ihrer Erlebnisse. Einer ihrer Schüler war wegen Hyperkinese in ärztlicher Behandlung. Die Mutter dieses überaktiven Kindes wird folgendermaßen zitiert: »Die Veränderungen durch den Kurs waren absolut fantastisch. Mein Sohn brauchte die Medikamente nicht mehr, und seine Zensuren stiegen von ›genügend‹ auf ›ausgezeichnet‹. Mind Control vermittelte ihm die Einsicht, daß er die Kraft hatte, sich zu verbessern.«

Ein anderer Schüler aus einer High School verzeichnete ebenfalls einen sprunghaften Anstieg seiner Zensuren von ›genügend‹ vor dem Kurs auf ›ausgezeichnet‹ nach dem Kurs.

Eine weitere Schülerin fiel in all ihren Rechtschreibungszensuren durch. Nach dem Kurs erzielte sie in denselben Prüfungen jeweils die Note ›ausgezeichnet‹, und innerhalb eines Jahres machten ihre Lesefähigkeiten einen Sprung vom Niveau einer vierten Klasse auf jenes einer neunten.

Es gab keine praktische Möglichkeit, die Kursteilnehmer mit denen, die nicht teilnahmen, zu vergleichen oder den Unterschied zwischen den beiden Gruppen festzustellen, denn in jenen drei High Schools, in denen Dr. De Sau den Vorher-und-Nachher-Test durchführte, meldeten sich praktisch alle Schüler für den Mind-Control-Kurs an.

Dazu hatte er jedoch in der University of Scranton in Scranton, Pennsylvania, Gelegenheit. Professor Donald L. Angell von der Fakultät für menschliche Fähigkeiten bot den kurz vor dem Abschluß stehenden Studenten der Rehabilitationsberatung den Kursus an. Es gab genügend Studenten, die den Kurs nicht besuchen wollten, so daß er und Dr. De Sau die Unterschiede feststellen konnten. Sie führten einen ähnlichen Test durch wie in den drei High Schools — jedoch auf Erwachsene abgestimmt — mit fünfunddreißig Studenten, die den Kurs besuchen wollten, und derselben Anzahl Studenten, die den Kurs nicht besuchten.

Selbst vor dem Kurs ergaben sich Unterschiede zwischen den zwei Gruppen. Jene, die sich für den Kurs entschieden, waren gemäß den Testergebnissen neuen Erfahrungen gegenüber offener eingestellt und ließen sich stärker von innen leiten. Jene, die den Kursus ablehnten, waren konservativer, stärker an Normen gebunden und pragmatischer.

Einen Monat nach dem Kurs wurden die zwei Gruppen dem Test erneut unterzogen, und während die herkömmlichen Unterschiede bestehen blieben, gesellten sich neue, bedeutende Unterschiede hinzu: Die Mind-Control-Gruppe erwies sich als emotional stabiler und reifer, selbstbewußter und gelassener als die andere.

In Kurzform besagt diese Untersuchung, daß jene, die sich für Mind Control entscheiden, anders sind als diejenigen, die ablehnen, und daß erstere vom Kursus profitieren.

Die Aufwertung der Selbstachtung ist für jedermann von Bedeutung, kann aber für einen Drogenabhängigen, der für die Befreiung aus seiner Abhängigkeit kämpft, lebenswichtig sein. Mind Control hat nur begrenzte Erfahrung mit Drogensüchtigen, jedoch hat sich diese Erfahrung als aufschlußreich erwiesen.

Paul Grivas, einer der Direktoren des Mind-Control-Zentrums von Manhattan, wollte herausfinden, inwiefern Mind Control Drogenabhängigen helfen kann. Er begann freiwillig, mit vier Süchtigen zu arbeiten — zwei nahmen Methadon, zwei immer noch Heroin. Die beiden Methadonsüchtigen fanden den Kurs nützlich, wurden jedoch nicht von ihrer Sucht befreit. Methadon ist äußerst suchterregend und wird in vielen Heroinentzugsprogrammen verwendet. Eine Entziehungskur von Methadon ist physisch schmerzhaft, und diese Schmerzen waren, wie jene Süchtigen meinten, so groß, daß sie sich nicht auf die Mind-Control-Übungen konzentrieren konnten.

Einer der beiden Heroinsüchtigen wurde am ersten Tag des Kurses mit einer Krise in der Familie konfrontiert und stieg aus. Der andere Heroinabhängige konnte sich von dem Gift befreien und blieb einige Monate lang von der Droge unabhängig. Dann rief er Herrn Grivas an und teilte ihm mit, daß er wieder Heroin spritzte. Er bat darum, den Kurs wiederholen zu dürfen. Herr Grivas widmete sich ihm einen Tag, um seine Mind-Control-Ausbildung zu vertiefen, und wiederum wurde er von der Droge unabhängig. Monate später war er noch von der Sucht befreit, bevor er wegzog und Herr Grivas den Kontakt mit ihm verlor.

Der zweite Versuch, Drogenabhängigen mittels Mind Control zu helfen, wurde im Rahmen eines Sozialprojektes in Bronx durchgeführt; achtzehn ehemalige Süchtige nahmen daran teil, und einige unter ihnen waren sogar als Organisatoren oder als Helfer tätig. Jene, die den Kurs absolvierten, erklärten, sich viel besser unter Kontrolle zu haben als je zuvor, und einige meldeten Monate später sogar, einen Teil ihrer Ausbildung ihrer Familie weitervermitteln zu können. Es war unmöglich, aussagekräftige Vorher-und-Nachher-Tests durchzuführen, da drei Monate später zu den meisten der achtzehn Teilnehmer kein Kontakt mehr bestand.

Konnten aus diesen zwei Experimenten irgendwelche Lehren gezogen werden? Ja, meint Paul Grivas. Seine Versuche demonstrieren zwei statistisch noch nicht erwiesene Aspekte:

Erstens sollte ein Drogenabhängiger nach achtundvierzig Stunden Mind Control nicht seinem Schicksal überlassen werden. Für die meisten von uns ist der Kurs eine Erfahrung, die einen unvergänglichen Wandel mit sich bringt, aber für einen Drogenabhängigen, der Jahre oder vielleicht ein ganzes Leben stark negativer Beeinflussung und eine geistige *und* physische Abhängigkeit zu überwinden hat, bedarf es eines erheblich verlängerten Zeitraumes häufig wiederkehrender Vertiefung. »Geben Sie mir ein Drogenentwöhnungsprogramm, in dem ich auf diese Weise arbeiten kann«, sagt Grivas, »und ich bin sicher, daß ich etwas erreichen werde.«

Zweitens spricht ein Drogenabhängiger schneller auf die Mind-Control-Ausbildung an als andere, so schwierig seine Abhängigkeit auch zu überwinden ist. Der Grund dafür liegt nach Herrn Grivas Auffassung darin, daß Mind Control in einen veränderten Bewußtseinszustand führt. Während dies die meisten Menschen noch nie erlebt haben, hat ein Drogensüchtiger seinen Bewußtseinszustand schon oft verändert. Jedoch ist er noch nie zuvor auf eine nützliche Bewußtseinsebene gegangen, wo er die Kontrolle über sich selbst *gewinnt* statt verliert. Darin liegt für einen Süchtigen das Vielversprechende an Mind Control.

Obwohl auf diesem Gebiet keine ausführlichen Untersuchungen durchgeführt worden sind, gibt es genügend Erfolgsgeschichten von einzelnen Teilnehmern, die zeigen, daß Herrn Grivas' Vertrauen zu Mind Control sehr begründet ist.

Hier eine Erfolgsgeschichte eines Teilnehmers, der sich 1971 selbst von seiner Sucht befreite; er ist heute noch ›clean‹:

Ich wußte, daß mein Problem schwerwiegend war; ich war heroinsüchtig. Wie ein Mind Control genannter Kurs, der unter anderem den Teilnehmern dabei zu helfen versprach, unerwünschte Angewohnheiten loszuwerden, mir zugute kommen sollte, obwohl ich es schon mit den meisten Drogenentwöhnungsmethoden versucht hatte, überstieg mein damaliges Begriffsvermögen. Nach psychiatrischen und psychotherapeutischen Behandlungen, Methadonkuren und Krankenhausaufenthalten war ich zwar äußerst skeptisch, aber bereit, alles zu versuchen! Ich war überzeugt, daß ich die drei Jahre bis zu meinem dreißigsten Geburtstag nicht mehr überleben würde, wenn ich dem Heroinkonsum und dem ganzen Lebenswandel, der zur täglichen Beschaffung von Drogen im Wert von 200 Dollar unerläßlich war, nicht ein Ende setzen würde.

»Eine Angewohnheit ist nichts anderes als auf Gehirnzellen gemachte Eindrücke, die durch Wiederholung vertieft werden«, sagte der Mind-Control-Ausbilder. »Ändern Sie die Programmierung auf der Ursachenebene – dem Unterbewußtsein –«, fuhr er fort, »und Sie ändern das Verhaltensschema auf der Ebene der Auswirkung – der äußeren Dimension des Bewußtseins.« Logisch gesehen, hatte das einen Sinn, aber gefühlsmäßig sagte ich mir, daß ich die Drogen brauchte, um mich gegenüber dem Leben und den negativen Gefühlen über mich selbst unempfindlich zu machen. Dann zeigte uns der Lehrer eine Methode, um unser geistiges Selbstbildnis von einer schwachen und unfähigen Person ohne Willenskraft in ein zuversichtliches und selbstbewußtes Wesen mit einem gesunden Selbstverständnis zu verwandeln.

Immer noch skeptisch, aber mit einem Funken Hoffnung, begann ich auf meiner Alpha-Ebene, mich in meiner Vorstellung zu ändern. Ich programmierte mich dreimal täglich – morgens, mittags und abends – dahingehend, daß mein ganzes Verlangen nach Drogen bis zum 20. Juli, also dreißig Tage nach der ersten Programmierung, für immer verschwinden sollte.

Während dieser Frist nahm ich weiterhin Drogen, reduzierte jedoch die Dosis schrittweise und systematisch, so daß ich bis zum Zieldatum vollständig von der Droge loskommen würde.

An jenem großen Tag im Juli setzte ich meinem Drogenkonsum ein Ende, und seither habe ich nie mehr Drogen genommen. Es war keineswegs wie jedesmal zuvor, als ich jeweils ein paar Tage oder Wochen später gleich wieder auf die Drogen zurückgriff. Diesmal besagte mein Gefühl ›im Magen‹, daß ich echt keine Lust mehr auf Drogen hatte. Ohne Willenskraft, ohne Ersatzmittel, ohne Unterdrückung von Verlangen und Gefühlen. Es funktionierte! Endlich war ich frei!

Der Alkoholismus ist eine weitere Sucht, die viel verbreiteter als die Drogenabhängigkeit ist und das Leben vieler überschattet; alleine in den USA gibt es Millionen von Alkoholikern. Bei den Opfern des Alkoholismus besteht ebenfalls ein verzweifeltes Bedürfnis, Gefühle der Hilflosigkeit, der Unfähigkeit und der Schuld zu überwinden und das Selbstvertrauen sowie die Gelassenheit zu stärken, um den Weg zurück zur Gesundheit zu ebnen.

Diesem Bedürfnis wurde entsprochen, als fünfzehn Alkoholiker im Jahre 1973 den Mind-Control-Kurs im Rahmen eines Forschungsprogrammes in einem Rehabilitationszentrum, wo sie in Behandlung waren, absolvierten. Die Ergebnisse wurden von Dr. De Sau ermittelt. Er legte den Teilnehmern denselben Persönlichkeitstest vor, den er beim Experiment mit den Studenten der University of Scranton benutzt hatte, und ließ den Fragebogen einmal kurz vor dem Kurs und ein zweites Mal einen Monat danach ausfüllen.

Bei diesen fünfzehn Personen lag der schärfste Kontrast zwischen den Ergebnissen der beiden Tests in der Selbstbeherrschung. Es gab eine Verschiebung des Gruppenprofils von verstohlener Herrschaft über die Geschehnisse zu größerer Aufrichtigkeit und Offenheit im Anstreben von Zielen – eine Verschiebung, die durch den Zufall nur bei einer Möglichkeit von 1:100 herbeigeführt werden könnte. Andere Veränderungen verliefen parallel zu jenen, die mit den

Schülern der High School und den Studenten erreicht worden waren. Sie hatten ein stärkeres Ich- und ein größeres Selbstbewußtsein und waren gelassener und neuen Erfahrungen gegenüber offener eingestellt — verfügten also über Eigenschaften, die für jeden, der für die Loslösung vom Alkohol kämpft, von unschätzbarem Wert sind.

Eine der bedeutendsten Veränderungen stellte sich bei den ›Bedrohungsempfindungen‹, d. h. der Angst, ein. Dr. De Sau schrieb: »Das Gebiet des Bedrohungsempfindens mit seiner hohen Spannung und Überaktivität des autonomen Nervensystems könnte für das Verständnis des Verhaltens von Alkoholikern von größter Bedeutung sein. Es ist sehr gut möglich, daß ein Alkoholiker versucht, den Alkohol als Mittel dazu zu verwenden, seine geistigen und physischen Symptome ins Gleichgewicht zu bringen. Alkohol als Mittel zum Ausgleich zwischen Körper und Geist in einer Gefahrensituation könnte einen von den Angstzuständen befreien. Ein verbessertes Selbstverständnis und eine geschulte Fähigkeit, mit der Angst fertig zu werden, wäre eine sinnvolle Alternative zum Alkohol.«

Der Leiter des Rehabilitationszentrums berichtete darüber, wie es den fünfzehn neuen Mind-Control-Absolventen sechs Monate nach dem Kurs erging. (Um ihre Anonymität zu wahren, werden sie einfach ›Versuchsperson‹ oder ›V‹ statt bei ihrem Namen genannt.)

Versuchsperson 1: Kein Rückfall nach Absolvierung eines neunzigtägigen Entwöhnungsprogramms. Seit Ende des Mind-Control-Kurses hat sich V von einem sehr passiven, zurückgezogenen Wesen zu einem leutseligen, aus sich herausgehenden Spaßmacher mit trockenem Humor entwickelt.

Versuchsperson 2: Seit Ende des Mind-Control-Kurses hat V keine Rückfälle gehabt und sich aus der Entwöhnungsanstalt, in der V einquartiert war und behandelt wurde, zurückgezogen. Es scheint, als entwickle V ein Gefühl des Wohlergehens und des Vertrauens zu seinem eigenen Ich.

Versuchsperson 3: Keine Rückfälle seit Absolvierung einer Entwöhnungskur innerhalb eines Krankenhausprogramms. Seit Ende des Mind-Control-Kurses hat V in einem Programm für ›Anonyme Alkoholiker‹ (A. A.) entscheidende Fortschritte gemacht.

Versuchsperson 4: Keine Rückfälle seit seiner Einweisung ins Krankenhaus vor dem Mind-Control-Kurs. Der Kurs hat sein therapeutisches Behandlungsprogramm entscheidend verstärkt.

Versuchsperson 5: Kein Rückfall seit der Entwöhnungskur im Krankenhaus.

Versuchsperson 6: Keine Rückfälle. Vs Gefühl des Wohlergehens ist eindeutig auf dem Weg zur Besserung. Diese Besserung spiegelt sich in einer offenkundigen Stabilisierung ihrer Familie wider. Ihre Zensuren im College sind ebenfalls besser geworden.

Versuchsperson 7: Bisher keine Rückfälle. Nach Ende des Mind-Control-Kurses stieg V aus einem A. A.-Programm aus. Es zeigt sich aber klar, daß V immer noch nach den Grundsätzen der ›Anonymen Alkoholiker‹ (A. A.) lebt. Das Familienleben scheint sich ebenfalls zu bessern.

Versuchsperson 8: Keine Rückfälle seit Ende des Mind-Control-Kurses. Das Familienleben hat sich erheblich gebessert. V hat aus ihrem sarkastischen, zornigen Wesen ein leutseliges Temperament nach dem Motte ›Liebe deinen Nächsten‹ entwickelt.

Versuchsperson 9: Diese Person, eine Frau, hat keine Rückfälle gehabt und hat momentan eine Arbeitsstelle.

Versuchsperson 10: Kein Rückfall. V ist heute zielgerichtet, hat die sich selbst auferlegten Beschränkungen entschieden geändert und sucht nach Möglichkeiten, Größeres zu leisten.

Versuchsperson 11: V hat erklärt, das Leben habe sich nach dem Mind-Control-Kurs zunehmend gebessert, was aus dem Gefühl des Wohlergehens, das seine Familie ausstrahlt, und in seiner Arbeitsleistung klar ersichtlich ist. V hat keine Rückfälle gehabt.

Versuchsperson 12: Zwölf Jahre in einem A. A.-Programm. Seit Ende des Mind-Control-Kurses hat V einen einzigen kurzen Rückfall von weniger als einer Stunde Dauer erlitten. Anschließend keine Rückfälle.

Versuchsperson 13: Seit Entlassung aus dem Krankenhaus nach einer Entwöhnungskur keine Rückfälle. Seit Ende des Mind-Control-Kurses ist V in zunehmendem Maße im Begriff, ›alles wieder ins Lot zu rücken‹. Besserung ist im Bereich Familie, Arbeit usw. ersichtlich.

Versuchsperson 14: Seit Ende des Mind-Control-Kurses hat V mehrere Rückfälle erlitten, sich jedoch von allen selbst erholt. Er wurde wegen dieser Rückfälle nicht, wie vor dem Kurs, ins Krankenhaus eingewiesen.

Versuchsperson 15: Acht Jahre mit Unterbrechungen in einem A. A.-Programm. Vor dem Mind-Control-Kurs viermal ins Krankenhaus eingeliefert. Periodische Ausrutscher und Rückfälle in dieser Übergangszeit. Seit Ende des Mind-Control-Kurses hat V vier Rückfälle erlitten, wovon zwei kurze Krankenhausaufenthalte nötig machten.

Offensichtlich war Mind Control ein wirksamer Kraftquell im Kampf dieser fünfzehn Alkoholiker, abgesehen vom letzten.

Diese eine kleine Untersuchung genügt natürlich nicht, um zu beweisen, daß Mind Control jetzt zum festen Bestandteil der Behandlung eines Alkoholikers werden sollte. Jedoch zeigt das gesteigerte Gefühl des Wohlergehens, das in den Vorher-und-Nachher-Tests sowohl bei den Schülern und Studenten wie auch bei den psychiatrischen Patienten so einheitlich aufgetaucht ist, klar, daß jene, die weitere Mittel und Wege suchen, um Alkoholikern zu helfen, es einmal mit Mind Control versuchen sollten.

Es gibt noch einen weiteren Umstand, durch den die Selbstachtung zerstört wird, der zwar nicht so selbst verschuldet ist wie die Drogen- oder Alkoholsucht, aber noch weiter verbreitet als diese – die Armut. Seit den Anfängen des gesellschaftlichen Zusammenlebens sind die Ursachen und die Heilmittel für die Armut diskutiert worden. Mind Control nimmt nicht an dieser Diskussion teil, kann aber einen großen Beitrag dazu leisten, die Armen von der Nützlichkeit zu überzeugen, ihre Kräfte aufzuraffen und sich selbst zu helfen.

Dies mag klingen, als würde bereits das erste Argument in die Diskussion geworfen, als würden wir dadurch, daß wir die Armen zur Selbsthilfe ermuntern wollen, annehmen, sie hätten an ihrer Armut selbst schuld. Das stimmt natürlich nicht, aber jeder arme Mensch kann aus eigener Kraft aus seiner Welt ausbrechen, wenn er in Mind Control das findet, was alle anderen finden – eine größere Fähigkeit, sein eigenes Leben selbst in die Hand zu nehmen.

Der erste ernsthafte Versuch, herauszufinden, wie nützlich Mind Control, wenn überhaupt, als Bestandteil eines Rehabilitationsprogrammes in der Sozialarbeit sein könnte, war ein Experiment mit einundvierzig Männern und Frauen, die in der Obhut der Fürsorge standen.

Es ist allgemein bekannt, daß die Selbstachtung eines Menschen, der arbeitslos wird, einen schweren Schlag erleidet. Dadurch wird es für einen solchen Menschen noch schwieriger, einen Ausweg aus seiner Lage zu erdenken oder zu erarbeiten. Ein von Niedergeschlagenheit und Selbsterniedrigung gezeichneter Stellenbewerber wirkt, wenn er sich irgendwo vorstellt, matt, was seine Arbeitslosigkeit verlängert und seine Selbstachtung weiter abgleiten läßt. Solche Fälle können letztlich bei der Fürsorge landen. Wenn diese abwärtsführende Spiralbewegung allerdings durch irgend etwas unterbrochen werden könnte, das für die Selbstachtung des Arbeitslosen einen realistischen Auftrieb darstellt, hätte die betreffende Person eine bessere Ausgangslage, um sich selbst zu helfen.

Dies waren in groben Zügen die Überlegungen von Larry Hildore, dem Direktor der Sozialfürsorge des Bezirks Ottawa in Michigan. Er hatte den Kurs selbst absolviert und kannte die möglichen Auswirkungen von Mind Control. Die einzige Frage, die für ihn offen blieb, war, ob die Resultate gemessen werden können und wie die Maße aussehen würden.

Für den Entwurf des Forschungsprojektes und die Durchführung des Tests wandte er sich mit Dr. De Sau an Dr. James Motiff von der Abteilung für Psychologie am Hope College in Holland, Michigan. Sie wählten den weit verbreiteten Tennessee Self-Concept Test (Selbstverständnistest), der sechs Seiten und einhundert Fragen umfaßt und fünf Aspekte der Meinung eines Menschen von sich selbst mißt: das physische Selbst, das moralisch-ethische Selbst, das persönliche Selbst, das familiäre Selbst und das gesellschaftliche Selbst. Der Test wurde einmal vor und einmal nach dem Kurs vorgelegt.

Dies allein könnte möglicherweise dazu führen, die Ergebnisse als reinen ›Hawthorne-Effekt‹ abzutun. Mitte der Zwanziger- und zu Beginn der Dreißigerjahre führte die Western Electric Company ein großangelegtes Forschungsprojekt durch, um verschiedene Veränderungen der Arbeitsbedingungen, die die Arbeitsmoral der Belegschaft der Hawthorne-Werke in Chicago verbessern sollten, unter die Lupe zu nehmen. Was die Betriebsleitung auch immer unternahm, die Arbeitsmoral stieg an. Sie fügte etwas hinzu, und sie stieg an. Sie nahm es wieder weg, und die Moral stieg wiederum an. Man folgerte, daß sich die Leute ganz einfach freuen, wenn man Notiz von ihnen nimmt, und daß sich diese Freude in gesteigerter Moral äußert.

Um diesen möglichen ›Hawthorne-Effekt‹ zu messen, testete Dr. Motiff eine weitere Gruppe von Fürsorgeempfängern, die den Mind-Control-Kurs nicht absolviert hatte. Er testete sie zweimal, aber im Gegensatz zu der Mind-Control-Gruppe erlebte diese Gruppe zwischen den beiden Tests nichts Besonderes. Es gab keinen ›Hawthorne-Effekt‹.

Die Mind-Control-Gruppe schloß den Kurs mit einem völlig veränderten Selbstverständnis ab; es kam in gewissen Fällen zu Veränderungen, die den Zufall im Verhältnis von Millionen zu eins übertrafen. Die Veränderungen waren auf allen Gebieten dramatisch: Die neuen Absolventen sahen sich selbst als viel bessere Menschen, als sie sich zuvor eingeschätzt hatten, und verspürten neues Vertrauen zu ihrer Fähigkeit, ihre eigenen Probleme zu lösen.

Das Ausmaß der Veränderungen veranlaßte Dr. Motiff dazu zu verkünden, daß diese Ergebnisse »die bedeutendsten sind, die ich je gesehen habe«.

In einem Bericht über das Experiment wurde folgendes geschrieben:

»Es bestand eine gewisse Unsicherheit darüber, wie empfänglich eine... (der Fürsorge unterstellte) Mutter mitten in ihrem Elend für etwas so plötzlich Verabreichtes wie Mind Control mit der optimistischen ›Besser-und-besser‹-Philosophie (sein) würde. Diese Unsicherheit wurde... am zweiten Wochenende rasch beseitigt. Ausnahmslos alle ursprünglich gemeldeten Teilnehmer kamen wieder, um den Kurs zu beenden, und das anfängliche scheue Schweigen wich dem Summen einer lebhaften Unterhaltung, die die Sitzung beinahe zu einer Glaubenserweckung zu machen drohte.

Fast jeder konnte etwas Konstruktives berichten... eine neue enge Verbindung mit den Kindern... chronische Kopfschmerzen, die zum Verschwinden gebracht wurden... gelinderte Frustration... Gewichtsverlust. Eine strahlende junge Mutter hatte die Methode des Bewußtseinsspiegels angewandt, um eine Arbeitsstelle zu finden, und sah nur, wie eine Hand einen Scheck ausstellte. Am folgenden Tag bekam sie die Stelle, die sie sich immer gewünscht hatte.«

Im allgemeinen ist es ein Bewußtseinszustand, ein geschädigtes geistiges Selbstbildnis, was einen Menschen ins Gefängnis bringt, ihn dort härter und brutaler macht und häufig auch dafür sorgt, daß er bald wieder dorthin zurückkehrt, wenn er einmal ›frei‹ ist. Die Art Freiheit, die Mind Control einem Häftling geben könnte, ist jene Freiheit, die sie allen anderen Menschen geben kann – die Freiheit, jene geistigen Mauern niederzureißen, die sich bei den meisten von uns ›draußen‹ in Form von Kopfschmerzen, Geschwüren, Schlaflosigkeit und Versagen im Lebenswerk äußern und auch für die Häftlinge in Form von Gefängnismauern und Gitterstäben vorhanden sind.

Die begrenzten Erfahrungen, die mit Mind Control in Gefängnissen gemacht worden sind, zeigen, daß aus den Gefängnissen eine weniger brutale Bleibe gemacht werden kann. Mit Mind Control besteht die im Gefängnis verbrachte Zeit nicht mehr nur aus leeren Stunden, die einem Menschen vom Gesetz weggenommen worden sind, sondern sie ist ein inhaltsreicher Teil des Lebens selbst – Stunden der Selbstentdeckung und Selbstverwirklichung. Vielleicht macht Mind Control aus dem Gefängnisaufenthalt nicht gerade eine glückliche Einsiedelei, aber sie kann das Gefängnis in einen zivilisierten Ort der Selbstverwirklichung verwandeln.

Obwohl in diesem Zusammenhang noch keine statistischen Erhebungen durchgeführt wurden, sind die persönlichen Erfahrungen von Häftlingen und deren Betreuern weit aufschlußreicher. Als Lee Lozowick noch zuständig war für Mind Control in New Jersey (er verließ uns frühzeitig im Jahre 1976, um Hohm, eine spirituelle Gemeinschaft, zu gründen), führte er im Staatsgefängnis von Rahway siebenmal den Kurs durch – viermal mit einer Gruppe von ungefähr sechzig Insassen und dreimal mit dem Gefängnispersonal.

»Über den Nutzen des Kurses für die Insassen und das Personal besteht absolut kein Zweifel. Man konnte es in ihren Gesichtern sehen«, sagte er. Die Gefängnisvorsteher waren von Mind Control so sehr beeindruckt, daß jenen Häftlingen, die für ein College-Diplom lernten, der Kurs als Fachbereich angerechnet wurde.

Ronald Gorayeb, Lozowicks Nachfolger in dessen Mind-Control-Amt, bot den Kurs zehn Insassen des Bezirksgefängnisses von Passaic, New Jersey, an. Einer der Häftlinge stieg aus dem Kurs aus, als er freigelassen wurde, und wollte zurückkommen, um ihn zu beenden, aber die Verantwortlichen des Gefängnisses mußten ablehnen. Ein anderer Häftling bat nach dem Kurs um Einzelhaft, um besser meditieren zu können, und die Verantwortlichen waren einverstanden. Ein dritter programmierte mittels des geistigen Bildschirms eine Arbeitsstelle, die er draußen bekommen sollte. Er fand eine Stelle — das war alles, was er für bedingte Haftentlassung brauchte.

18

Silva Mind Control in der Geschäftswelt

Stellen Sie sich vor, Sie würden an das Gesetz von Murphy glauben — »Alles, was schiefgehen kann, geht schief, und das zum dümmsten Zeitpunkt« — und dann entdecken, daß es kein solches Gesetz gibt, dafür aber das Grundgesetz des Universums, das José beschrieben hat. Sie fühlen sich glücklicher, weil sie glücklicher sind.

Dies führen viele Mind-Control-Absolventen als Ergebnis ihrer Arbeit an. Der Handelsreisende merkt, daß seine Kunden plötzlich hellhörig werden; der Wissenschaftler findet unverhofft Lösungen für verwirrende Probleme; der Leichtathletik-Profi schraubt seine Leistungen in die Höhe; Arbeitslose finden eine Stelle; und die Beschäftigten haben mehr Freude an der Arbeit.

»Wenn ich irgendwo in unserem Betrieb Mind-Control-Absolventen begegne«, sagte Michael Higgins, der vierundvierzigjährige Direktor für Beschäftigungsentwicklung in den Hoffmann-La Roche-Werken in Nutley, New Jersey, »stelle ich bei diesen Leuten durchweg eine positive Einstellung und Fröhlichkeit fest, und dieser Eindruck wird immer wieder bestätigt.«

Die Hoffmann-La Roche AG ist einer der mächtigen weltweiten Hersteller von pharmazeutischen Artikeln. »Vielleicht überrascht Sie das bei einem Hersteller von Beruhigungsmitteln«, sagte Higgins, »aber wir sind empfänglich für unkonventionelle Mittel, um die geistige Gesundheit zu verbessern, und aus diesem und auch aus anderen Beweggründen begannen wir im Jahre 1973, Silva Mind Control zu erforschen.«

Darüber hinaus wurde Herr Higgins auch noch durch die Tatsache, daß nur wenige der leistungsfähigsten Mitarbeiter jene Leistung erbringen, die sie erbringen könnten, dazu motiviert, den Kurs näher unter die Lupe zu nehmen. Aufgrund dessen, was er in Mind Control fand, plante er einen Einführungskurs, der zunächst zu einem vom Unternehmen unterstützten Programm führen und anschließend genug Begeisterung auslösen sollte, um selbständig zu funktionieren. Er kündigte den Plan an, ›gewann über Nacht fünfzig Leute‹ und wandte sich an Reverend Albert Gorayeb, den Pastor einer Kirche im benachbarten Paterson, einen der berufensten Mind-Control-Ausbilder.

Der Plan war erfolgreich. Heute, drei Jahre später, gibt es mehr als dreihundert Absolventen im Werk – höchste Führungskräfte, Wissenschaftler, Sekretärinnen, Ingenieure, Laborassistenten und Personalchefs. Einige absolvierten den Kurs zu Lasten der Firma, viele absolvierten ihn aus eigenem Antrieb.

»Ich war besonders beeindruckt von den Leuten der Forschung, die den Kurs besuchten. Zuerst waren sie die schärfsten Spötter, später jedoch die begeistertsten aller Teilnehmer«, sagte Higgins.

Im folgenden finden Sie einige Kommentare der Mind-Control-Absolventen von Hoffmann-La Roche, die in der Werkzeitung ›Inside Roche‹ veröffentlicht wurden:

Ein Direktor für Verkaufsförderung: »Ich wurde meiner selbst wieder neu bewußt und erkannte die Bedeutung eines Meinungsaustausches und der Zusammenarbeit mit meinen Kollegen. Ich wende das Gelernte an, indem ich versuche, eine Fähigkeit zu entwickeln, um meine Interessen und meine Leistungen so zu lenken, daß weniger Zeit und Energie verschwendet wird.«

Ein Biochemiker: »Meine ganze Geisteshaltung hat sich gewandelt; ich bin deshalb jetzt überzeugt, daß Gutes wirklich geschieht, wenn man sich positiv auf das Leben einstellt. Es ist erstaunlich, wieviel Wärme zwei Menschen austauschen, wenn sie sich wohl fühlen und gegenseitig Toleranz üben.«

Ein Mitarbeiter der Personalabteilung: »Es ist etwas vom Besten, was je mit mir geschehen ist, und ich erachte es als Ehre, die Gelegenheit gehabt zu haben, daran teilzunehmen. Der Kurs, der das positive Denken in den Vordergrund stellt, erlaubte es mir, einen inneren Frieden zu entwickeln und mein Selbstvertrauen zu stärken.«

Ein Leiter des technischen Werkdienstes: »Ich fühle mich geistig besser. Ich mache mir nicht mehr solche Sorgen und betrachte nicht mehr alles als Notfall. Ich habe gelernt, mich zu entspannen und meine Kopfschmerzen einzudämmen. Der Glaube ist der Schlüssel zum Erfolg.«

Ein Systemanalytiker: »Ein gesteigertes Selbstvertrauen und ein allgemeines Gefühl des Wohlergehens sind Ergebnisse des Kurses, der uns lehrt, Teile unseres Selbst zu erkennen, die normalerweise ignoriert werden. Zum Beispiel erhöht der Kurs unser Feingefühl gegenüber anderen Menschen und steigert unsere Wahrnehmung intuitiver Einflüsse, die das rationale Denken abzuwehren pflegt.«

Die Idea Banque AG, eine Genossenschaft für Mind-Control-Absolventen mit marktfähigen Erfindungen, ist eine vollständig auf Mind-Control-Methoden aufgebaute Gesellschaft. Die Idee eines solchen Unternehmens entstand, als Richard Herro, zuständig für Mind Control in der Region Chicago, anhand eines komplexen Marketingproblems herausfinden wollte, ob die von der Alpha- oder der Theta-Zone ausgehende Intuition zu praktischen Lösungen führen könnte. Richard Herro, ein Mann mit zehnjähriger Erfahrung als Marketingberater, hatte selbst eine gute Lösung gefunden – er hatte zehn Jahre an ihr gearbeitet. Mind-Control-Absolventen fanden ebenfalls sehr gute Lösungen – in zehn Minuten.

»Ich hatte stark mit so etwas gerechnet, aber worauf ich nicht vorbereitet war, war die Tatsache, daß die Laien mit den technischen Problemen viel besser zu Rande kamen als die Experten. Laien sind nicht im Netz der Logik gefangen und können mehr Möglichkeiten erforschen.«

»Ich mußte den Schluß ziehen«, sagte er, »daß die vereinte Intelligenz von zwanzig Menschen, die auf ihrer Grundstufe ihre kreative Vorstellungskraft anzapfen, ungefähr eintausendmal so leistungsfähig ist wie die Intelligenz von zwanzig Menschen, die versuchen, durch logisches Denken zu einer Lösung zu kommen.«

Unter Anwendung derselben Methode erfand er selbst eine neue Technik der Herstellung von Spannbeton und ließ sie patentieren. Dann traten Mind-Control-Absolventen mit ihren Ideen an ihn heran, weil sie sein Marketing-Knowhow benötigten. »So entstand die Idea Banque«, erklärt er.

Alles in allem verfügt die Idea Banque im zweiten Jahr ihres Bestehens über achtzehn Erfindungen, die bereits auf dem Markt sind oder kurz davor, vermarktet zu werden, und über ungefähr zwanzig, die noch in der Entwicklung stecken. Bei einer Erfindung handelt es sich um einen ›Blattfresser‹, ein Zusatzgerät zu einem Rasenmäher, das aus den Blättern eine Laubdecke macht. Eine Firma, die Fernsehwerbung für ihre Produkte betreibt, kaufte zweieinhalb Millionen solcher Geräte.

Eine weitere Erfindung ist ein Pflaster für beschädigte Wandschirme. Es ist nicht unsichtbar, sondern farbig und hat die Form einer Wanze – im englischen Sprachgebrauch ein Symbol für einen Defekt. Deshalb heißt die Erfindung auch ›Wanzenstopfer‹.

Die Gesellschaft tritt einmal im Monat zusammen, um Probleme mittels Meditation zu lösen. Mitglieder sind jene

Leute, die gewinnträchtige Ideen haben. Sie bezahlen eine Eintrittsgebühr und einen geringen monatlichen Beitrag und haben Anteil am Gewinn.

Eine weitere Geschäftsgruppe, die von Mind-Control-Absolventen gegründet wurde, ist — oder war — ein Investment-Club. Ein Börsenmakler dachte, seine neue Fähigkeit, sich in der Zeit vorwärts- und rückwärts zu bewegen, könnte ihm bei der Wahl von Aktien behilflich sein. Wenn man beim Meditieren eine Aktie der Zukunft sieht, kauft man sie jetzt und verkauft sie in der Zukunft.

Der Plan fand Herros Gefallen, und es wurde ein Club gegründet. Herro, der Makler und andere Mitglieder waren zwar begeistert, hatten aber ihre Vorbehalte. Mit Mind Control war zwar schon eine überwältigende Vielfalt von Problemen gelöst worden, aber soviel man wußte, war es noch nie gelungen, damit das Auf und Ab an der Börse präzise vorauszusagen.

Aufgrund dieser gesunden Skepsis gaben die Mitglieder für die wöchentlichen Probedurchgänge in den ersten sechs Monaten noch kein Geld aus.

Jede Woche stellte der Makler eine Liste von zehn Aktien auf. In Alpha vergegenwärtigten die Mitglieder sich selbst, wie sie dreißig Tage später in ein Maklerbüro gingen oder eine Zeitung lasen, um herauszufinden, wie die Aktien standen. Alle kehrten in die Beta-Zone zurück, worauf Berechnungen vorgenommen wurden. Falls die Abstimmung 1½:1 zugunsten einer Aktie ausfiel, wurde sie — auf dem Papier — gekauft.

Gleich zu Beginn tauchte ein Problem auf. Die Mitglieder mußten feststellen, daß der freudige Optimismus, eines der Markenzeichen eines Mind-Control-Absolventen, häufig ein schlechter Ratgeber in Börsenangelegenheiten ist. In ihrer Vorstellung stiegen zu Beginn gleich alle Aktien an. Sie lernten jedoch rasch und erzielten bald ›Treffer‹. Das ›Portefeuille‹ der Gruppe begann, den Marktdurchschnitt zu übertreffen.

Ein weiteres Problem trat auf. Mit zunehmender Begeisterung begannen die Anleger, über die gewählten Aktien Berichte zu lesen und wurden immer besser informiert. Sie bezogen diese objektive Information in die Meditation mit ein, und die imaginären Gewinne sanken.

Deshalb wurde jede Aktie mit einer Kodenummer versehen, damit keiner wußte, welche Aktie er psychisch beobachtete. Die Ergebnisse steigen wieder über den Marktdurchschnitt. Nach einer sechsmonatigen Versuchsperiode, die bewies, daß ein geschulter Mind-Control-Praktiker dem Börsenmarkt zuvorkommen kann, war es an der Zeit, mit barer Münze einzusteigen.

Der Übergang von den Probedurchgängen auf echte Investitionen verlief reibungslos. Die Mitglieder erzielten echte Gewinne. Wenn die Marktentwicklung negativ war, sanken auch ihre Aktien, aber nie so stark wie der Markt als Ganzes. Wenn die Marktentwicklung positiv war, stiegen ihre Aktien, sogar stärker als der Markt.

Nach ungefähr einem Jahr entwickelte sich jedoch ein Haken an der ganzen Sache. Der Markt sank stärker, als er stieg. Die Finanzen der Gruppe sanken ebenfalls, wenn auch nicht gleich so stark. Und doch wurde der Stolz der Gruppe auf ihre Fähigkeit, dem Markt ein Schnippchen zu schlagen, durch die Verluste gedämpft.

Jeder erfahrene Anleger wird Ihnen sagen, daß man Geld verdienen statt verlieren kann, wenn die Marktentwicklung negativ ist. Man braucht nur Deckungsgeschäfte zu machen, also Aktien zu einem Zeitpunkt zu verkaufen, zu dem man sie noch nicht hat, und sie später zu kaufen und zu liefern, nachdem der Preis gesunken ist. Diese Methode ist durchaus legal, aber mit ihr schlägt man aus den Verlusten anderer seinen Gewinn oder hat mit anderen Worten ein rechtmäßiges Interesse an schlechten Markt-Neuigkeiten –

was nichts für Mind-Control-Absolventen ist. Der Club wurde vorläufig aufgelöst...

Sein Interesse an der Nützlichkeit von Mind Control für die Geschäftswelt dehnt sich auch auf den Sport aus, der seiner Meinung nach ebenso ein Geschäft ist wie das Vermarkten neuer Produkte und das Investieren an der Börse. Einige Baseballspieler von den Chicago White Sox haben den Mind-Control-Kurs absolviert, was 1975 in zwei Fernsehsendungen der beiden amerikanischen Gesellschaften CBS und NBC dokumentiert wurde; das war weitgehend Herro zu verdanken.

Als die Baseballsaison beendet war, verglich er die Leistungen der einzelnen Spieler vor dem Mind-Control-Kurs (1974) mit jenen nach dem Kurs (1975). Alle Spieler steigerten sich, die meisten in außerordentlichem Maße.

Handelsreisende gehören zu den begeistertsten Mind-Control-Absolventen. »Ich gehe auf meine Grundstufe und vergegenwärtige mir einen erfolgreichen Anruf. Die bisherigen Ergebnisse waren bemerkenswert. Jeden Monat sage ich mir, daß ich eine gewisse Summe verdienen werde, und stecke das Ziel immer höher, und immer erreiche ich es.« Dies sagte ein Reisender einer der angesehensten Firmen der Wall Street.

Der Vizedirektor eines kleinen Stahlunternehmens meinte: »Ich sage zu mir: ›Ich werde dieses Seil verkaufen‹, und es klappt. Heute empfehle ich meinen Reisenden die Teilnahme an einem Mind-Control-Kursus, meinen Partnern und selbst meinen Kindern. Ich glaube, jedermann kann davon profitieren, und nicht nur bei der Arbeit, sondern auch im Privatleben.«

Nach der Häufigkeit der Berichte von Mind-Control-Absolventen zu schließen, werden die eindrucksvollsten Ergebnisse beim Suchen einer neuen Arbeit erzielt. Wahrscheinlich ist dafür das ruhige Selbstvertrauen, das der Mind-Control-Kurs den Teilnehmern verleiht, ebenso verantwortlich wie jeder andere Faktor: die nötige Selbstsicherheit, um eine bessere Stelle zu bekommen, und die größere Gelassenheit, mit der sich ein Absolvent vorstellt. Diese Faktoren können alleine einen Umschwung in der Karriere eines Menschen herbeiführen.

Ein Fotograf mit Frau und zwei Kindern verlor plötzlich seine Stelle und schrieb seinem Mind-Control-Lehrer:

»Wäre mir das vor fünf Jahren passiert, so wäre ich, ohne im geringsten ein schlechtes Gewissen zu haben, in die nächste Kneipe gegangen und hätte mich total vollaufen lassen... und ins Bier des arbeitslosen Kumpels neben mir geweint.

Heute mit Mind Control..., nachdem ich Dutzende von Schnitten und Quetschungen unverzüglich geheilt und unzählige verlorengeglaubte Artikel wiedergefunden habe, indem ich einfach auf meinen Bildschirm schaute, machte ich mir nicht mehr die geringsten Sorgen darüber, eine neue Arbeit zu finden.

Ich ging nur auf meine Grundstufe, und da sah ich, wie ich ins College ging. Ich glaubte, auf der falschen Fährte zu sein, da ich doch schon ein College-Diplom hatte... Ich fand jedoch bei näherem Hinsehen heraus, daß ich als Kriegsteilnehmer ein Anrecht darauf hatte, ins College zu gehen und dafür 400 $ zu bekommen. Zusammen mit den 300 $ Arbeitslosenunterstützung machte das netto 700 $, was 200 $ mehr war, als ich noch an meiner alten Stelle verdient hatte. Dazu kommt, daß ich nun noch bei AP, UPI und den Zeitschriften hausieren gehen konnte.«

Jemand anders, der nach dem plötzlichen Verlust seiner Arbeitsstelle wieder zu sich kam, war ein frischgebackener Absolvent aus New York. Er brachte seinen Ärger per Telefon bei José persönlich an und sagte: »Nun erzählen Sie mir mal was über Mind Control!« José antwortete ihm ruhig, er solle mit seinem geistigen Bildschirm und anderen Methoden weiterarbeiten. Drei Tage später rief er José mit einer völlig anderen Einstellung an. Er hatte eben einen guten Job an Land gezogen, der ihm dreimal so viel Geld einbrachte wie die verlorene Stelle.

Vielleicht das farbigste Erlebnis mit Mind Control in der Geschäftswelt schildert ein Ehepaar, das im Auftrag anderer Leute deren Tresore öffnet. Sie gehen wie folgt vor: einer der beiden geht in Alpha in sein Laboratorium, ruft eine intensive geistige Vorstellung des Tresors und dessen Eigentümer hervor, dreht dann das Rad der Zeit zurück und beobachtet den Mann beim Öffnen des Tresors. Der andere übernimmt die Funktion des Orientierenden und schreibt die aufgerufenen Zahlen zum Öffnen des Schlosses sorgfältig auf. Später, in Beta, besucht der ›psychische Detektiv‹ den Eigentümer zu Hause und öffnet, ebenfalls in Beta, den Tresor für den erstaunten und dankbaren Besitzer. Der auf diese Weise ›Hellsehende‹, ein diplomierter Schlosser aus dem Mittleren Westen der USA, wird häufig gebeten, Tresore für andere Leute zu öffnen, die sich nicht mehr an die Zahlenkombination erinnern können.

19

Wie geht es weiter?

Sobald Sie mit Mind Control zum ersten Mal etwas erreicht haben, beginnt Ihre Odyssee der Selbstentdeckung. Alle Neuigkeiten, die Sie über sich erfahren, werden gute Neuigkeiten sein. Und wenn Sie schließlich alles so für sich wirksam werden lassen, wie es José in seinen Kapiteln beschrieben hat, werden Ihnen mehrere Wege für eine künftige Entwicklung offenstehen.

Durch Bücher, Freunde oder andere Kurse können Sie weitere Methoden ausprobieren und das Ihnen zur Verfügung stehende geistige Rüstzeug ergänzen. Andererseits werden Sie vielleicht spüren, daß selbst ein Wunder bei ständiger Wiederholung zur Alltäglichkeit wird und aufgrund Ihrer schwindenden Begeisterung auch die Zahl Ihrer neuen Entdeckungen geringer werden muß. Vielleicht entwickeln Sie eine Vorliebe für eine bestimmte Mind-Control-Methode, spezialisieren sich auf diese und machen aus ihr einen zuverlässigen Bestandteil Ihres Lebens.

Nicht ein einzelner dieser Wege ist für Sie der beste.
 Wenn Sie andere Methoden zu suchen beginnen, werden Sie viele finden, die funktionieren. Die Möglichkeit, daß diese Methoden schon von José erforscht und zugunsten der jetzt im Kurs benutzten beiseite gelegt wurden, ist groß. Jene, die zu Methodensammlern werden, wenden dafür Zeit

auf, in der sie besser ein paar nützliche Methoden bis zu deren völliger Beherrschung studieren könnten. Darüber gibt es später noch etwas zu sagen.

Wenn Sie spüren, daß Ihre Begeisterung nachläßt und Sie die Mind-Control-Übungen nicht mehr konsequent ausführen, sind Sie nicht der einzige. Viel wichtiger ist, daß Ihre Erfahrung nicht vollständig verlorengeht. José hat bemerkt, daß die Mind-Control-Ausbildung nie völlig verlorengeht und im Notfall wieder in Erinnerung gerufen und angewandt werden kann.

Viele Mind-Control-Absolventen beschränken sich auf eine bestimmte Technik, die ihnen die besten Dienste erweist. Je häufiger sie diese anwenden, um so besser die Resultate. Es gibt jedoch einen vierten Weg, der besser als die drei anderen ist.

Mind Control ist eine sehr sorgfältig getroffene Auswahl von geistigen Übungen und Methoden, die einander verstärken. Eine dieser Übungen und Methoden außer acht zu lassen, weil sie Ihnen nicht so gute Dienste wie eine andere erweist, bedeutet, die Möglichkeit einer wahrhaft vollständigen Entwicklung zu verschenken. Die ›Traumkontrolle‹ verstärkt Ihre Fähigkeit im Umgang mit dem Geistigen; letzteres wiederum macht die ›Traumkontrolle‹ zuverlässiger und intensiver. Der Kurs und Josés Kapitel in diesem Buch bilden eine Einheit; das Ganze ist viel größer als die Einzelteile.

Trotzdem fragen Sie sich vielleicht, was Sie tun sollen, wenn Sie alles geübt und zum Funktionieren gebracht haben.

Es genügt nicht, Mind Control nur zum Funktionieren zu bringen. Es gibt immer Grade der Beherrschung und Feinheiten der Erfahrung, die noch vor Ihnen liegen.

Ein Teilnehmer fragte José einmal: »Wann weiß man, daß man alles aus Mind Control herausgeholt hat, was es zu holen gibt?«

»Wenn Sie alle Ihre Probleme in Pläne und Vorhaben umwandeln und diese Vorhaben dann auch ausführen können, so wie sie geplant waren«, antwortete er. Dann hielt er kurz inne und fügte hinzu: »Nein... es geht noch tiefer. Wenn Sie gewahr werden, mit welch ungeheuer großen Fähigkeiten wir alle geboren werden und wenn Sie dann durch eigene Erfahrung feststellen, daß diese Fähigkeiten nur für Positives eingesetzt werden können, dann werden Sie erkennen, daß hinter unserer Anwesenheit auf diesem Planeten Erhabenheit und Absicht stecken. Meiner Auffassung nach liegt der Zweck, dem wir dienen, in der Entwicklung, und für diese Entwicklung sind wir heute alle verantwortlich. Ich glaube, die meisten Menschen haben eine leise Ahnung davon. Je länger sie Mind Control üben, desto stärker wird diese Vorahnung, bis sie schließlich zur festen Überzeugung wird.«

Diese Tiefe des Erlebens wartet auf Sie; die ›feste Überzeugung‹, daß hinter allem segensreiche Absicht steckt. Durch Mind Control wird dies nicht erst nach jahrelanger Meditation unter Verzicht auf die schönen Seiten des Lebens in einem mystischen Aufflammen herbeigeführt, sondern ziemlich rasch aus der täglichen Beschäftigung, das Leben wirksamer zu nutzen, aus den alltäglichen Einzelheiten des Lebens wie auch aus den Geschehnissen, die das Schicksal bestimmen, entwickelt.

Betrachten wir einen sehr nebensächlichen Fall, wie ihn ein frischgebackener Mind-Control-Absolvent erleben könnte, und wir werden sehen, wie dieser zum ersten Schritt im Aufbau der ›festen Überzeugung‹ wird. Das erste, was ein solcher Neuling nach der Rückkehr aus dem Urlaub tat, war, den Film aus seiner Kamera zu nehmen und das Gepäck nach einer zweiten belichteten Filmrolle zu durchsuchen. Er konnte sie nicht finden. Der Film war für ihn kein großer, aber ein ärgerlicher Verlust; er enthielt Erinnerungen an die erste Urlaubswoche.

Er ging auf die Grundstufe Alpha und erlebte den Moment, in dem er zum letzten Mal einen Film eingelegt hatte, noch einmal mit, aber alles, was er auf dem geistigen Bildschirm sah, war die Kamera auf dem Kaffeetisch, wo er den ersten, nicht aber den zweiten Film eingelegt hatte. Er blieb auf der Grundstufe und ging von einem Ort zum andern, wo er überall Fotos gemacht hatte, stieß aber weiterhin nicht auf eine Szene, in der er einen neuen Film einlegte. Hartnäkkig kehrte immer wieder das Bild des Kaffeetisches zurück.

In der Überzeugung, daß sein geistiger Bildschirm versagt hatte, ließ er den einen Film entwickeln. Als er ihn zurückbekam, waren alle Fotos, die er im Urlaub gemacht hatte, da. Es hatte nie einen zweiten Film gegeben!

So geringfügig der Zwischenfall auch war, lieferte er dem Absolventen doch erstmals außerhalb des Kurses einen konkreten Grund dafür, mehr Vertrauen zu seinem eigenen Bewußtsein zu haben. Mit ein paar weiteren kleinen Begebenheiten wie diesem und anschließend einigen größeren, bei denen er nicht nur sich, sondern auch anderen helfen kann, werden seine Ansichten über sich selbst und seine Umwelt ein neues Gesicht annehmen. Sein Leben wird sich ändern, weil er an der Schwelle zu der erwähnten festen Überzeugung steht.

Auf diesem Wege kann er so etwas wie das folgende erreichen: Ein Absolvent, der Mind Control seit mehreren Monaten praktizierte, hatte eine Tochter, die allergisch auf die zwei Katzen der Familie reagierte. Jedesmal, wenn sie mit ihnen spielte, keuchte sie unnatürlich und bekam einen Ausschlag. Etwa eine Woche lang brachte er das Problem beim Meditieren auf seinen geistigen Bildschirm und stellte sich die Lösung vor, die darin bestand, daß seine Tochter mit den Katzen spielte und dabei regelmäßig atmete und keinen Ausschlag bekam. Eines Tages erlebte er die Szene in Wirklichkeit so, wie er sie sich vorgestellt hatte. Seine Tochter war nicht mehr allergisch gegenüber Katzen.

In diesen beiden Fällen beschränkten sich die Absolventen jeweils auf die Anwendung des geistigen Bildschirms. Beide Fälle führten zum Erfolg; deshalb mögen Sie mit Recht die Frage stellen, weshalb man sich noch mit anderen Methoden herumschlagen soll.

Im ersten Fall ist es gerade noch möglich, daß der Absolvent dasselbe Ergebnis erzielt hätte, wenn er ausschließlich die Anwendung des geistigen Bildschirms gelernt hätte — vorausgesetzt, daß er nur die Erinnerung an eine ›vergessene‹ Tatsache auslöste und die Höhere Intelligenz nicht hereinspielte, was keineswegs sicher ist.

Im zweiten Fall spielte jedoch ein großer Teil der ganzen Mind-Control-Ausbildung eine Rolle, nämlich das Erreichen einer tieferen Bewußtseinsstufe, Übungen zur bildhaften Vorstellung, wirksame Sinnesprojektion zur telepathischen Übertragung der Heilung, ›Traumkontrolle‹ und Bearbeitung von Krankheitsfällen, damit er seinem Wollen und Glauben ein volles Maß an Erwartung hinzufügen konnte.

Bei ausgiebiger Übung wird Ihr Bewußtsein auch Abkürzungen wählen. Es wird für schwache Signale im Zusammenhang mit wichtigen Angelegenheiten aufnahmefähig und leitet diese an Sie weiter, ohne daß Sie danach zu suchen haben.

Einer Mind-Control-Absolventin konnte so das Leben gerettet worden sein. Eines Morgens meditierte sie, kurz bevor sie zur Arbeit ging, und benutzte ihren geistigen Bildschirm, um ein kleines Büroproblem zu beseitigen, als die Szene, die sie zu schaffen versuchte, von einem großen, schwarzen X durchkreuzt wurde. Das X durchkreuzte auch alle anderen Bilder, die etwas mit dem Büro zu tun hatten. Eine ›Vorahnung‹, die zu stark war, als daß sie hätte ignoriert werden können, riet ihr, das Büro an jenem Tag zu meiden, und so blieb sie frohgemut zu Hause. Später erfuhr sie, daß sie in einen bewaffneten Raubüberfall hineingeraten wäre, in dem mehrere Leute schwer verletzt wurden. Normalerweise wird uns eine solche Information durch die ›Traumkontrolle‹ vermittelt, aber die Absolventin arbeitete gerade mit dem geistigen Bildschirm, so daß die Information eben dort durchdrang.

Betrachten wir noch ein zweites Beispiel, in dem das Bewußtsein einer Absolventin so geschult war, daß es in einem ernsten Notfall auch zur Wirksamkeit kam, ohne daß sie in die Alpha-Grundstufe zu gehen brauchte. Zahlreiche der im folgenden Brief beschriebenen Geschehnisse wurden von neun Augenzeugen bestätigt.

»Am Mittwoch kehrte ich vom Einkaufen nach Hause zurück, und meine Arme waren mit Taschen beladen. Ich öffnete die Windfangtür, die auf mich zurückpendelte, bevor ich die innere Tür öffnen konnte. Ungeduldig knallte ich die Tür wieder auf. Zu meinem Schrecken schwang sie schnell wieder zurück, und der spitze Türgriff bohrte sich unterhalb meines Ellbogens in meinen Arm. Ich ließ die Taschen fallen und zog den Griff langsam aus dem Arm. Ich konnte durch unzählige Schichten von Gewebe in ein tiefes Loch im Fleisch sehen.

Dann quoll plötzlich Blut hervor, füllte das Loch und floß über. Ich hatte keine Zeit, mich ohnmächtig zu fühlen. Statt dessen konzentrierte ich mich eingehend darauf, das Blut zu stoppen. Große Freude wogte durch mich hindurch, als es zu bluten aufhörte – ich konnte meinen Augen kaum trauen!

Während ich die Wunde wusch und reinigte, setzten die ersten Schmerzen ein. Ich setzte mich, ging in Alpha und versuchte herauszufinden, ob ich eine Fahrt nach Boston, wo ich Major Thompson auf einem Mind-Control-Treffen hören wollte, absagen und statt dessen einen Arzt aufsuchen sollte. Aber ich empfand einen starken Drang, nach Boston zu fahren, und auch einen starken Drang, meinen Glauben daran, daß ich gelernt hätte, Schmerzen unter Kontrolle zu halten, auf die Probe zu stellen.

Auf dem Weg nach Boston arbeitete ich unaufhörlich an der Schmerzensausschaltung. Während des Vortrags wurden die Schmerzen jedoch so stark und meine Finger so gefühllos, daß ich es selbst auf meiner Grundstufe nicht mehr aushielt.

Ich machte mir Vorwürfe, weil ich dem Vortrag nicht folgen konnte — und doch vermochte ich am folgenden Tag, fast jedes Wort zu wiederholen.

Während ich sehr starke Schmerzen hatte, rief ich innerlich immer wieder um Hilfe. Martha muß meinen Hilferuf gehört haben, denn nach dem Vortrag, als alle zum Kaffeetisch hinübergingen, wollte sie unbedingt meine ›Wunde‹ sehen. Ich entfernte den Verband, aber die Wunde war immer noch weit offen. Als ich den Türgriff aus dem Arm entfernt hatte, war ein Stück Fleisch herausgerissen worden, und die Farbe der Haut um diese Stelle herum war ein purpurrotes Schwarz. Sie wollte Hilfe holen und kam mit Dennis Storin zurück, nachdem sie festgestellt hatte, wo das nächste Krankenhaus war. Ich sagte ihr aber, ich wolle nicht ins Krankenhaus. Ich wollte, daß Dennis an der Wunde arbeitete, und deshalb zogen wir uns in eine ruhige Ecke zurück, wo Dennis auf seine Grundstufe ging.

Als er an meiner Wunde zu arbeiten begann, wurden die Schmerzen so stark, daß ich ebenfalls auf meine Grundstufe gehen mußte, um mitzuarbeiten. Als er im Geiste das zerstörte Gewebe Stück für Stück zusammenzunähen begann, war es, als ob seine Finger die Schmerzen in großen Wellen herauszögen. Die Wunde wurde derart empfindlich, daß ich am liebsten geschrien hätte! Immer und immer wieder versuchte ich, mich darauf zu konzentrieren, die Schmerzen zum Verschwinden zu bringen und Dennis und mir selbst Hilfe zu leisten, und ich kämpfte dabei erfolgreich gegen den zweifellos in Beta wahrgenommenen Drang an, Dennis am

Weitermachen zu hindern und ein Sanitätszimmer aufzusuchen. Ich wollte wirklich, daß es klappte.

Und nach Stunden — so kam es mir vor — spürte ich, wie die Schmerzen nachließen. Zuerst empfand ich etwa zehn Prozent weniger Schmerzen, dann etwa fünfzehn. Als Dennis fragte, wie es ginge, hatten die Schmerzen um etwa ein Viertel nachgelassen.

Wir setzten unsere Bemühungen fort, und der Heilungsprozeß des Gewebes kam in Gang. Als dann die äußeren Gewebeschichten zu heilen begannen, wurden die Schmerzen noch stärker. Trotz meiner Konzentration auf den Heilungsprozeß nahm ich die Leute um mich herum schwach wahr, besonders jemanden, der hinter mir stand und mir, gerade als ich es besonders nötig hatte, einen Teil meiner Schmerzen nahm. Ich war sehr dankbar! Nun setzten die nächsten Wellen ein, und ich mußte mich sehr stark konzentrieren, um sie aushalten zu können.

Dann arbeiteten wir daran, den tiefsten Teil der Wunde zu schließen. Ich spürte, wie die Leute um uns herum einen Kreis bildeten, um uns Kraft zu verleihen. Ich konnte spüren, wie ihre Energie durch mich hindurchging — sie hob mich beinahe vom Stuhl. Auch Dennis konnte sie spüren, und mit der Hilfe der anderen schritt der Heilungsprozeß viel schneller fort.

Später erzählten mir einige aus dem Kreis, sie hätten gesehen, wie sich die Wunde geschlossen, die Schwellung zurückgebildet, die Farbe der Haut von einem ungesunden in einen rötlichen Purpurton, dann in ein Rot und ein Rosa verwandelt und wie sich die zwei äußeren Hautschichten schließlich wie zwei exakt geschnittene Teile eines Zusammensetzspiels ineinandergefügt hätten.

Als wir zu meinem Wagen zurückkehrten, wollten mich meine Freunde nach Warwick fahren; sie wollten verhindern, daß sich meine Wunde beim Bedienen des Schalthebels öffnete. Aber ich lehnte ab. Ich wußte, daß ich wohlbehalten nach Hause zurückkehren würde, was ich auch tat — ohne irgendwelche Schmerzen!

Am folgenden Morgen wachte ich auf und fühlte mich hervorragend. Mein Arm fühlte sich an, als hätte ich eine Schlägerei gehabt. Ich bin zwar noch nie in eine Schlägerei geraten, doch stelle ich mir vor, daß man sich etwa so fühlt. Aber ich hatte keine Schmerzen, und mein Arm sah ausgezeichnet aus. Ich richtete mich im Bett auf und sah unsere wunderbare Welt in strahlenden Sonnenschein getaucht. Ich fühlte mich wie neugeboren!«

Wie Sie sehen, macht es sich auf unschätzbare Art und Weise bezahlt, die Möglichkeiten Ihres Bewußtseins weiter zu erforschen. In dieser Hinsicht, so sagt Dr. J. Wilfred Hahn, der Forschungsleiter von Mind Control, wird jeder Mind-Control-Absolvent zu seinem eigenen Forschungsleiter.

»Auf welchen anderen Forschungsgebieten«, fragte er, »sind teure Labors und hochentwickelte Geräte so unnötig? Das ausgeklügeltste Forschungswerkzeug, das je entwickelt worden ist — ein so bemerkenswertes, daß ich jedesmal in Ehrfurcht staune, wenn ich davon spreche —, steht Ihnen und mir vierundzwanzig Stunden pro Tag zur Verfügung: unser Bewußtsein. Deshalb sind wir alle Forschungsleiter.«

Ein bedeutender Vorteil, dessen wir uns heute erfreuen, ist die Tatsache, daß die psychische Forschung zum ersten Mal in der Geschichte der modernen Wissenschaften salonfähig wird. Die Gefahr, daß ein Forscher mit ernsten Absichten als unverantwortlicher Fanatiker abgetan wird, wie es mit José in seinen Anfängen geschah, ist heute weitgehend eingedämmt.

»Diese Gefahr liegt jedoch noch nicht völlig hinter uns. Es gibt Ärzte, die lernen, Mind Control in ihrer Praxis anzuwenden, Wissenschaftler in der Industrie, die mittels

›Traumkontrolle‹ neuen Produkten auf die Spur zu kommen versuchen, und Männer und Frauen aus allen sozialen Schichten — einige von ihnen wurden in diesem Buch anonym erwähnt —, die sagen: ›Nennen sie meinen Namen nicht. Meine Freunde glauben sonst, ich sei verrückt.‹«

So etwas wird immer seltener. *Millionen* von Mind-Control-Absolventen erzählen stolz von dem, was sie dank dieser Ausbildung erreicht haben. Geachtete medizinische Zeitschriften veröffentlichen wissenschaftliche und klinische Artikel über psychisches Heilen und Wechselwirkungen zwischen Körper und Bewußtsein. Bekannte Persönlichkeiten wie Baseballspieler von den Chicago White Sox und Schauspieler und -spielerinnen wie Carol Lawrence und Marguerite Piazza (bereits erwähnt), Larry Blyden, Celeste Holm, Loretta Swit, Alexis Smith und Vicky Carr haben sich alle öffentlich über ihre Erfahrungen mit Mind Control geäußert.

Wie geht es weiter? Ein langer Weg aufregender Selbstentdeckungen liegt vor uns. Mit jeder neuen Erkenntnis werden Sie dem Ziel des allerhöchsten Forschungsprojektes einen Schritt näher kommen. Frei nach William Blake lautete dieses Ziel:

Zu schau'n die Welt in einem Körnchen Sand,
Den Himmel in dem Blumenbund,
Halt' die Unendlichkeit in deiner Hand,
Die Ewigkeit in einer Stund'.

Anhang I

Silva Mind Control und der psychiatrische Patient

Clancy D. McKenzie, M. D.
Lance S. Wright, M. D. *

I

Im November 1970 nahmen wir an einem Mind-Control-Kurs in Philadelphia teil, weil wir wissen wollten, wie es um den Wahrheitsgehalt der von der Mind-Control-Organisation aufgestellten Behauptungen bestellt sei. Während des Kurses wurde es für uns immer deutlicher, daß unter den Teilnehmern drei Personen waren, die zweifellos unter emotionalen Störungen litten; bei einem vierten schien die psychische Stabilität fragwürdig zu sein. Was konnten die Ursachen sein? War an diesen emotionalen Anomalitäten das Kursprogramm schuld? Oder waren diese Teilnehmer schon bei Beginn des Kurses krank gewesen? Fühlten sich etwa psychisch nicht ganz Gesunde von diesen Mind-Control-Kursen besonders angezogen?

---

* *Clancy D. McKenzie, M. D.,* Direktor des Philadelphia Psychiatric Consultation Service; Praktizierender Psychiater am Philadelphia Psychiatric Center. – *Lance S. Wright, M. D.,* Senior Attending Psychiatrist am Institute of Pennsylvania Hospital; Associate Professor für Kinder-Psychiatrie am Hahnemann Medical College.

Wir besprachen diese Möglichkeiten mit unseren Kollegen; und viele hielten es für durchaus möglich, daß ein solcher Kurs bei labilen Personen eventuell die Auslösung einer akuten Psychose beschleunigen könnte. Das leuchtete uns ein. Es wird allgemein angenommen, daß alles, was einen Rückfall fördern könnte, auch den Eintritt akuter Psychosen bei dazu veranlagten Personen begünstigt. Eine Beeinträchtigung der Sinnesempfindungen sowie die Anwendung halluzinogener Drogen können psychoseähnliche Verhaltensweisen hervorrufen; sogar die Biofeedback-Techniken wie auch die Hypnose können Veränderungen der Psyche bewirken. Die meisten Psychoanalytiker empfehlen, bei psychotischen Patienten von einer formalen psychoanalytischen Behandlung auf der Couch abzusehen, weil dadurch weitere Regressionen hervorgerufen werden können. Es ist ungewiß, wie groß dieser Risikofaktor ist; es wird aber behauptet, daß alle diese Prozeduren zu Psychosen führen können.

Im Jahr 1972 haben zweitausend Schüler einer höheren Schule in Philadelphia an Mind-Control-Kursen teilgenommen, und zwar alle — laut den verläßlichen Angaben eines zuständigen Schulbeamten — ohne irgendwelche unangenehmen psychiatrischen Zwischenfälle. Das veranlaßte unsere Neugier, uns in unseren Überlegungen in eine andere Richtung zu wenden. Da Jugendliche sich ja an sich in einem Zustand der Ich-Labilität befinden, mußten wir das hier und da auftauchende Gerücht, daß Mind-Control-Kurse für Individuen mit instabilem Ich-Bewußtsein gefährlich werden könnten, in Zweifel ziehen.

Unser Dilemma war also vielschichtiger Art. Wir hatten drei emotional Gestörte inmitten der dreißig Kursteilnehmer vor uns, wußten aber nicht, ob sich durch die Übungen ihr Zustand gebessert oder verschlechtert hatte. Es gab Behauptungen, die von einigen Mitgliedern wissenschaftlicher Vereinigungen stammten, nach denen die Zahl der psychotisch gewordenen Mind-Control-Absolventen beträchtlich sei. Die erwähnte Schulstudie zeigte jedoch, daß dies nicht der Fall war. Ja, einige unserer eigenen Patienten mit ziemlich ernsthaften psychischen Störungen haben an dem Kurs teilgenommen und ihn mit sehr befriedigenden Ergebnissen beendet. Tatsache ist, daß, wie ein Überblick zeigt, die vorhandene einschlägige Literatur hauptsächlich nur aus Meinungen und Ansichten besteht, nicht aber aus den Ergebnissen sachkundiger Studien.

Es lag auf der Hand, daß der einzige Weg, wirkliche Klarheit über das Problem zu gewinnen, der war, die in Frage kommenden Personen vor und nach dem Kursus zu testen und dann die Ergebnisse statistisch auszuwerten. Während der folgenden vier Jahre haben 189 unserer Psychiatriepatienten freiwillig während ihrer Therapie am Silva-Mind-Control-Training teilgenommen. Unsere besondere Aufmerksamkeit richteten wir auf eine Gruppe von 75 Patienten, deren Diagnosen vor Kursbeginn ›psychotischer Grenzfall‹ und ›Psychosen im Zustand der Besserung‹ lauteten. Diese nannten wir ›die ernsthaft gestörte Gruppe‹. Zu irgendeiner Zeit in ihrem Leben hatten 60 von ihnen unter direkten Psychosen gelitten oder waren in Anstalten eingewiesen worden.

Von diesen 75 ernsthaft psychisch Gestörten kamen 66 aus der Praxis von Dr. McKenzie und 9 aus der Praxis von Dr. Wright. Es waren alles Fälle aus den letzten vier Jahren. Es gab außerdem sieben ernsthaft erkrankte Patienten, die sich weigerten, einen der Silva-Mind-Control-Kurse zu besuchen, selbst wenn ihnen die kostenlose Teilnahme angeboten wurde. Der Grad ihrer psychischen Störungen war nicht höher als derjenige der an dem Kurs Teilnehmenden. Unter den sich zur Teilnahme Meldenden waren die schlimmsten Fälle, während die sich Weigernden lediglich eine sture, unnachgiebige Haltung erkennen ließen. Augenscheinlich gehörten sie nicht zu denen, die während des Kurses Schaden erleiden würden, denn es war unwahrscheinlich, daß sie überhaupt teilnehmen würden.

Anfänglich wurden die Patienten der stärker gestörten Gruppe einzeln und unter Beachtung aller angebrachten Vorsichtsmaßnahmen in den Kursus geschickt. Man ließ sie zuerst nur in Perioden der Remission teilnehmen. Im Verlauf der Beobachtungen ging man aber dazu über, Patienten auch während ihrer instabileren Phasen zu den Silva-Mind-Control-Kursen zu schicken. Gegen Ende der vierjährigen Untersuchung waren 17 Kranke im Zustand akuter Psychosen und Wahnvorstellungen in die Kurse geschickt worden; einige Male zehn oder mehr zur gleichen Zeit.

In Ergänzung zu ihrer psychiatrischen Behandlung mit Auswertung wurden 58 der 75 psychisch Gestörten vor und nach dem Kursus aufgefordert, den *Experiential World Inventory*-Fragebogen auszufüllen. Dieser weltweit verbreitete EWI-Fragebogen enthält 400 zu beantwortende Punkte und ist dazu bestimmt, den Grad der Realitätswahrnehmung und -auffassung eines Menschen zu messen. Die beiden Verfasser, Dr. El-Meligi und Dr. Humphry Osmond, hatten beabsichtigt, den Rorschach-Test in Frage- und Antwortform umzuwandeln, und schufen schließlich einen sehr adäquaten Test für psychiatrische Grenzfälle.

Der ursprüngliche Zweck der Studie war es, herauszufinden, welche Patienten durch Teilnahme an den Silva-Mind-Control-Übungen eine Verschlechterung ihres psychischen Zustandes erfuhren. Im Hinblick darauf waren die erzielten Resultate insofern höchst erstaunlich, als nur bei einem einzigen Patienten nach dem Kurs eine Verschlimmerung seines psychischen Zustands feststellbar war. Es handelte sich da um einen katatonisch-schizophrenen Patienten, der zwei Wochen nach dem Kursus einen Rückfall bekam, als er keine Medikamente mehr genommen hatte und sich zum ersten Mal in seinem Leben mit einem Mädchen traf. Er war auch der einzige, der auf dem EWI-Fragebogen nach dem

Kursus ein schlechteres Testergebnis zu verzeichnen hatte. Er brauchte aber nicht ins Krankenhaus.

Bei zwei anderen Patienten — einem mit psychotischer, einem anderen mit Involutions-Depression — zeigte sich in der Zeit nach Beendigung des Kurses eine Zunahme der Depressionen, was im Gegensatz stand zu den Empfindungen, die sie während der Übungen gehabt hatten. Dieses Hochgefühl während des Kurses stand in einem deutlichen Kontrast zu dem darauf folgenden Depressionszustand. Für die Erkrankten war das in etwa vergleichbar mit dem Verschwinden eines das ganze Leben hindurch ertragenen Kopfschmerzes und dessen plötzlicher Wiederkehr, was den Wandel besonders fühlbar machte. Nichtsdestoweniger schnitten diese Patienten später bei der Auswertung des EWI-Fragebogens recht gut ab und waren fähig, von dem in den Trainingsstunden Gelernten Gebrauch zu machen. Der involutiv-depressive Patient war in der Lage, noch in der gleichen Woche nach dem Kursus das Gelernte ohne Ängste praktisch anzuwenden, und der Patient mit der psychotisch-depressiven Vergangenheit war imstande, bei therapeutischen Maßnahmen mitzuarbeiten, wozu er vorher unfähig gewesen war.

26 andere depressive Patienten (einschließlich psychotische, involutive, schizo-affektive und manisch-depressive) fühlten sich nach dem Kurs weniger depressiv und ließen keinerlei schädigende Auswirkungen erkennen.

Eine Frau berichtete während einer Entspannungsübung von einem sie plötzlich überkommenden Traurigkeitsgefühl. Ein Mann, der nicht zu den erwähnten 75 Patienten gehörte, stieg am zweiten Tag des Kurses aus, weil in ihm Rückerinnerungen an unangenehme Erlebnisse im Vietnam-Krieg aufflammten. Sein Zustand war nicht schlechter als zu Beginn des Kurses, nur wollte er eben wegen der eventuell zu erwartenden weiteren Rückblenden die Übungen nicht fortsetzen. (Jede Entspannungsübung bringt die betreffende Person in Berührung mit dem Gefühlsbereich. In der Regel, weil die Stimmung der Gruppe gut und die gemeinsamen Absichten und Ziele positiv sind, entstehen Gefühle der Wärme und Liebe. Es kommt aber bei seltenen Gelegenheiten vor, daß bei einzelnen Traurigkeit oder Niedergeschlagenheit in Verbindung mit unangenehmen Erinnerungen auftauchen.)

Ein weiterer Patient (der nicht zu der ernsthaft psychisch gestörten Gruppe gehörte) fürchtete sich vor den Übungen, die für den letzten Tag des Kurses vorgesehen waren, und nach einem seiner Meinung nach Unheil verkündenden Traum blieb er am letzten Tag dem Kursus fern.

Ein 30jähriger paranoid-schizophrener Patient geriet nach dem Kursus in große Überschwenglichkeit von beinahe zyklothymen Proportionen. Er probierte verschiedene Mind-Control-Techniken aus, um herauszufinden, was er mit seinem Leben anfangen sollte, und verbrachte Stunden mit der Beurteilung seiner programmierten Träume. Dies wurde als Steigerung einer zwanghaften Defensiv-Haltung angesehen. Jedoch konnte er infolge seiner erhöhten Aktivität sein Studium wieder aufnehmen und seinen Doktor der Philologie machen. Er war außerdem auch imstande, eine Wahnvorstellung zu besprechen, die er vor mehreren Jahren gehabt hatte, als er glaubte, er hätte auf telepathischem Wege den Auftrag erhalten, jemanden zu töten. Wenn er nicht an dem Kursus teilgenommen hätte, wäre das vielleicht nie zur Sprache gekommen und nie aufgelöst worden.

Im Vergleich zu den relativ wenigen und nur als geringfügig negativ zu bezeichnenden Auswirkungen des Kurses sind die positiven Resultate so umfangreich, daß zu ihrer Beschreibung ein ganzes Buch nötig wäre. Gerade die häufigsten Resultate hatten wir gar nicht erwartet und auch nicht für sehr wahrscheinlich gehalten. In fast allen Fällen fiel eine Steigerung des Realitätsbewußtseins auf. Von den 58 Personen, die den EWI-Fragebogen ausfüllten, verschlechterte sich der Zustand nennenswert nur bei einem einzigen, 21 waren ziemlich unverändert, und bei 36 war eine eindrucksvolle Zunahme des Realitätsbewußtseins bemerkbar. Bei 15 von den 21 Personen mit unverändertem Zustand ließen sich allerdings Merkmale erkennen, die auf eine Verbesserung der allgemeinen gesundheitlichen Verfassung schließen ließen.

Die Test-Ergebnisse von den ersten 20 Frauen, die an einem Silva-Mind-Control-Kursus teilgenommen hatten, wurden Dr. El-Meligi zugeschickt, dem Mitverfasser des EWI-Fragebogens. Er lobte die offensichtlichen Veränderungen, die nach Beendigung des Kurses eingetreten waren und sagte, daß in einigen Kategorien der Vorher- und Nacher-Zustand verglichen werden konnte mit der Verfassung einer Person während und nach einem üblen LSD-Trip (siehe Diagramme A und B, S. 214, 215). In jeder der elf Kategorien war gleichmäßig eine Verbesserung feststellbar. Individuellere Auswertungen der einzelnen Fragebogen ergaben noch eindrucksvollere Ergebnisse (siehe die Diagramme E, F und G). Die zusammengefaßten Ergebnisse bei den 50 Prozent jener Männer und Frauen, bei denen die Verbesserungen am deutlichsten in Erscheinung traten, sind in den Diagrammen C und D dargestellt.

Man kann davon ausgehen, daß keine konventionelle Psychotherapie in der Lage wäre, innerhalb einer Woche eine derartige Veränderung herbeizuführen; man müßte wohl mit einem Zeitraum von Monaten oder Jahren einer klassischen therapeutischen Behandlung rechnen.

Die Testergebnisse bei einer involutions-paranoiden Frau erfuhren im Laufe eines Ein-Wochen-Kurses die gleiche Veränderung, wie sie vorher mittels Anwendung von elf Elektroschocks und zwölf Wochen Aufenthalt in einer Anstalt erzielt worden waren. Nach Beendigung dieses Wochenkurses war sie fähig, das erste Mal nach vier Jahren wieder ohne Hilfe mit einem Bus zu fahren.

Eine paranoid-schizophrene Frau mit akuten Wahnvorstellungen behielt zwar auch nach Beendigung des Kurses noch einige dieser Wahnvorstellungen bei, war aber imstande, immer wieder auf ihre Alpha-Grundstufe zu gehen und von dort aus ihre Gedanken und Vorstellungen einer Prüfung zu unterziehen, was zur Folge hatte, daß sie jedesmal zu einer klaren und vernünftigen Einstellung gelangte.

Eine weitere Frau mit akuten, nicht genau bestimmbaren schizophrenen Reaktionen war in ihrer Verstörtheit nicht imstande, den EWI-Fragebogen auszufüllen. Sie wurde daraufhin vor die Wahl gestellt, ob sie eine Schockbehandlung haben wollte oder an einem Silva-Mind-Control-Kurs teilnehmen. Sie wählte letzteres, und nach Kursbeendigung war klinisch eine Zustandsbesserung feststellbar. Die Patientin konnte nunmehr nicht nur den Fragebogen ausfüllen, sondern sie schnitt bei dessen Auswertung nicht einmal schlecht ab.

Noch eine andere Patientin, stark hypochondrisch infolge von nicht weniger als zwanzig Operationen, sah ihrer einundzwanzigsten Operation entgegen. Während die Spezialisten für innere Medizin noch den Zustand des Herzens und der Nieren untersuchten, benutzte sie die zum Mind-Control-Programm gehörende Traum-Programmierungstechnik, wodurch sie die Diagnose ›Blockierung im Darmkanal an der Verbindungsstelle zwischen Dünn- und Dickdarm‹ erhielt. Durch das programmierte Traumgeschehen entdeckte sie auch, daß sie die Hemmung im Verdauungstrakt selbst verursacht hatte, und erkannte sogar das Wie und Warum. In Verbindung mit anderen Mind-Control-Techniken gelang es ihr, die Blockierung im Darmkanal rasch und auf unerklärliche Weise aufzulösen, und zwar eine Stunde, nachdem diese Diagnose von der chirurgischen Klinik bestätigt worden war. Die Richtigkeit der genauen Lageangabe der Darmsperrung wurde auch aufgrund von Berichten über die früheren Operationen bestätigt.

Eine weitere 21 Jahre alte Frau war in hohem Maße selbstmordgefährdet und befand sich in der Frühphase einer akuten Psychose. Die Patientin versicherte uns, daß wir gar nichts tun könnten, um ihr zu helfen, und daß sie sich wahrscheinlich umbringen würde. Wir schickten sie unter Beachtung der nötigen Vorsichtsmaßregeln in einen Silva-Mind-Control-Kursus. Zu unserer nicht geringen Überraschung trat bei ihr eine bemerkenswerte Beruhigung ein. Sie reagierte auch allgemein vernünftiger, und ihre Gedanken rasten nicht, wie bisher, gleichzeitig in allen möglichen Richtungen durcheinander. Sie war auch weniger pessimistisch als vorher. Der Aufenthalt in einer Anstalt sowie hohe Dosen von Medikamenten wären nicht imstande gewesen, sie in gleicher Weise zu beruhigen. Sie wiederholte den Kursus zwei Wochen später und erfuhr dadurch eine weitere allgemeine Verbesserung, die man durchaus als sehr bemerkenswert bezeichnen kann.

Noch eine weitere Person mit schweren Wahnvorstellungen − es war ein Mann, der glaubte, er könnte Menschen zusammenschrumpfen lassen − nahm während des Anstaltsaufenthalts an einem Kursus teil und kam jeden Tag in die Anstaltes zurück. Obwohl er immer noch an seiner Wahnvorstellung litt, war er sehr viel ruhiger geworden, sein Gemütszustand hatte sich verbessert, ein Teil seiner Wahnvorstellungen verblaßte, und er grübelte nicht mehr stundenlang über die Bedeutung einer einfachen Parabel nach. An dem Kursus nahm er in der sechsten Woche seines Anstaltsaufenthaltes teil, und sein Zustand veränderte sich so wie in den ganzen fünf Wochen zusammengenommen nicht. (Siehe Diagramm E.)

Eine an einer Involutions-Paranoia leidende Frau fand nach dem Silva-Mind-Control-Kursus wieder zu ihrem normalen Bewußtsein zurück, und verschiedene andere gelangten zu einem besseren Verständnis ihrer Krankheit als Ergebnis einzelner Teile des Kurses.

Vom klinischen Standpunkt aus konnte bei der Gruppe der ernsthaft Gestörten eine eindrucksvolle Wandlung festgestellt werden. Nur ein einziger geriet in stärkere Erregung. Für alle anderen war die Teilnahme in einem Mind-Control-Training eine recht nützliche Sache. Bemerkenswert im besonderen war eine Steigerung der emotionalen Energie und eine Verbesserung der ganzen Gemütslage nach Beendigung des Kurses. Viele Personen, die am Anfang an allgemeiner Gleichgültigkeit litten, konnten zum ersten Mal wieder Begeisterung aufbringen. Sie blickten positiver als bisher in die Zukunft, und einige hatten ein besseres Verständnis für die in ihnen vor sich gehenden psychologischen Prozesse gewonnen. Selbst diejenigen, bei denen die Wahnvorstellungen nicht ganz verschwunden waren, fühlten sich nunmehr befähigt, ihre Denk- und Gefühlsabläufe von der Mind-Control-Alpha-Grundstufe aus richtiger zu bewerten und daraufhin zu größerer Klarheit und zu besserem Verständnis ihrer Situation zu gelangen.

Die Erreichung des Entspannungszustandes ging rascher vor sich, Angstgefühle nahmen ab. Die Patienten hatten gelernt, sich auf ihre eigenen inneren Kraftquellen zu verlassen und verstanden es besser als vorher, ihre Probleme zu lösen und dadurch zu einem stärkeren Selbstvertrauen zu kommen.

Einige der psychotischen Patienten stellten fest, daß ihre Krankheit die Fähigkeit steigerte, auf anderen Bewußtseinsebenen zu agieren, und daß es ihnen leichter fiel, den Sinn und Zweck ihrer Erkrankung im Gesamtrahmen ihres Lebens zu erkennen.

114 von den Neurose-Patienten zeigten, klinisch gesehen, keine negativen Auswirkungen. Sechs von ihnen füllten den EWI-Fragebogen aus. Ihre Bewertungsnoten verbesserten sich, wenn auch nicht so stark wie die Noten der Gruppe ernsthaft gestörter Patienten. Der Grund dürfte sein, daß bereits die ersten Ergebnisse der Fragebogenauswertung bei

den Neurotikern nahe dem Gesundheitsgrad auf der Skala lagen. Jedenfalls war bei sämtlichen neurotisch Kranken gleichbleibend eine günstige Auswirkung des Mind-Control-Kurses feststellbar.

Diejenigen, die nach Beendigung des Kurses die erlernten Übungen weiterhin anwandten, waren imstande, ihr ganzes Leben grundlegend zum Besseren umzugestalten, und sogar jene, die das Gelernte und Geübte nicht regelmäßig in ihrem Alltag anwandten, waren fähig, ihre Kenntnisse in Zeiten persönlicher Krisen wieder zu reaktivieren und erfolgreich einzusetzen, zum Beispiel in besonderen Streßsituationen oder in Fällen, in denen sie schwerwiegende Entscheidungen zu treffen hatten. In jedem Falle empfanden die Patienten eine Erweiterung ihres bewußten Erfahrungsbereiches und gelangten zu der Einsicht, daß sie ihren eigenen Geist, ihr eigenes Gedanken- und Gefühlsleben, auf eine neue und erfolgreichere Art und Weise zu beherrschen vermochten. Die Begeisterung der Gruppe nahm Ende des Kurses zu, und die meisten Teilnehmer empfanden eine Erhöhung und Stärkung ihrer Gemütsverfassung.

Ganz allgemein: Sowohl die neurotischen wie die psychotischen Patientengruppen verbesserten nach Beendigung des Kurses ihren Zustand, was klar aus den psychologischen Tests wie aus den klinischen Untersuchungen hervorging. Nur bei einem einzigen der 189 Patienten war, wie schon gesagt, eine tatsächliche Zustandsverschlechterung feststellbar.

II

Die Daten jeder Untersuchung müssen im Licht aller vorliegenden Gegebenheiten, unter Berücksichtigung aller Tests und sonstigen Kriterien und unter Anwendung größter Sorgfalt zusammengestellt werden. Deshalb wollen wir versuchen, alle Faktoren zu bewerten, die wir festgestellt haben und die das Endergebnis beeinflußt haben könnten.

Vom reinen Forschungsstandpunkt aus lag uns daran, herauszufinden, welche Auswirkungen das Silva-Mind-Control-Training auf geistig-seelisch gestörte Individuen hat. Wie jedem Arzt lag uns das Wohl und die baldige Genesung unserer Patienten am Herzen. Die Tatsache, daß sie das fühlten, wird sich zweifellos auf die Resultate ausgewirkt haben. Wir glauben, daß sich unser Optimismus auf irgendeine Weise auf die in unserer Behandlung befindlichen Kranken übertrug, was ja auch ein wesentlicher Teil im Rahmen unserer alltäglichen therapeutischen Bemühungen ist.

Ursprünglich war es so, daß wir bei den psychotischen Patienten warteten, bis sie sich in einer etwas stabileren Phase befanden, ehe wir sie in einen Silva-Mind-Control-Kursus schickten. Schließlich aber entschlossen wir uns, das auch während eines akuten psychotischen Zustands zu tun.

Der EWI-Fragebogentest galt als gut geeignet, die Realitätswahrnehmung durch den Patienten zu bestimmen, und wir konnten feststellen, daß die Ergebnisse mit den klinischen Feststellungen übereinstimmten. Dr. El-Meligi bestätigte, daß unsere klinischen Beobachtungen in Einklang ständen mit den Veränderungen, die in den EWI-Fragebogen ihren Niederschlag fanden. Der einzige Patient, der sich stärker verstört als vorher fühlte, zeigte auch bei seiner EWI-Auswertung eine deutliche Verschlechterung. Alle diejenigen, deren EWI-Noten sich auffallend verbessert hatten, erfuhren auch eine gleichbleibende und bemerkenswerte klinische Verbesserung ihres Zustandes.

Die Verfasser der EWI-Befragungsmethode glauben, daß dieser Test ohne weiteres mehrfach wiederholbar ist. Bei den anfänglichen Tests ging es uns nicht um die Feststellung, ob die eine oder andere Veränderung in der Benotung mit dem Wiederholbarkeitsfaktor in Verbindung stand. Wir versuchten, den Test jeweils eine Woche vor und eine Woche nach dem Mind-Control-Kursus durchzuführen, was uns aber nicht immer gelang. Erst vor kurzem haben wir den Fragebogen in sieben Fällen zweimal in der Woche vor Kursbeginn und einmal in der darauffolgenden Woche ausfüllen lassen, um festzustellen, ob der Wiederholungsfaktor überhaupt eine Rolle spielt. Das zahlenmäßige Verhältnis der ›falschen‹ Antworten bei diesen drei Tests betrug 100:92:65. Auf diese Weise war es möglich, die Unterschiede zwischen den ersten beiden Tests nominell mit den Veränderungen nach Abschluß des Mind-Control-Kurses vergleichbar zu machen.

Als Ausgleich zu einem eventuellen Wiederholungsfaktor kann der Umstand gelten, daß bestimmte Antworten, die negativ beurteilt wurden, eher nach dem Kurs als vor ihm zu erwarten waren. Zum Beispiel lauteten zwei der Fragen: »Können Sie die Gedanken eines Menschen lesen?« und »Haben Sie kürzlich ein religiöses Erlebnis gehabt?« Eine bejahende Beantwortung jeder der beiden Fragen bringt bei der Auswertung einen Negativpunkt ein. Der Mind-Control-Kursus lehrt die Teilnehmer, ihre psychischen Kräfte anzuwenden, und die meisten gewinnen die Überzeugung, daß sie außersinnliche Wahrnehmungen (ASW) haben können. Für einige ist dies beinahe eine religiöse Erfahrung. Deshalb hatten wir eigentlich ein schlechteres Ergebnis nach dem Kurs anstatt einer Verbesserung erwartet.

Was zusammengefaßt die Zuverlässigkeit des EWI-Tests anbelangt, so war der Wiederholungsfaktor unbedeutend und wurde ausgeglichen durch einen anderen Faktor, der eine Verschlechterung der Auswertungsnoten verursachte. Der Test erwies sich als angemessener und verläßlicher Anzeiger von Tatbeständen, und die Resultate stimmten sowohl mit den klinischen Auswertungen wie auch mit den subjektiven Gefühlen der Patienten überein.

Im Hinblick auf den Zweck der Studie entschlossen wir uns, jede Person, bei der sich innerhalb von drei Wochen nach dem Mind-Control-Kursus psychische Störungen einstellten, als Fehlschlag zu betrachten, unabhängig davon, daß womöglich andere Faktoren zu der Erkrankung beigetragen hätten.

Bei einer Gruppe von 75 hochgradig gestörten Patienten, die über einen Zeitraum von drei Wochen beobachtet werden, steht zu erwarten, daß sich der Zustand von einem von ihnen oder auch von mehreren verschlechtert. Das hätte ja sogar während der regulären Behandlung geschehen können, während der sie keinem direkten rückläufigen Erlebnis ausgesetzt waren. Die Tatsache, daß sämtliche Patienten während der Laufzeit dieser Studie in Behandlung waren und ihnen von Zeit zu Zeit Anweisungen und beruhigende Zusicherungen gegeben wurden, wirkte ohne Zweifel unterstützend und trug sicher mit dazu bei, daß sich die Krankheit nicht verschlimmerte. Wir sind aber der Meinung, daß unsere Unterstützungstherapie allein nicht ausschlaggebend sein konnte für die auffallend positiven Veränderungen.

III

Wir machten die Erfahrung, daß akute Psychosen ihren Ursprung weit zurück im vergangenen Leben haben, oft im Zusammenhang stehen mit einer pathologischen Mutter-Kind-Beziehung in den ersten zwei Lebensjahren, nicht selten verstärkt durch ein nachfolgendes Trauma. Diese Prädisposition erfordert ein stark beeindruckendes Geschehen im Lebenslauf der betreffenden Person, das diese zu ›Rückblenden‹ und zum Wiedererleben der Gefühle und Realitäten der fernen Vergangenheit veranlaßt. Gewöhnlich handelt es sich bei diesem auslösenden Faktor um eine ernsthafte Verweigerung beziehungsweise Trennung von einer wichtigen Bezugsperson. Die Ursache liegt, wie gesagt, weit zurück, aber die Möglichkeit der Auslösung ist ständig gegeben. Im Hintergrund von all diesem mag ein fördernder Mechanismus wirksam sein, der auf die Einnahme halluzinogener Drogen, auf Kontakte mit der früheren Familie oder andere Prozesse, die Regressionen begünstigen, zurückzuführen ist. Deshalb unterscheiden wir zwischen (1) Ursprung oder Prädisposition, (2) dem auslösenden Faktor und (3) dem fördernden Mechanismus. Eine Psychose kann verglichen werden mit durchaus natürlichen Prozessen, da ja alle einen Ursprung, einen auslösenden Faktor und einen begünstigenden, fördernden Mechanismus haben.

Alle psychisch erkrankten Personen, die wir behandelt haben, erkrankten infolge einer Verweigerung oder Zurückweisung, einer Trennung, eines sie bedrohenden Verlustes (wirklich oder eingebildet), eines Mangels an Aufmerksamkeit und Zuwendung usw., was wiederum eine unbewußte Furcht vor Verlassenheit und Einsamkeit auslöste. Unter den mehreren hundert psychotischen Patienten der letzten zehn Jahre konnten wir uns an keinen einzigen Fall erinnern, bei dem nicht ein mehr oder weniger bedeutsamer Verlust oder eine Trennung im Leben des Kranken feststellbar war, selbst wenn es nicht ausgesprochen wurde.

Der 29 Jahre alte katatonische Mann zum Beispiel, dessen Zustand sich während der Laufzeit der Studie verschlimmerte, hatte Konflikte mit seiner Mutter, die, wie er dachte, mit seinen Stelldichein-Verabredungen nicht einverstanden war. Das diente als das Schockerlebnis, das wiederum die Regression in das Kleinkindalter von einem Jahr auslöste, als er Ablehnung als drohende Verlassenheit und Tod empfand.

Wenn der Silva-Mind-Control-Kursus geeignet wäre, bei einem Menschen Psychosen hervorzurufen, müßte man das als fördernden Mechanismus einstufen, der in Beziehung zu setzen wäre mit einem Schockerlebnis in der Psyche einer hochempfindlichen, leicht verwundbaren Person. Wir können uns nicht an irgendeinen Patienten erinnern, bei dem der psychotische Prozeß lediglich durch das Vorhandensein eines fördernden Mechanismus entstanden wäre. Obwohl wir nicht grundsätzlich an einer solchen Möglichkeit zweifeln, halten wir sie doch für verhältnismäßig selten.

IV

Was ist nun Silva Mind Control?

Silva Mind Control ist ein 40−48-Stunden-Kursus, der aus ca. 30 Stunden Belehrung und ca. 10 Stunden mentalen Übungen besteht. Das geistige Training befähigt die Absolventen nicht nur, eine echte Entspannung von Geist und Körper zu erreichen − was man mit anderen Methoden, zum Beispiel Biofeedback oder Transzendentaler Meditation auch kann −, sondern Silva Mind Control geht einen Schritt weiter. Die Teilnehmer lernen, mental funktionsfähig zu werden, während sie sich bewußt auf ihrer Entspannungs-Grundstufe befinden.

Der gesamte Kursus besteht aus Übungen, die den Gebrauch der Geisteskräfte für nützliche Zwecke zum Inhalt haben. Nachdem wir das persönlich selbst erlebt und bei vielen anderen beobachtet haben, zweifeln wir nicht mehr an der außergewöhnlichen Leistungsfähigkeit des menschlichen Geistes, wenn man spezielle Anweisungen in einem Zustand ›entspannter Wachheit‹ befolgt. Dieser Bewußtseinszustand dürfte demjenigen ähneln, der von Sigmund Freud in seinem Artikel über das ›In-sich-Hineinhorchen‹ beschrieben wurde, oder jener geistigen Verfassung, in der sich Brahms befand, wenn er komponierte, oder der von Thomas Edison beschriebenen Bewußtseinsverfassung, in der er zu neuen Ideen gelangte.

Im Kursus wird eine schnelle und leichte Methode gelehrt, durch die man sich zu jeder Zeit in den Entspannungszustand versetzen kann. Die Teilnehmer machen unter Anleitung Übungen zur bildhaften Vorstellung (Visualisierung) und lernen, ihr Denken auf diese Bewußtseinsebene zu versetzen, bis sie von dort aus mental aktiv werden können. Sie erweitern damit ihre Gehirnaktivitäten und ihren Bewußtseinsbereich um ein Beträchtliches. Anstatt sich während der Entspannung lediglich dem Tagträumen zu überlassen, können sie ihre Gedanken auf dieser Bewußtseinsstufe wirkungsvoll und aktiv anwenden. Anstatt im Entspannungszustand in leichten Schlummer zu verfallen, bleiben sie hellwach und können ihren Geist zielbewußt betätigen. Anstatt des Nachts in der üblichen Weise zu träumen, können sie den Traumzustand dazu benutzen, Probleme zu lösen und zu Einsichten und Erkenntnissen zu gelangen, zu denen sie zu anderer Zeit außerstande sind.

Wenn die Kursteilnehmer gelernt haben, auf den tieferen Bewußtseinsebenen im Zustand der geistigen und körperlichen Entspannung geistig tätig zu sein, verfügen sie über eine gesteigerte Kreativität, ihr Gedächtnis hat sich verbessert, und es fällt ihnen viel leichter, mit Problemen fertig zu werden. Von diesem veränderten Bewußtseinszustand aus sind sie fähig, ihre geistige Kapazität zur Erfüllung bestimmter Wünsche einzusetzen und sich auf diese Weise auch von schädlichen Angewohnheiten wie Rauchen usw. leichter freizumachen.

Fortgesetztes Praktizieren des Gelernten auf dieser Ebene der Entspannung hat auch eine Auswirkung auf die Denkprozesse im Alltagsleben, das heißt, die Betreffenden haben jederzeit Zutritt zu ihren tieferen Bewußtseinsebenen, ohne sich erst dorthin begeben zu müssen; ähnlich wie ein Musiker, der sich ja auch nicht auf die Musik zu konzentrieren braucht, um sofort zu hören, wenn ein falscher Ton gespielt wird.

Der menschliche Geist hat enorme Fähigkeiten, doch auf seiner normalen Funktionsstufe wird er fast gleichzeitig von den verschiedensten Reizen förmlich bombardiert: von Gedanken, Wünschen, Bedürfnissen, Hoffnungen, Geräuschen, Lichtstrahlen, Zwängen, Konflikten, Streßsituationen aller Art; er ist nicht frei genug, um auch nur zehn Prozent seiner Aufmerksamkeit voll und ganz einer Sache zuzuwenden. Im entspannten Bewußtseinszustand aber kann er es. Die Menschen befinden sich aber in der Regel nur dann in dieser Entspannungssituation, wenn sie dabei sind, einzuschlafen; aber praktische Anwendung auf dieser Bewußtseinsebene haben sie nicht geübt. Die meisten wissen nicht einmal, daß eine solche Bewußtseinsebene (Alpha-Grundstufe laut Silva Mind Control) überhaupt existiert und benutzbar ist.

Wer einmal dahintergekommen ist, welche Resultate sich durch Benutzung dieser tieferen Bewußtseinsschichten erzielen lassen, wird nie versuchen, wichtige Entscheidungen zu treffen oder Probleme zu lösen, ohne die Dinge von dort aus betrachtet zu haben.

Das Hauptanliegen des Mind-Control-Kurses ist es, den Teilnehmern beizubringen, wie sie diese Bewußtseinsstufe ihres Geistes benutzen können. Dazu gehört die Fähigkeit, auf dieser Grundstufe der Entspannung zu denken. Es werden Spezialmethoden zur Beherrschung von Angewohnheiten, für Problemlösungen, Wunsch- und Zielverwirklichung, Gedächtnisstärkung, Gesundheitsfürsorge, Schlaf- und Traumkontrolle usw. gelehrt und geübt.

Mind Control ist keine Hypnose, ähnelt eher der Selbsthypnose. Die Teilnehmer lernen, ihren Geist auf volle Aufmerksamkeit einzustellen, was wohl deshalb leichter fällt, weil in diesem Entspannungszustand die Überschüttung mit aus der Außenwelt stammenden Sinnesreizen stark reduziert ist. Mit Hilfe der vollen Aufmerksamkeit sind sie besser imstande, ihre Gedanken dahin zu leiten, wo sie sie haben wollen.

Ein anderer wichtiger Teil des Mind-Control-Kurses besteht darin, die Teilnehmer zu lehren, nützliche und positive Behauptungen und Formulierungen zu denken beziehungsweise innerlich zu sprechen, während sie sich im Zustand der geistig-körperlichen Entspannung befinden. Man weiß, daß diese Übungen eine nachhaltige Wirkung haben. Positives Denken ist ja immer wertvoll, aber positives Denken im entspannten Zustand ist unvergleichlich wirkungsvoller.

Der letzte Teil des Kurses berührt die Parapsychologie. Fast alle teilnehmenden Personen berichten, daß sie während des Kurses irgendwelche Erfahrungen hinsichtlich der ›Außersinnlichen Wahrnehmung‹ (ASW) gemacht haben. Das ist so selbstverständlich, daß es direkt als Ausnahme empfunden würde, wenn diese Wirkung einmal nicht einträte.

V

Woher kommt es, daß Silva Mind Control dem psychisch Kranken helfen kann?

Am Anfang dieser Untersuchung haben wir uns zunächst gefragt, warum Mind Control nachteilig auf den Zustand psychisch Kranker wirken könnte und haben unsere Aufmerksamkeit dann der Frage zugewandt, warum ein Mind-Control-Kursus so hilfreich sein kann.

Natürlich haben wir nicht alle Antworten parat, wir sind aber der Meinung, daß unsere Überlegungen besser fundiert sind als die jener, die nicht die Möglichkeit hatten, die Kranken vor und nach dem Training zu untersuchen.

Die Ankurbelung der Energie mag bei all dem eine wichtige Rolle spielen. Freud sagt in seinem Aufsatz ›Begrenzte und unbegrenzte Analysis‹, daß die Wirkungskraft einer in die Zukunft gerichteten Therapie in erster Linie davon abhängt, ob und wie es gelingt, die Energiereserven im Kranken zu mobilisieren. Was die Teilnehmer an den Mind-Control-Kursen betrifft, so sind sie nach Beendigung der Übungen in hohem Maße mit Energie aufgeladen.

Die grundsätzlich positive und von Optimismus getragene Haltung während des Kurses muß ja allein schon eine wohltuende Wirkung auf einen Patienten haben. Sich selbst während der Entspannung positive Worte zuzusprechen, führt sicherlich eine viel wirkungsvollere Programmierung des Geistes herbei, als es bei einem gewöhnlichen positiven Denken möglich ist.

Entspannung vermindert Angst und Beklemmungszustände und wirkt infolgedessen lindernd auf die Symptome ein. Ein Mensch kann nicht in einem Zustand der Entspannung von Geist und Körper sein und gleichzeitig unter dem Druck extremer Angst- und Konfliktgefühle stehen. Die Funktionen auf dieser Stufe haben die Tendenz, einen Übertragungseffekt dieser Entspannung auf das Alltagsverhalten der betreffenden Person zu bewirken, ähnlich wie es auch bei TM (Transzendentale Meditation) beobachtet wird.

Die Stimmung in einer Mind-Control-Gruppe kann man als Hochstimmung bezeichnen, und die Teilnehmer erleben während ihres Entspannungszustandes gesteigerte Gefühle von Wärme und Liebe. Möglicherweise spielt überhaupt die Liebesenergie eine ausschlaggebende Rolle. Liebende Menschen werden im allgemeinen nicht von Dingen geplagt, die sie als bedrückend empfinden würden.

Da nun die auf der Entspannungsstufe befindlichen Personen von Konflikten so gut wie frei sind, haben sie auch die anfänglich aus einer Abwehrhaltung resultierende gefühlsmäßige Distanzierung nicht mehr nötig. Das Gefühlsleben kann sich somit viel besser und freier entfalten. Sie leben intensiver auf der Gefühls- und gleichzeitig auch auf der Realitätsebene.

Sie haben es geschafft, sich einen viel größeren Bereich ihrer Gehirnaktivität zu eröffnen, womit eine verstärkte Realitätsprüfung verbunden ist. Im Entspannungszustand von Geist und Körper haben sich auch die Wahrnehmungsfähigkeit, die Gedankenklarheit und die Urteilskraft beträchtlich verstärkt.

Spezielle Methoden helfen den Patienten, einige ihrer Probleme selbst zu lösen, und sie werden fähig, Entspannung und gesteigertes Wohlbefinden durch bewußte Programmierung auf den ganzen Tag auszudehnen. Das Wissen um ihre Fähigkeit, sich auf die Kraftquellen im eigenen Innern verlassen zu können, verleiht ihnen Selbstvertrauen und Zuversicht. Auch der Therapeut seinerseits vertraut auf die Richtigkeit der Antworten, die die Patienten in ihrem veränderten Zustand geben, und das stärkt natürlich wiederum die Zuversicht des Kranken.

Ein Gruppenphänomen wirkt sich aus: Die gute emotionale Stimmung der gesamten Gruppe ist ›ansteckend‹ und überträgt sich sogar bis zu den geistig-seelisch am meisten Gestörten.

Der parapsychologische Teil des Kurses war für einige der gestörten Patienten in einer recht unerwarteten Weise hilfreich. Viele jener Kranken, die sich in mentale Grenzsituationen gedrängt fühlten, berichteten des öfteren über paranormale Erlebnisse, die psychotherapeutisch nicht zu erklären waren. Nur mittels der parapsychologischen Erkenntnisse während des Mind-Control-Kurses war es ihnen möglich, die Zusammenhänge zu verstehen. Einer der unbestrittenen Zwecke einer tiefenpsychotherapeutischen Behandlung ist es, Unbewußtes bewußt zu machen. Eine Erweiterung des Bewußtseinsbereiches in Verbindung mit einer Klärung der parapsychologischen Aspekte diente genau dem gleichen Zweck. Die Patienten fühlten sich erleichtert, als sie diese Aspekte ihres gestörten geistigen Zustands entdeckten und empfanden sie als real und konnten sie akzeptieren.

Weil sie durch ihre emotionale Erkrankung mit paranormalen Phänomenen in Berührung gekommen waren, gewannen sie Verständnis für ihr langwieriges Leiden und konnten wieder einen Sinn in ihrem Leben im allgemeinen erkennen.

Der Therapeut aber lernte, die Mind-Control-Methoden auch zu psychotherapeutischen Zwecken anzuwenden und den Patienten auch auf diese Weise weiterzuhelfen.

VI

Zusammenfassende Schlußfolgerungen:

75 in hohem Maße gestörte Patienten waren in Silva-Mind-Control-Kurse geschickt worden, da man feststellen wollte, ob diese Kranken und welche von ihnen dadurch in Schwierigkeiten gerieten. Nur bei einem einzigen trat eine merkbare Steigerung der Verstörtheit auf. Die am häufigsten feststellbare Tatsache war eine außerordentliche Zunahme des Realitätsbewußtseins, was sowohl klinisch als auch durch objektive psychologische Tests bestätigt wurde.

Es ist wichtig zu bemerken, daß sämtliche psychisch erkrankten Patienten einer psychiatrischen Praxis gebeten worden waren, an dem Kursus teilzunehmen; man hatte also einen typischen Querschnitt erfaßt. Keinem wurde die Teilnahme verweigert oder ihm davon abgeraten. Man kann deshalb die Resultate nicht als nur von besonders ausgesuchten Individuen stammend bezeichnen.

Silva Mind Control ist keine Psychotherapie. Sie kann allerdings als Hilfsmittel bei jeder Psychotherapie benutzt werden, besonders dann, wenn der Therapeut mit dem Inhalt und Zweck der Kurse vertraut ist und deren Grundkonzeption nicht ablehnend gegenübersteht. Es verleiht dem Patienten eine gesteigerte Fähigkeit, seinen eigenen Geist mit Erfolg zu benutzen, auch für die Therapie, in der er sich gerade befindet.

Psychotiker haben durch die Teilnahme an Mind-Control-Kursen eine derart auffallende Hilfe erfahren — insbesondere dann, wenn der Patient in psychiatrischer Behandlung ist und der Therapeut mit dem Kursverlauf vertraut ist —, daß Dr. McKenzie jetzt darauf besteht, daß alle seine psychotischen Patienten an einem Kurs teilnehmen, natürlich unter seiner Überwachung und Betreuung.

Im Hinblick auf die erstaunlichen Verbesserungen bei den meisten der psychisch gestörten Individuen und aufgrund der Tatsache, daß die Methode auch mit größeren Gruppen gleichzeitig durchgeführt werden kann, halten die Autoren (des EWI-Fragebogens) eine zukünftige Anwendung des Mind-Control-Trainings als ergänzende Behandlung in Krankenanstalten für empfehlenswert.

Ferner wurde festgestellt, daß der Kursus ungefährlich und nützlich für Neurotiker ist. Eine relative Gefahrlosigkeit und ein klar erkennbarer Nutzen ist auch bei hochgradig gestörten Patienten gegeben, wenn der behandelnde Psychiater mit der Silva-Mind-Control-Methode vertraut ist. Sowohl die klinischen wie die objektiven psychologischen Ergebnisse zeigen, daß der Nutzen irgendwelche negativen Wirkungen bei weitem übersteigt.

Diagramme vom EWI-Fragebogen der Realitätserfassung

(siehe Seite 214 – 220)

Die Diagramme zeigen folgendes:

Haupttabelle

1. *Sensory perception* (im Diagr. 1. Rubrik: *Sens*) = Sinneswahrnehmung; besteht aus Fakten, die die Erfassung der Außenwelt durch die direkte Sinneserfahrung beschreiben unter Benutzung aller Sinnesorgane.

2. *Time perception* (im Diagr. 2. Rubrik: *Time*) = Zeitempfindung; betrifft Phänomene, die mit der subjektiven Zeit zu tun haben und sich in vier Kategorien unterteilen: Veränderung der Erlebensweise des Zeitablaufs; zeitweise Zusammenhangslosigkeit und Auftreten von Lücken; Orientierung einschließlich der Verhaltensweise der Vergangenheit, Gegenwart und Zukunft gegenüber; Erlebnis oder Grad der Wahrnehmung des eigenen Lebensalters und Identifizierung mit der eigenen Generation oder Verfremdung ihr gegenüber.

3. *Body perception* (im Diagr. 3. Rubrik: *Body*) = Körperempfindung und Wahrnehmung, umfaßt drei Aspekte der Erfahrung des eigenen Körpers: gefühlserregende Aspekte, hypochondrische Beschwerden, Aspekte der Wahrnehmung.

4. *Self perception* (im Diagr. 4. Rubrik: *Self*) = Selbstwahrnehmung; sie umfaßt alle gefühlserregenden Tendenzen in bezug auf Ausdruck der eigenen Selbsteinschätzung und -bewertung sowie aller Identitätsprobleme.

5. *Perception of others* (im Diagr. 5. Rubrik: *Oth.*) = die Wahrnehmung anderer Menschen und Wesen zeigt sich in fünf verschiedenen Arten: Menschen werden ganz verzerrt oder verändert gesehen; sie werden mit angsteinflößenden außergewöhnlichen Kräften und Fähigkeiten gesehen; krankhafte Ansichten über Menschen; Vorstellungen über ungewöhnliche menschliche Beziehungen; die Neigung, Tiere zu vermenschlichen.

6. *Ideation* (im Diagr. 6. Rubrik: *Idea*) = Bildung von Gedanken; hier pathologische Veränderungen, die im Denkvorgang oder dessen Inhalt erlebt werden und die sich in verschiedene Kategorien einteilen lassen, zum Beispiel: Ausfälle in der Kontinuität des Denkvorgangs; Verschwimmen der Grenzen zwischen materiellem und immateriellem Bereich (= Desorganisation); bewußt gewordene Veränderung der eigenen Welt- und Lebensanschauung; Allmachts-Vorstellungen; Veränderungen der Denkgeschwindigkeit sowie Vorhandensein phantastischer und grotesker Ideen.

7. *Dysphoria* (im Diagr. 7. Rubrik: *Dys*) = Dysphorie = depressive Verstimmung, Übellaunigkeit, Gereiztheit, die auf drei Ebenen in Erscheinung treten kann: körperlich, emotional und intellektuell. Begleiterscheinungen dazu können Vorstellungen und Verhaltensweisen sein, bei denen Todeswünsche und selbstzerstörerische Tendenzen eine Rolle spielen.

8. *Impuls regulation* (im Diagr. 8. Rubrik: *Imp.*) = Impuls-Regulierung; sie beinhaltet Vorgänge, die den Kranken den Verlust von Willens- und Entscheidungskraft erleben lassen, stärker noch als den aktuellen Mangel an Kontrolle. Die drei Klassen der hier in Frage kommenden Phänomene sind: Symptome von Hypertonie; Hemmungen bei der Arbeit und Probleme bei der Entscheidungsbildung; Zwangs-

vorstellungen und völliges Erlahmen des Tätigkeitsbetriebes; asozial, antisozial, bizarre Impulse.

Ergänzungstabelle

9. *Hyperesthesia* (im Diagr. 9. Rubrik: *Hyper*) = Hyperästhesie: Überempfindlichkeit, die Neigung, von Sinneseindrücken überwältigt zu werden, gesteigerte Erregbarkeit der Gefühls- und Sinnesnerven.

10. *Hypoesthesia* (im Diagr. 10. Rubrik: *Hypo*) = Unterfunktion der Sinnesreize, mangelnde Erregbarkeit der Gefühls- und Sinnesnerven, was unter Umständen zu einem Gefühl der Unwirklichkeit führt.

11. *Euphoria* (im Diagr. 11. Rubrik: *Euph*) = Euphorie: Heitere Gemütsverfassung, die der Realität der Dinge nicht angemessen ist; gestörte Reaktion mit Neigung zu übersteigerter Hochstimmung.*

---

* Vgl. A. M. El-Meligi and H. Osmond: ›The EWI in Clinical Psychiatry and Psychopharmacology‹ in ›Orthemolecular Psychiatry‹, edit. by D. Hawkins and Linus Pauling, San Francisco, 1973, S. 366.

Diagramm A

Durchschnittliche Differenz der Test-Auswertungspunkte (T-Score) vor und nach dem Silva-Mind-Control-Training für 38 Frauen aus der hochgradig gestörten Gruppe.

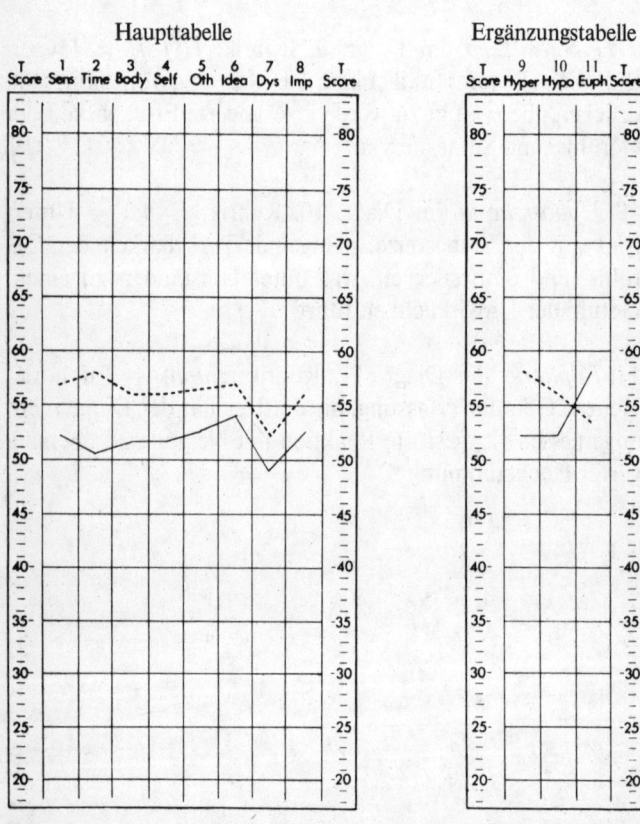

Es zeigen sich Verbesserungen in allen elf Rubriken einschließlich der Spalte Euphorie (11). Ein niedrigerer Wert deutet auf Verbesserungen, ausgenommen die Euphorie-Spalte, wo ein höherer Wert anzeigt, daß der Patient sich besser fühlt und optimistischer geworden ist.

Diagramm B

Durchschnittliche Differenzen der Test-Bewertungspunkte vor und nach dem Silva-Mind-Control-Training für 20 Männer der hochgradig gestörten Gruppe.

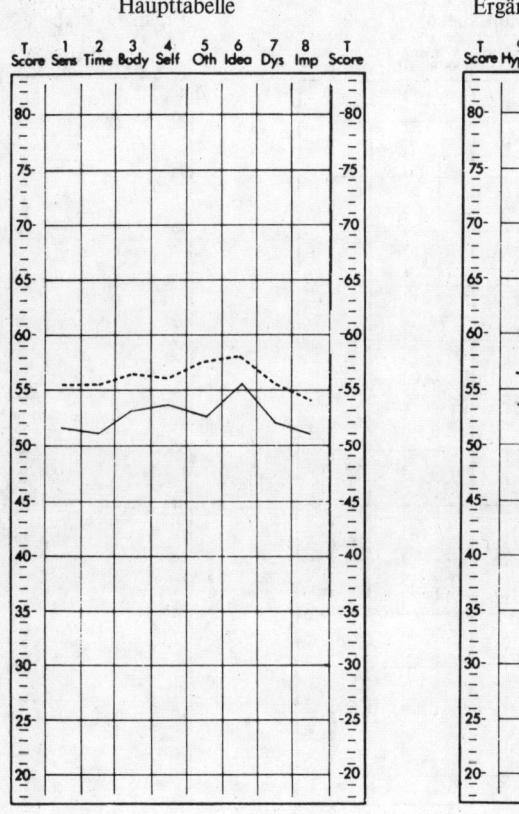

1. Test ....

2. Test _____

Diagramm C

Durchschnittliche Differenzen der Test-Bewertungspunkte für 19 der 38 Frauen der hochgradig gestörten Gruppe, bei denen sich die Benotung am stärksten änderte.

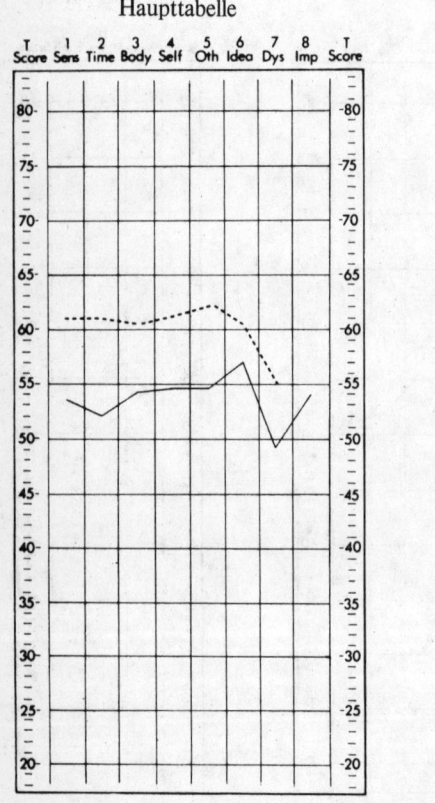
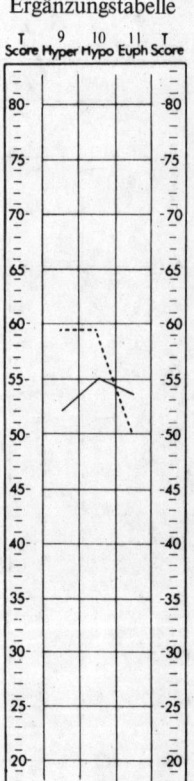

1. Test ....

2. Test _____

Diagramm D

Durchschnittliche Differenzen der Test-Bewertungspunkte für die 10 der 20 Männer der hochgradig gestörten Gruppe, bei denen sich die Benotung am stärksten änderte.

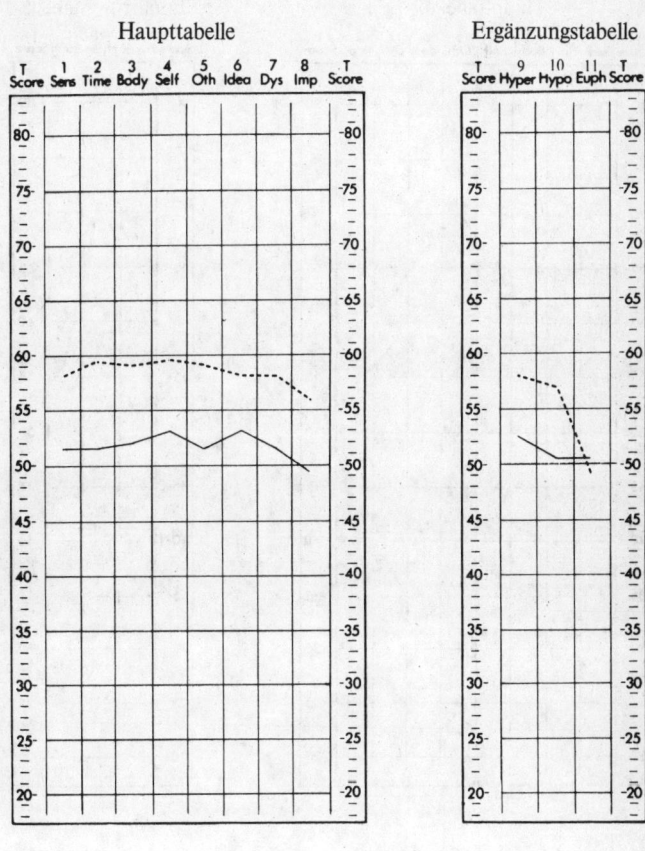

1. Test ....

2. Test _____

Diagramm E

Akut psychotischer Patient, der zweimal in der Woche vor dem Kurs und einmal in der Woche danach getestet wurde. Bemerkenswert die Ähnlichkeit der ersten zwei Kurven.

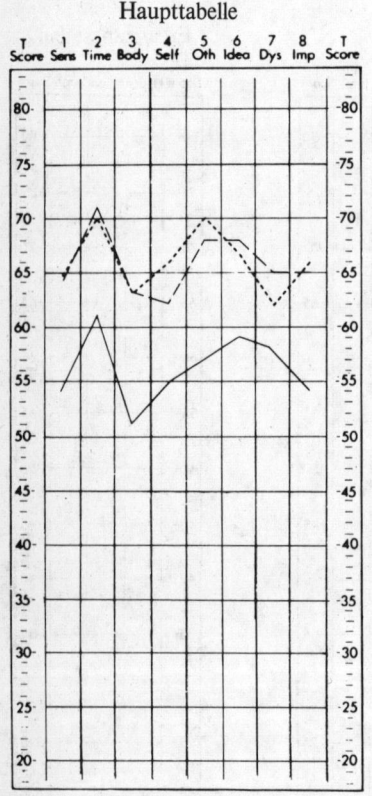

1. Test ....

2. Test _

3. Test _____

Diagramm F

Ein weiterer Patient aus der hochgradig gestörten Gruppe, der eine Woche vor und eine Woche nach dem Mind-Control-Training getestet wurde.

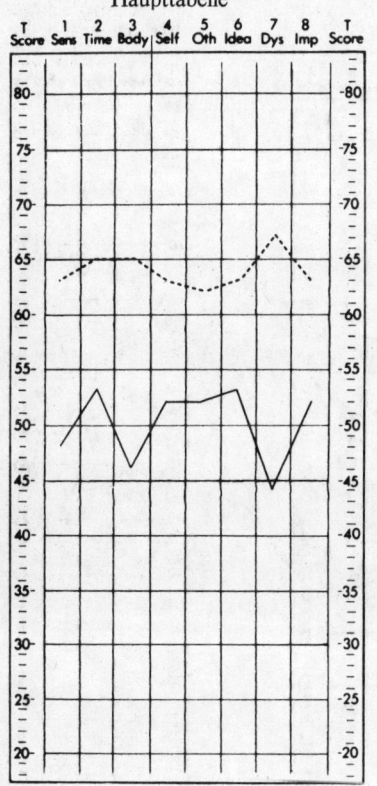
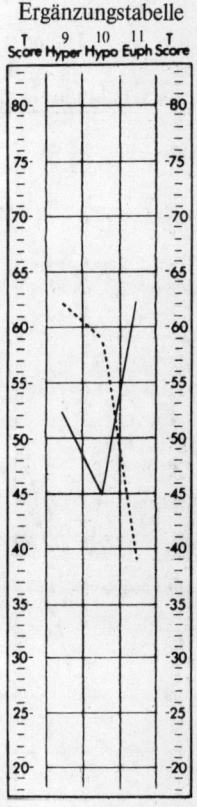

1. Test ....

2. Test _____

Diagramm G

Ein weiterer Patient aus der hochgradig gestörten Gruppe, der eine Woche vor und eine Woche nach dem Mind-Control-Kursus getestet wurde.

Haupttabelle　　　　　　　Ergänzungstabelle

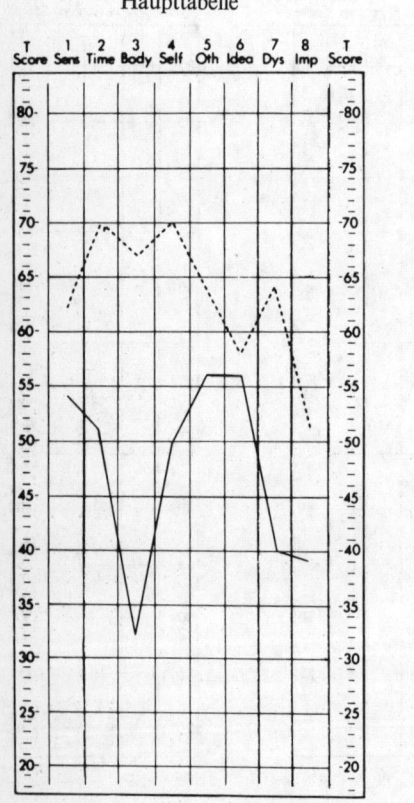
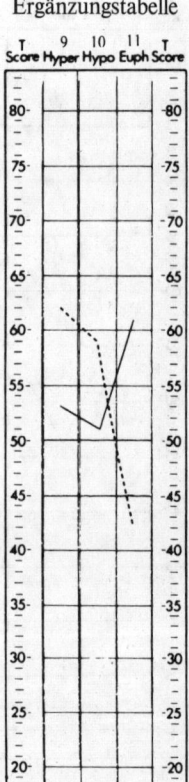

1. Test ....

2. Test _____

Anhang II

Einführung

J. W. Hahn, Ph. D.
Direktor der Internationalen
Silva-Mind-Control-Forschungsgruppe

Noch bis vor kurzem waren die Wissenschaftler außerordentlich skeptisch gegenüber Berichten, in denen behauptet wurde, daß es Yogis fertigbrächten, willentlich ihren Herzschlag und ihre Körpertemperatur zu regulieren und andere im Körperinnern vor sich gehende Prozesse zu beeinflussen, die man normalerweise als vom Willen unabhängig betrachtet. Weitgehend unbeachtet blieben auch Meldungen über Personen, bei denen es gelang, ihnen in Hypnose (also in einem veränderten Bewußtseinszustand) Veränderungen physiologischer Art zu suggerieren, also von Vorgängen, die ebenfalls normalerweise der menschlichen Willenskontrolle nicht unterliegen, zum Beispiel: das Entstehen von Blasen auf der Haut und die Beeinflussung des Herzrhythmus.

Seit der Einführung der Biofeedback-Methode während der letzten Jahre haben die Wissenschaftler zugestehen müssen, daß es nahezu keinen innerkörperlichen Vorgang gibt, der nicht willensmäßig beherrscht werden kann. Die Biofeedback-Methode beruht auf dem Prinzip, daß der Mensch lernen kann, korrekt zu reagieren, wenn er sofort von der Richtigkeit seiner Reaktion unterrichtet wird (feedback) oder zumindest davon, wieweit seine Reaktion von der Richtigkeit abweicht.

Indem er das Belohnungsprinzip bei Tieren als Feedback anwandte, hat der Physiologe Dr. Neal Miller von der Rockefeller-Universität ebenfalls demonstriert, daß Veränderungen des Herzrhythmus willkürlich herbeigeführt werden können.

Dr. Elmer Green von der Menninger Foundation hat gezeigt, daß man durch Feedback lernen kann, die Temperaturen der Hände in unterschiedlicher Weise zu beeinflussen: eine Hand heiß, die andere kalt.

Im Gefolge der Gehirnwellen-Biofeedback-Experimente von Dr. Kamiya vom Langley-Porter Neuropsychiatric Institute haben Forscher gezeigt, daß diese Methoden angewandt werden können, um Menschen die willkürliche Beherrschung ihres Gehirnwellen-Alpha-Rhythmus (8 bis 13 Hz) zu lehren.

Auch andere, weniger laboratoriums-gebundene Techniken sind mit Erfolg zur Beherrschung körperlicher Organe benutzt worden. Zum Beispiel ist es mittels der Transzendentalen Meditation möglich, eine Entspannung innerer Organe einschließlich des Gehirns zu erreichen.

Ein weiteres System, das den Menschen befähigt, Entspannungszustände herbeizuführen und die Gehirnwellen zu beeinflussen, ist Silva Mind Control. Personen, die an Mind-Control-Kursen teilgenommen haben, berichten über eine Empfindung tiefer Entspannung und daß sie glauben, in diesem Zustand ihre Gehirnwellen beherrschen zu können. Diese Behauptungen wurden 1971 von Dr. F. J. Bremner, einem Psychologen der Trinity-Universität in San Antonio/Texas, einer Prüfung unterzogen. Es zeigte sich, daß in dieser Hinsicht trainierte Personen durchaus in der Lage sind, ihre Gehirnwellen zu beherrschen und, wenn sie wollen, den Alpha-Rhythmus herzustellen. Das wurde durch eine Studie gezeigt, bei der eine Gruppe von 20 untrainierten Studenten freiwillig an einem Experiment über Gehirnwellenbeeinflussung teilnahm. Die Hälfte der Studenten wurde durch eine Methode, die der Pawlowschen Methode der Erzeugung bedingter Reflexe bei Hunden ähnelt, vorbereitet. Wenn die Studenten ein ›klick‹ hörten, signalisierte dies, daß ein Lichtkontakt im EEG-Gerät eine Alphafrequenz-Reaktion auslöste. Schon bald rief das ›klick‹ auch eine Alpha-Frequenz-Anzeige auf dem EEG der Versuchspersonen hervor.

Die anderen zehn Studenten wurden von Mr. Silva nach der Mind-Control-Methode trainiert. Beide Gruppen zeigten EEG-Veränderungen in der erwarteten Richtung, das heißt, bei beiden Gruppen war eine Steigerung des Prozentsatzes der Alpha-Frequenzen in ihren EEGs feststellbar.

Später wurde ein zweites Experiment mit Personen durchgeführt, die bereits über beträchtliche Erfahrungen in der Mind-Control-Methode verfügten. Diese konnten sich nach Belieben in den Alpha-Zustand versetzen und ihn wieder verlassen, konnten sogar, während sie auf dem EEG-Kurvenschreiber Alpha-Rhythmen hervorbrachten, eine Unterhaltung führen. Dann wurde mit diesen mit der Alpha-Praxis Vertrauten ein weiterer Test durchgeführt. Da diese Mind-Control-Absolventen auch Erfahrung in ASW-Übungen hatten (Bearbeitung von Krankheitsfällen), wurde das EEG-Gerät eingeschaltet, während sie mit ASW-Übungen beschäftigt waren. Diese EEG-Kurven zeigten ebenfalls ein verstärktes Auftreten von Alpha-Frequenzen.

Es scheint, als könne man aus diesen Experimenten den Schluß ziehen, daß Menschen durch entsprechende Übung zumindest teilweise eine willentliche Beherrschung ihrer inneren Organe zu erlangen imstande sind. Das gilt jedenfalls für das Gehirn, wenn wir akzeptieren, daß die elektrischen Reaktionen des Gehirns als Indikator seiner Funktionen gelten. Es legt den Gedanken nahe, daß noch mehr Forschung nötig ist, um die Wechselbeziehungen zwischen den physiologischen Gegebenheiten und den mental-emotionalen Zuständen zu verdeutlichen und die erforderlichen Übungen zu finden, mit denen eine willensmäßige psycho-physiologische Selbstregulierung erreichbar ist.

Ein noch besseres Verständnis der Bedeutung von Silva Mind Control wird sich aus der Erforschung der Physiologie des Gehirns ergeben, wie der Neurobiologe Dr. Rodger W. Sperry und seine Kollegen in Los Angeles meinen. Diese wie auch andere Wissenschaftler haben sowohl labormäßige wie klinische Beweise dafür gefunden, daß es innerhalb des menschlichen Gehirns zwei unterschiedliche Arten von Bewußtsein gibt, die getrennt voneinander, jedoch gleichzeitig in Funktion sind. Die eine Bewußtseinsart hat die folgerichtigen, logikbezogenen Denkvorgänge, wie zum Beispiel Mathematik und Sprache, zum Inhalt, die eine Funktion der linken Gehirnhälfte sind. Die andere Bewußtseinsart ist gekoppelt mit der rechten Gehirnhälfte und ist zuständig für Holistik, spontane Kreativität und intuitives Denken mit einer Neigung zur Beschäftigung mit räumlichen Problemen und mit Musik.

Das Bewußtsein der linken Gehirnhälfte beherrscht die meisten Vorgänge unseres Alltagslebens und spielt auch in unserem Erziehungssystem sowie im gesamten Gesellschaftsleben der westlichen Welt eine Hauptrolle. Es ist ausgerichtet auf die Objektivität und in der Regel gekoppelt mit der Erzeugung eines Großteils der Beta-Gehirnwellen-Aktivität. Das Bewußtsein der rechten Gehirnhälfte scheint in erster Linie subjektive Eigenschaften zu haben, wird in unserem Erziehungssystem nur als zweitrangig betrachtet und findet hauptsächlich seinen Ausdruck in künstlerischen Betätigungen. Es wird im allgemeinen von einer Alpha- oder Theta-Gehirnwellen-Emanation begleitet.

Silva Mind Control trainiert die Teilnehmer, das Sprechen und andere zu Beta gehörige Denkprozesse auch in Alpha aufrechtzuerhalten sowie ein Denken kreativer, intuitiver Art in Alpha mit Bedacht zu fördern, um eine gleichmäßige Beteiligung (der linken und rechten Gehirnhälfte) an den Denkprozessen zu erzielen. Hierdurch soll eine sonst unausgewogene Bevorzugung der linken Gehirnhälfte, z. B. bei der Lösung von Problemen, ausgeglichen werden. Man würde wohl durch einen bewußt geförderten Gebrauch der Funktionen der rechten Gehirnhälfte eine gesteigerte Leistungsfähigkeit des gesamten Gehirnpotentials erreichen.

Die Wechselbeziehungen zwischen EEG und der menschlichen Aufmerksamkeit

Frederick J. Bremner, V. Benignus, F. Moritz
Trinity-Universität, San Antonio, Texas

Diese Studie wurde unterstützt von der Mind Science Foundation, Los Angeles/Kalifornien. Die Autoren bringen Mr. José Silva ihren Dank und ihre Anerkennung zum Ausdruck für seine Teilnahme an diesem Experiment. Sie danken auch David L. Carlson für seine Hilfe bei der Ausarbeitung des Manuskripts.

Ein Aufmerksamkeitsmodell ist von Dr. Bremner und Mitarbeitern vorgelegt worden: es macht Gebrauch von den EEG-Veränderungen als voneinander abhängigen Variablen (Bremner, 1970; Ford, Morris und Bremner, 1968; Eddy, Bremner und Thomas, 1971; Hurwitz und Bremner, 1972). Dieses Modell geht davon aus, daß es unterschiedliche Klassen und Unterteilungen der Aufmerksamkeit gibt, daß aber, da diese Klassen in einem orthogonalen Verhältnis zueinander stehen, sie nicht hierarchisch angeordnet sind. Diese bereits definierten Untergruppen des Bewußtseins sind: Erwartung, Gegen-Erwartung (counter-expentancy), Orientierung, Aufrüttelung und Unzentriertheit (non-focus), (Hurwitz und Bremner, 1972).

Die Brauchbarkeit des vorgenannten Modells wird in dem Maße zunehmen, in dem seine Allgemeinbezüglichkeit zunimmt. Die Studie versucht, die Allgemeingültigkeit zu erweitern, indem sie die bisher nur im Rahmen ihrer Originalkonzeption aus Tierexperimenten stammenden Daten auf menschliche Aufmerksamkeitszustände überträgt. Die Studie konzentrierte sich auf zwei Verallgemeinerungsaspekte des Modells. Einer dieser Aspekte war, herauszubekommen, ob die menschlichen EEG-Kurven geeignet waren, auf irgendeine der vorgeschlagenen Unterteilungen zu reagieren. Der andere Aspekt war, festzustellen, ob es in der beim Menschen vorhandenen Aufmerksamkeit bestimmte einzigartige Aspekte gibt, die in der Aufmerksamkeit von Tieren nicht vorhanden sind oder nicht getestet werden können.

Weil dies bei den Experimenten, die auf die Erprobung des Modells angelegt waren, in Richtung des Erwartungsfaktors zielte, war dies der Aspekt, der zum Testen der menschlichen Aufmerksamkeit gewählt wurde. Der Leser sei daran erinnert, daß der Begriff Erwartung hier in der Bedeutung gebraucht wird, daß die Versuchspersonen das Verhältnis begriffen haben, gemäß dem Reiz B auf den Reiz A folgt.

Da die Einzelheiten des Testvorgangs in dem Kapitel ›Methode‹ dargestellt werden, genügt es hier zu sagen, daß die Sache auf dem Wege des klassischen Konditionierungsprinzips vor sich ging. Dieses Verfahrensmuster hielt sich so eng wie möglich an jenes, das benutzt wird, um die Versuchsergebnisse bei Tieren zu erfassen. Die von den Tieren stammenden Daten aber stützten sich hauptsächlich auf eine schnelle Verfügbarkeit der Theta-Rhythmen. Auf der anderen Seite ist ein Charakteristikum des menschlichen EEGs die hohe Wahrscheinlichkeit des Vorhandenseins von Alpha-Rhythmen. Aus diesem Grunde wurde der Alpha-Rhythmus als Meßwert für die abhängigen Variablen benutzt.

Der zweite Aspekt dieser Studie ist vielleicht der noch interessantere. Die Psychologen haben sich oft die Köpfe zerbrochen über die Existenz eines menschlichen ›inneren Bewußtseins‹. Das oben angeführte Modell wendet sich speziell dieser Frage zu, indem es einen inneren Brennpunkt (internal focus) zu einer Unterabteilung der Aufmerksamkeit gemacht hat. Der innere Brennpunkt ist charakteristisch durch die Abwesenheit aller von außen kommenden Reize und durch den Umstand, daß er lediglich beim Menschen prüfbar ist. Es ist vorgesehen, diesen Aufmerksamkeitsanteil mittels jener EEG-Veränderungen zu messen, die sich als Reaktionsfolgen während tiefer Meditations- und Entspannungszustände ergeben.

Die Methode

Versuchspersonen: Versuchspersonen waren zwanzig freiwillige College-Studenten, Anfangssemester im Studium der Psychologie, im Alter zwischen 18 und 25 Jahren. Es wurde ihnen gesagt, daß es sich um ein Experiment handelt, das mit der Selbstkontrolle der Gehirnwellen zusammenhängt. Es wurden wahllos zwei Gruppen von je zehn Personen gebildet.

Die Apparatur: Es wurde ein Beckman Enzephalograph Typ T benutzt. Die Elektroden bestanden aus rostfreiem Stahl und wurden subkutan über dem Scheitelpunkt (Vertex) und am Hinterkopf angebracht. Die vom EEG-Gerät gelieferten Daten wurden sowohl auf einem Monitor beobachtet als auch auf Band festgehalten. Durch eine biogene Feedback-Hörvorrichtung konnten die Gehirnwellen im Alpha-Bereich (8 bis 13 Hz), die von den Elektroden am Hinterkopf stammten, herausgefiltert werden; sie wurden der Versuchsperson (VP) über Kopfhörer als ein Zeichen für den Einsatz der Alpha-Frequenz signalisiert. Ein Logik-Programmierer der Digital Equipment Corporation wurde so angeordnet, daß er zweistellige (binäre) Zahlen zeigte, sich alle halbe Sekunde auf CS einschaltend, zehn Sekunden später umschaltend auf einen 10-Sekunden-UCS. Das CS war ein Klick-Geräusch, das in die von der VP getragenen Kopfhörer gegeben wurde. Es bildete sich durch das Öffnen und Schließen eines Relais, das mit einer Sechs-Volt-Batterie verbunden war. Das UCS war eine Grass PS 2 Photostimulator-Strobe-Licht-Vorrichtung, mittels der der angeschlossenen, mit geschlossenen Augen dasitzenden VP die Alpha-Frequenzen signalisiert wurden. Alle Daten wurden von einem 8spurigen Ampex Sp 300 Analog-Tape-Deck aufgenommen, und das vervollständigte Analogband wurde computerisiert mittels eines A-D-Konverters, der vor Beginn der Analyse an einen IBM/360/44-Computer angeschlossen worden war.

Das Verfahren: Dieses Experiment wurde überprüft und gutgeheißen von einem ›Universitäts-Komitee für menschliche Behandlung von menschlichen Versuchspersonen‹. Jede Versuchsperson (VP) wurde gebeten, einen Protokollbogen auszufüllen, in dem Informationen verlangt wurden über den letzten Gebrauch von Alkoholika oder Drogen, eine Beschreibung und Aufzählung etwaiger epileptischer Anfälle, über frühere Erfahrungen mit Hypnose, Yoga und Alpha-Training. Zusätzlich wurde die VP, wenn sie das erste Mal das Laboratorium betrat, aufgefordert, eine Bestätigung zu unterschreiben, daß sie freiwillig an dem Experiment teilnahm und daß sie über die Art und den Zweck der Prozedur ausreichend aufgeklärt worden war.

Von jeder VP wurde zunächst ein Grund-EEG ohne Anwendung des Feedback-Systems gemacht. Ferner wurden ihr als eine Art Anreiz Informationen gegeben, während sie die Augen geschlossen hielt. Das Diagramm wurde mit einer binären Zahl gekennzeichnet, und für die gefilterten und ungefilterten Gehirnwellen wurden getrennte Frequenzbänder benutzt. Das gleiche Verfahren wurde dann wiederholt, während die VP mit offenen Augen den Instruktionen lauschte. Das Gesicht des Betreffenden erschien auf einem Monitor mit geschlossenem TV-Stromkreis. Die Gesamtzeit für die Aufnahme der Grunddaten betrug für die VP rund 30 Minuten. Wenn sich beim Ablesen und Ausdeuten der Grunddaten Unzulänglichkeiten ergaben, wurde die ganze Sache wiederholt, bis einwandfreie Angaben vorlagen.

Nach Beendigung der Grundprozedur wurden die Versuchspersonen in zwei Gruppen von je zehn Personen aufgeteilt. Eine Gruppe (Silva) nahm an einem 14stündigen José-Silva-Mind-Control-Wochenendkursus teil (Shah, 1971). Obwohl die Silva-Mind-Control-Technik als einzigartig in und an sich bezeichnet werden kann, umfaßt sie sowohl Zustände tiefer Entspannung wie auch Verfahren, welche Ähnlichkeiten mit der Gruppenhypnose aufweisen. Eine gewisse Zeitspanne wird auch für Übungen verwendet, die man als zur ASW gehörend bezeichnen könnte. Zu Beginn der folgenden Woche wurden die Versuchspersonen in das Laboratorium gebracht und von ihnen 20 Minuten lang ein EEG genommen. Die Aufnahmen wurden sowohl bei geschlossenen wie bei geöffneten Augen gemacht, während die Versuchspersonen ihre im Kursus gelernten Techniken ausführten. Bei einer anderen Gelegenheit wurden von den gleichen Personen, verbunden mit den gleichen Instruktionen, biogene Feedback-Hörexperimente angestellt.

Die zweite Gruppe (CC) von zehn Personen hatte sich einem klassischen Konditionstraining mit 50 Versuchen pro Sitzung zu unterziehen. Jeder Versuch bestand aus einem CS von einem Halbsekunden-Klick, gefolgt von einem Zehnsekunden-Interstimulus-Intervall (ISI), wiederum gefolgt von einem UCS, das aus einem zehn Sekunden dauernden Signal-Lichtzeichen an die mit geschlossenen Augen unter Alpha-Frequenz dasitzende VP bestand. Die Zwischenräume zwischen den Versuchen (ITI) waren ungleichmäßig, und der Versuch wurde begonnen, wenn dem Versuchsleiter die VP ausreichend entspannt erschien. Für diese Versuchsreihe wurde kein Feedback-Gerät benutzt. Eine Sitzung mit 50 Versuchen dauerte 20 bis 30 Minuten, und die Sitzungen wurden so lange wiederholt, bis die VP imstande war, Alphawellen zu produzieren, oder bis der Versuchsleiter überzeugt war, daß die VP außerstande war, in ausreichendem Maße Alpha-Wellen hervorzubringen. Bei der letzten Sitzung mit jeweils 50 Durchgängen für die CC-Gruppe wurde mit biogenem Feedback gearbeitet. Alle ausgewerteten Daten vom klassischen Konditionstraining (CC) waren aus einem Versuch im Zustand mit offenen Augen gewonnen.

Die Bearbeitung der Ergebnisse

Für Zwecke der Analyse wurden die EEG-Daten in gewisse Zeitspannen (Perioden) eingeordnet, wobei eine Periode zehn aufeinander folgende Sekunden betrug. Was die Daten der Grundprozedur anbetraf, so wurde jede Spanne für jede VP einmal im Zustand mit geschlossenen Augen und einmal im Zustand mit offenen Augen genommen. Bei den Silva-Leuten wurde nach dem 14stündigen Training ebenfalls eine Zeitspanne im Zustand mit geschlossenen und eine im Zustand mit offenen Augen bewertet, zunächst ohne Feedback und dann auch mit Feedback-Geräten. Für die CC-Gruppe wurde ein früher Versuch gewählt (Versuch 3, soweit er artifakt-frei war); die Zeitspanne dabei war das 10-Sekunden ISI. Eine ähnliche Zeitspanne wurde vom letzten Versuch vor dem biogenen Feedback gewählt und zum Schluß eine Zeitspanne, nachdem das Feedback-Gerät eingeschaltet worden war. Jede Zeitspanne wurde durch den

A-D-Umformer geschickt und einer Spektralanalyse unterzogen, wobei sie verschiedene EEG-Frequenzen erzeugte (Walter, 1968). Nur die Daten der Versuche mit offenen Augen finden für die Analyse in diesem Bericht Verwertung.

Die Resultate

Die Diagramme I und II fassen die Ergebnisse der CC-Gruppe und der Silva-Gruppe zusammen. Die Wirkung des biogenen Feedback kann ebenfalls aus jeder Figur abgelesen werden. Die drei Aspekte des Experimentes wurden auf eine gemeinsame Achse bezogen, um auf diese Weise für jede Gruppe einen Vergleich zu ermöglichen zwischen den Daten des Verfahrens und der Steigerung durch die Erzeugung der Alpha-Frequenz, sowohl durch die experimentelle Verfahrensweise als auch bei Anwendung des biogenen Feedback.

Wenden wir uns zunächst der CC-Gruppe zu (Abb. I). Eine bestimmte Zunahme der Alpha-Produktion aufgrund der CC-Verfahren ist erkennbar durch die Spitze der Mittellinie auf den Frequenzen 8 – 9 Hz. Die Grunddaten ließen anscheinend keine dominante Alpha-Rhythmen-Erzeugung erkennen, wie sich an dem breiten und flacheren Spektrum ablesen läßt. Die Zunahme der Stärke in durchschnittlichen Prozenten verteilt sich auf die kleineren Frequenzen. Eine weitere Veränderung der Alpha-Kurve ist feststellbar, wenn biogenes Feedback zugeschaltet wird, und zwar geschieht das unter Begleitung einer weiteren Verengung des Spektrums, das heißt: die Anwendung des biogenen Feedback ruft eine weitere Frequenzverlagerung hervor.

Ähnliche Beobachtungen können bei den Daten der Silva-Gruppe gemacht werden (Abb. II). Aber Vorsicht ist geboten beim Vergleich der Figuren der beiden Gruppen.

Bei der Betrachtung der Silva-Figur zeigt es sich, daß diese Gruppe recht gut imstande war, nach der Behandlung Alpha-Rhythmen hervorzubringen, wenn auch nicht in der Menge wie die von den CC-Versuchspersonen (siehe Abb. I). Wiederum erfolgte ein nach abwärts gerichteter Frequenzwechsel, der hier bedeutender erschien als in der CC-Gruppe. Diese Schlußfolgerung ist möglicherweise nicht ganz korrekt, weil bei der Silva-Gruppe die Grundkurven eine erhöhte Produktion von höheren Frequenzen (10 bis 12 Hz) mit einschlossen, was bei den Kurven der CC-Gruppe nicht der Fall war. Es ist deshalb schwierig, den Grad der relativen Verschiebungen zwischen den beiden Gruppen genau zu beurteilen. Es ist immerhin bemerkenswert, daß die Frequenzverschiebungen bei beiden Gruppen in der gleichen Richtung erfolgten und daß die biogene Feedback-Technik in beiden Fällen die gleiche Wirkung hatte (siehe Abb. II).

Bemerkungen

Die obengenannten Daten könnten evtl. als eine Unterstützung und Bestätigung des Bremner-Aufmerksamkeits-Modells, insbesondere der Unterabteilung der Erwartung und des inneren Brennpunkts (der Konzentration) angesehen werden. Es ist recht interessant, die menschlichen Daten, die in dieser Studie gewonnen wurden, mit den Originalen der bei Tierexperimenten gewonnenen zu vergleichen, um den Erwartungsfaktor definieren zu können (siehe Abb. III).

Die Korrelationen zwischen EEG und menschlicher Aufmerksamkeit

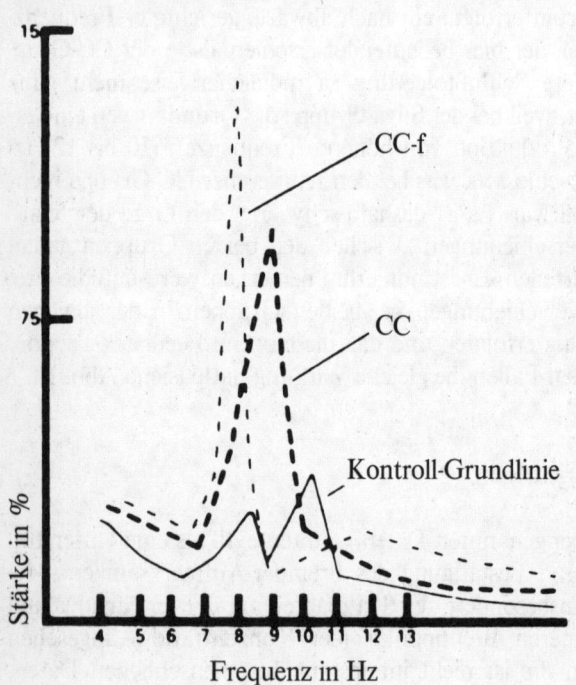

Abbildung I

Kräftespektrum für die nach klassischem Konditionstraining getestete Gruppe; mit Grundlinie (Kontrolle), Konditions-(CC) und Biofeedback (CC-f)-Daten.

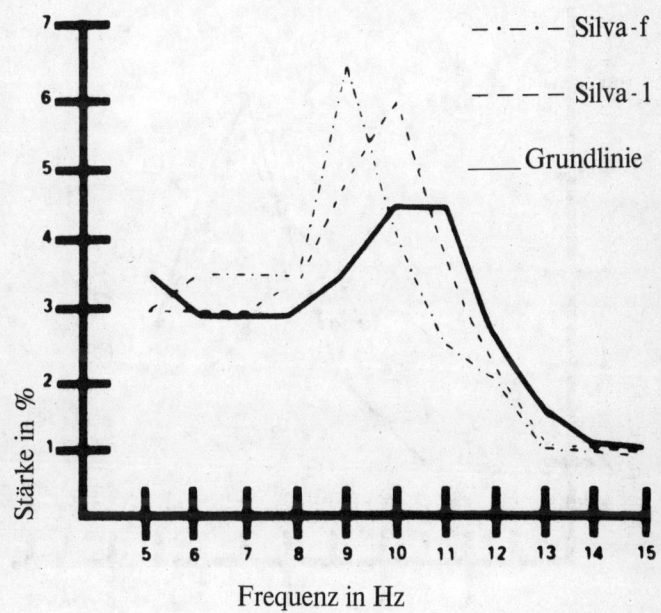

Abbildung II

Kräftespektrum für die nach der Silva-Mind-Methode trainierte Gruppe; mit Grundlinie, Kurven der Trainingsdaten (Silva 1) und der Biofeedback-Daten (Silva-f).

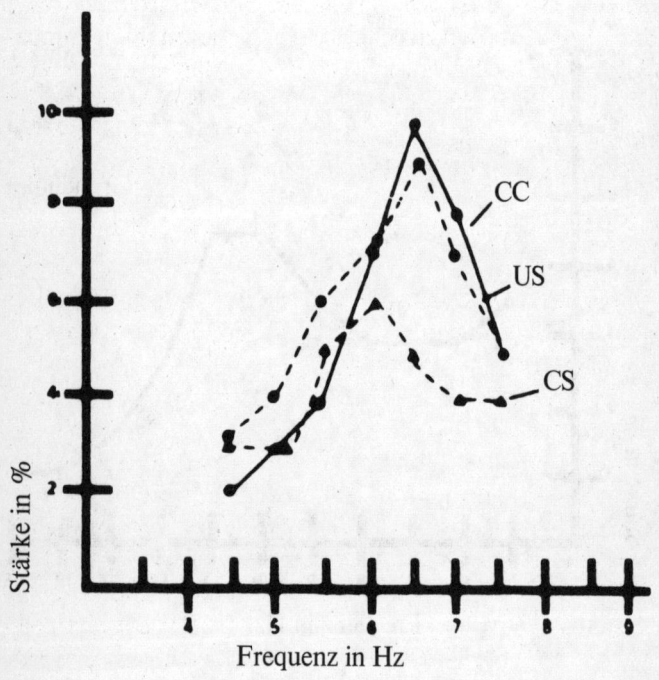

Abbildung III

Kräftespektrum der Hippocampal-Daten von Ratten während ihres klassischen Konditionstrainings (CC) und der Lichtgewöhnungsphase (CS).

Wenn man die Abbildungen I bis III miteinander vergleicht, fällt einem eine gewisse Ähnlichkeit auf. Die Grundlinien und die CS-Kurven allein sind breit und flach, während die Konditionskurven Spitzen aufweisen. Auch zeigen beide Diagramme eine Frequenzverschiebung. Die Autoren stellen fest, daß die Frequenzverschiebungen in die entgegengesetzte Richtung weisen. Das wird darauf zurückgeführt, daß die Daten der Tierversuche aus den seitlichen (hippocampalen) Gehirnpartien gewonnen wurden, während die der Versuche am Menschen aus der Hinterhauptrinde stammen. Es scheint deshalb, daß Erwartung im Sinne des Modells der Form des Spektrums zugeordnet ist und eine Frequenzverschiebung beinhaltet. Andere Verfasser stellen eine Frequenzverschiebung bei den Alpha-Rhythmen des Menschen fest, was die Erwartung als Unterabteilung (der Aufmerksamkeit) kennzeichnen würde (Knott und Henry, 1941; Williams, 1940) oder zumindest als Zuordnung von Alpha zur Aufmerksamkeit (Jasper und Shagass, 1940).

Die Autoren geben an, daß die These bezüglich des inneren Brennpunktes durch die Abb. II demonstriert wird. Die nach dem Silva-Mind-Control-System geschulten Personen benötigten keine äußeren Anreize, um ihre EEG-Daten zu beeinflussen, eher das, was man mentale Vorstellungskraft nennen könnte. Das Wertvolle an dem Bremner-Modell in dieser Beziehung ist, daß zur Definition des Begriffs ›innerer Brennpunkt‹ (internal focus) die Worte ›Bewußtsein‹ oder ›mentale Vorstellungskraft‹ nicht erforderlich sind. Dieser innere Fokus hängt sowohl von den vorhergehenden Bedingungen ab als auch von den der Versuchsperson gegebenen Instruktionen sowie von den festgestellten Veränderungen der EEG-Kurven. Zusätzliche Kontrollen sind selbstverständlich erforderlich, um die Zuverlässigkeit und Gültigkeit des inneren Fokus zu prüfen. Das gilt vor allem hinsichtlich der Kritik von Harts (1968), daß sich nämlich, wenn die Versuchsperson in einem ruhigen, abgedunkelten

Raum ein paar Minuten sich selbst überlassen wird, die Produktion von Alphawellen verstärkt. Die gegenwärtig durchgeführte Studie (Harts und Brown, 1970) ist nicht so sehr von dieser Kritik betroffen, weil sie von den Frequenzverschiebungen und der Form des Spektrums Gebrauch macht und jenen Studienergebnissen entgegensteht, die sich auf die Quantität beziehungsweise die Amplitude der Alphawellen verläßt (Kamiya, 1968). Nichtsdestoweniger ist es bestimmt sehr interessant, sich Gedanken zu machen über die zusätzlichen Frequenzverschiebungen, die eintreten, sobald Biofeedback-Geräte zugeschaltet werden. Bei der CC-Gruppe mag es mit dazu beigetragen haben, den UCR und den CR offener zu gestalten, auf diese Weise zu einer Änderung des klassischen Konditionsmusters in eine instrumentale Konditionierungs-Situation mit einem CR von hohem Antriebswert beitragend. Was auf der anderen Seite die Silva-Mind-Control-Gruppe anbelangt, so macht das Biofeedback-Verfahren den Versuchspersonen klar, daß zu dem inneren Brennpunkt eine Wechselbeziehung besteht, die nicht subjektiv ist.

Der innere Brennpunkt (internal focus) als Bestandteil der Aufmerksamkeit

Frederick J. Bremner, F. Moritz
Trinity-Universität, San Antonio/Texas

Diese Studie wurde von der Mind-Science-Foundation, Los Angeles/Kalifornien, unterstützt, die Autoren danken Mr. José Silva für seine Mitwirkung an diesem Experiment.

Übersicht

Dieser Bericht unternimmt es, hinsichtlich des inneren Brennpunkts der Aufmerksamkeit im Menschen eine größere Beweiskraft zu erreichen. Das benutzte theoretische Modell konzentriert sich auf die Veränderungen in den EEG-Kurven als abhängiger Variabler, sowie eine mündliche Aufforderung durch den Versuchsleiter, mit der Erzeugung von Alpha zu beginnen, als unabhängiger Variabler, um den inneren Fokus der Aufmerksamkeit zu konstatieren.

In einer früheren Publikation (Bremner und andere, 1972) war vorgeschlagen worden, den inneren Brennpunkt als einen Teil der Aufmerksamkeit zu betrachten; er war zu definieren mittels bestimmter vorhergehender Bedingungen und charakteristischer EEG-Schwankungen. Die Ursache der EEG-Veränderungen war die Erzeugung von Alpha-

Rhythmen, ausgelöst durch Reizimpulse, die als unabhängige Variable benutzt wurden. — Diese frühere Studie war gegen Kritiken sehr anfällig, seit Hart (1968) berichtet hatte, daß einige Versuchspersonen, die ein paar Minuten in einem ruhigen, abgedunkelten Raum sich selbst überlassen worden waren, eine gesteigerte Alpha-Produktion erkennen ließen. Man kam jedoch zu dem Schluß, daß, wenn die Versuchsperson die Erzeugung von Alpha-Frequenzen in Übereinstimmung mit einem Signal des Versuchsleiters beginnen und beenden könnte, dies eine zufriedenstellende Antwort in bezug auf das Problem des unechten Auftretens von Alpha-Frequenzen, wie von Hart beschrieben, sein würde. Wenn zusätzlich der Beginn von Alpha-Rhythmen in Zusammenhang stand mit der mündlichen Anzeige der Versuchsperson, innerlich zentriert zu sein, war das ein weiterer Beweis zur Unterstützung der Inneren-Fokus-These.

Die Methode

Versuchspersonen: Als Versuchspersonen dienten zehn Männer und Frauen, die kürzlich geübt hatten, Alpha-Rhythmen zu erzeugen. Einige von ihnen gehörten zu den Personen, die an dem früheren Experiment (Bremner und andere, 1972) teilgenommen hatten. Alle sagten, daß sie ausreichende Erfahrungen in der Erzeugung von Alpha-Rhythmen besäßen, daß sie sich in tiefe Entspannung versetzen könnten und auch gewisse Erfahrungen mit psychischen Übungen hätten.

Die Apparatur: Es wurde ein Beckman Elektroenzephalograph Typ T benutzt. Die Elektroden bestanden aus rostfreiem Stahl, wurden subkutan über dem Scheitelpunkt (Vertex) und am Hinterhaupt angebracht. Die EEG-Daten wurden mittels eines Monitors sichtbar gemacht sowie auf Band festgehalten. Zusätzlich wurde an dem Gerät ein Mikrophon angehängt, das dazu bestimmt war, mündliche Äußerungen der Versuchsperson auf Tonband aufzunehmen. Ein Logik-Programmierer der Digital Equipment Corporation diente dazu, eine zweistellige Zahl auf dem Band anzuzeichnen. Das Gesicht und der Oberkörper der VP wurden mittels eines geschlossenen Stromkreises auf einen Monitor projiziert, alle Daten auf einem 8spurigen Ampex Sp 300 Analog-Bandgerät festgehalten.

Das Verfahren: Jede VP füllte einen Protokollbogen aus, in dem z. B. gefragt wurde: Wann haben Sie das letzte Mal Alkohol oder Drogen zu sich genommen; wann hatten Sie evtl. epileptische Anfälle; haben Sie Erfahrung mit Hypnose oder Tiefenentspannungstechniken? Zusätzlich mußte jede VP eine Einverständniserklärung unterschreiben, in der sie bestätigte, daß sie freiwillig an dem Versuch teilnahm und vor dessen Beginn über Wesen und Zweck der Prozedur aufgeklärt worden war. Der VP wurde gesagt, daß sie sich auf ihre Alpha-Grundstufe versetzen solle auf jene Art und Weise, an die sie gewöhnt sei. Die Grundeinstimmung dauerte ungefähr fünf Minuten und wurde bei geschlossenen Augen durchgeführt. Weitere zehn Minuten — eventuell auch mehr oder weniger — standen zur Verfügung für das, was man am besten als Außersinnliche Wahrnehmung (ASW) bezeichnen kann (Silva-Methode, McKnight, 1972), um der VP die Schaffung eines Bezugspunktes für Alpha-Rhythmen zu erleichtern. Anschließend wurde die VP aufgefordert, auf ein gesprochenes Kommando des Versuchsleiters hin mit der Erzeugung von Alpha-Wellen zu beginnen und dabei die Augen geschlossen zu halten. Wenn nach Meinung des Versuchsleiters genügend EEG-Daten anzeigten, daß die VP tatsächlich Alpha-Wellen produzierte, gab er ca. 30 Sekunden später das Stop-Kommando. Das Start- und Stop-Kommando wurde gegeben, sobald der Versuchsleiter das Gefühl hatte, daß die VP in ausreichendem Maße ihre Fähigkeit der Alpha-Erzeugung demonstriert hatte und die Aufzeichnungen fehler- und täuschungsfrei waren.

Die VP wurde sodann aufgefordert, die Augen zu öffnen, und jetzt wurde die ganze Start-Stop-Prozedur in gleicher Weise wie vorher wiederholt. Keine der an dieser Studie beteiligten Versuchspersonen hatten offenbar Schwierigkeiten bei der Alpha-Erzeugung in diesem Zustand. Allerdings gab es einige, die nicht imstande waren, die Alpha-Produktion auf ein Kommando hin abzubrechen, besonders dann nicht, wenn sie die Augen geschlossen hielten. Die gesamte für ein solches Experiment benötigte Zeit betrug etwa 45 Minuten.

Die Resultate

Die Ergebnisse dieser Studie sind dargestellt in den Abbildungen IV und V.

Obwohl bei Beginn der Studie eigentlich vorgesehen war, die gewonnenen Daten einer Spektralanalyse zu unterziehen, war der Kontrast zwischen Alpha und Nicht-Alpha so deutlich, daß die Versuchsleiter eine statistische Analyse für unnötig hielten. Die Abbildung IV enthält die Daten von vier Versuchspersonen mit geschlossenen Augen. Das S-Zeichen auf der Graphik IV bezeichnet den Moment des Startkommandos, während T das Stop-Kommando angibt. Man beachte den Unterschied zwischen der Sägezahnstruktur der Alpha-Strecke und der verminderten Amplitude nach dem Stop-Kommando.

Abbildung V enthält die Daten von fünf Versuchspersonen, drei mit geschlossenen Augen und zwei – P 8 und T 9 – mit offenen Augen. Die Feststellung ist interessant, daß bei der Versuchsperson T 9 mit geöffneten Augen nach dem Startkommando ein paar Sekunden lang eine Verzögerung beziehungsweise Hemmung zu sehen ist, ehe die Erzeugung von Alpha-Rhythmen deutlich einsetzt. Das war bei dieser VP in allen mit ihr vorgenommenen Experimenten mit offenen Augen in gleichbleibender Weise der Fall. Die Versuchsperson S 5 demonstriert dasselbe mit geschlossenen Augen, und diese Kurve war typisch gerade für diese Person. Hin und wieder war dieser Effekt auch bei einigen der anderen Versuchspersonen zu beobachten.

Was den während der Versuche gesprochenen Bericht aller Versuchspersonen betrifft, so ließen sie erkennen, daß sie sich in einem besonderen Aufmerksamkeitszustand befanden. Alle außer einer waren in der Lage, anzugeben, wann bei ihnen die Alphaproduktion einsetzte und wann sie zu Ende war. Mit anderen Worten: die Versuchspersonen konnten sich selbst das Start- und Stop-Signal geben, und ihre EEG-Kurven entsprachen genau den Rhythmenveränderungen wie die der Abbildungen IV und V.

Bemerkungen

Die vorstehend zusammengefaßten Ergebnisse zeigen, daß zumindest für diese Gruppe von Versuchspersonen die Erzeugung von Alpha-Rhythmen eine zuverlässig funktionierende Sache war, die für jene von Hart (1968) erwähnten Irrtümer oder Manipulationen weniger anfällig war.

Die bei einigen Versuchspersonen feststellbare Verzögerungsphase ist sehr interessant, obwohl die Autoren keine plausible Erklärung haben, warum dieser Vorgang bei diesen Versuchspersonen eintrat. Nichtsdestoweniger bestand eine Beziehung zwischen dem Beginn der Alpha-Rhythmen in der EEG-Kurve und dem für die VP typischen Gefühlszustand sowie den gesprochenen Angaben, die erkennen ließen, daß sich die Betreffenden in einem besonderen Aufmerksamkeitszustand befanden, den wir als inneren Brennpunkt (internalfocus) bezeichnet haben.

Der innere Brennpunkt als Bestandteil der Aufmerksamkeit

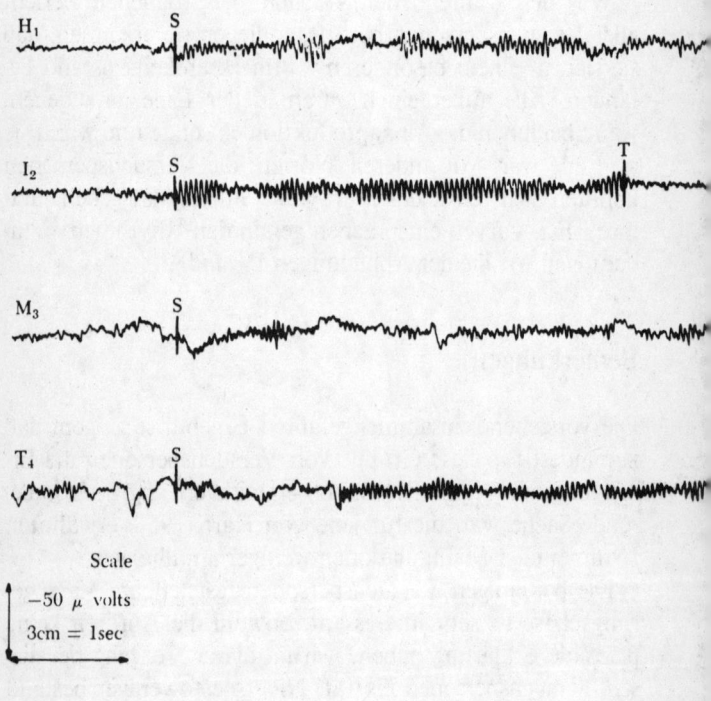

Abbildung IV

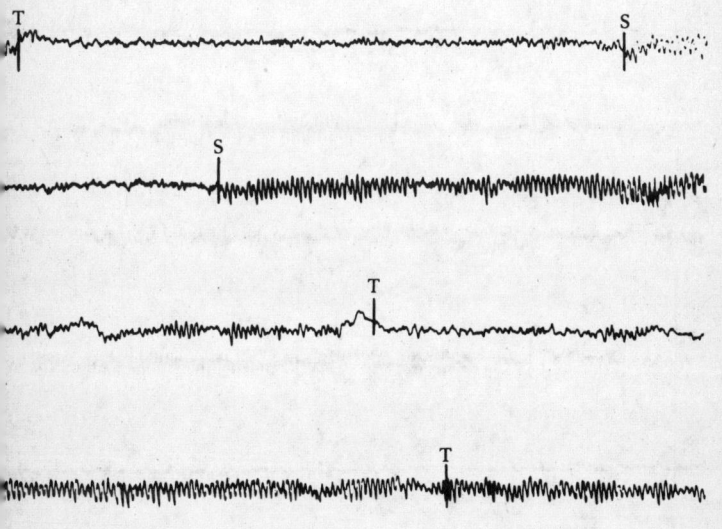

Der innere Brennpunkt als Bestandteil der Aufmerksamkeit

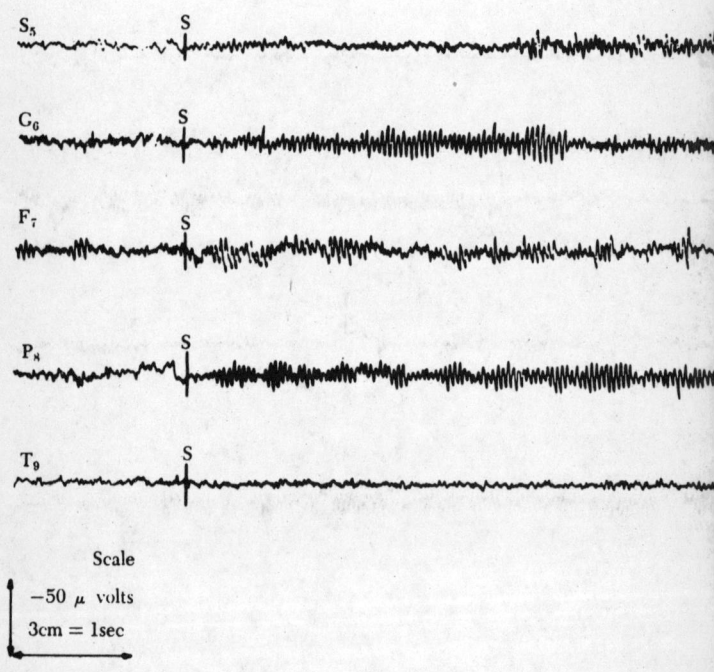

Abbildung V

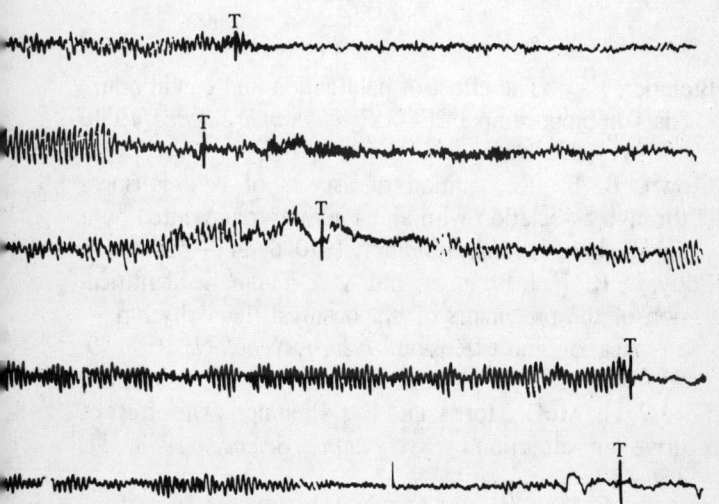

Literaturnachweis

Bremner, F. J. ›The effect of habituation and conditioning trials on hippocampal EEG.‹ *Psychonomic Science,* 1970, 18, 181–83.

Brown, B. B. ›Recognition of aspects of consciousness through association with alpha activity represented by a light signal.‹ *Psychophysiology,* 1970, 6, 442–52.

Eddy, D. R., F. J. Bremner, and A. A. Thomas. ›Identification of the precursors of hippocampal theta rhythm – a replication and extension.‹ *Neuropsychologia,* 1971, 9, 43–50.

Ford, J. G., M. D. Morris, and F. J. Bremner. ›The effect of drive on attention.‹ *Psychonomic Science,* 1968, 11, 156–57.

Hart, J. T. ›Autocontrol of EEG alpha.‹ *Psychophysiology,* 1968, 4, 506. (Abstract.)

Hurwitz, S. L., and F. J. Bremner. ›Hippocampal correlates of a conditioned sniffing response.‹ *Neuropsychologia,* 1972.

Jasper, H. D., and C. Shagass. ›Contitioning the occipital alpha rhythm in man.‹ *Journal of Experimental Psychology,* 1941, 28 (5), 373–87.

Kamiya, J. ›Conscious control of brain waves.‹ *Psychology Today,* 1968, 1 (April), 57–60.

Knott, J., and C. Henry. ›The conditioning of the blocking of alpha rhythm of the human electroencephalogram.‹ *Journal of Experimental Psychology,* 1941, 28, 134–44.

McKnight, H. *Silva Mind Control Through Psychorientology.* Laredo, Tx.: Institute of Psychorientology, Inc., 1972.

Shah, D. ›The alpha state lets the mind take wings.‹ *The National Observer,* 1971, 34, 1, 16.

Walter, D. O. ›Spectral analysis for electroencephalogram: mathematical determination of neurophysiological relationship from records of limited duration.‹ *Experimental Neurology,* 1963, 8, 155–81.

Williams, A. C. ›Facilitation of the alpha rhythm of the electroencephalogram.‹ *Journal of Experimental Psychology,* 1940, 26, 413–22.

Anerkennungen

Die Autoren konnten von der klugen und großzügigen Unterstützung durch zahlreiche Freunde, Mitarbeiter und unparteiische Kritiker in so hohem Maße profitieren, daß nie allen die volle Anerkennung ausgesprochen werden kann. Um nur einige Namen zu nennen: Marcelino Alcala, Ruth Aley, Manuel Lujan Anton, Dr. Stephen Applebaum, Dr. med. Robert Barnes, Joahanne Blodgett, Larry Blyden, Dr. Fred J. Bremner, Maria Luisa Bruque, Vicki Carr, Dr. Philip Chancellor, Dr. Jeffrey Chang, Dr. Erwin Di Cyan, Dr. George De Sau, Alfredo Duarte, Dr. med. Stanley Feller, Dord Fitz, Richard Floyd, Paul Fansella, Fermin de la Garza, Ray Glau, Pat Golbitz, Alexandro Gonzales, Reynaldo Gonzales, Father Albert Gorayeb, Ronald Gorayeb, Paul Grivas, Schwester Michele Guerin, Blaz Gutierrez, Emilio Guzman, Dr. J. Wilfred Hahn, Timothy Harvey, James Hearn, Richard Herro, Larry Hildore, Celeste Holm, Joanne Howell, Margaret Huddleston, Adele Hull, Chris Jensen, Umberto Juarez, Carol Lawrence, Fred Levin, Kate Lombardi, Dorothy Longoria, Alice und Harry McKnight, Dick Mazza, Dr. med. Clancy D. McKenzie, Dr. James Motiff, Jose Moubayed, Jim Needham, Wingate Paine, Marguerite Piazza, Eduardo Moniz Resende, Rosa Argentina Rivas, Jose Romero, Dr. med. Alberto Sanchez Vilchis, Gerald Seadey, Nelda Sheets, Alexis Smith, Loretta Swit, Pat Teague, Dr. Andre Weitzenhoffer, Dr. N. E. West, Jim Wiliams, Dr. med. Lance S. Wright.

José Silva

Namen- und Sachregister

Adler, Alfred 57
Aktive Sinneserweiterung (ASW), Außersinnliche Wahrnehmung 27 f., 99 – 114
Alkoholismus 160 – 164
Alkoholiker, Anonyme (A. A.) 162 f.
Alpha 18, 20 f., 32 – 35, 38, 40 f., 45 f., 52 – 55, 68, 85, 107, 114, 119, 126, 159, 181, 222 – 225, 227 ff., 231 f., 234 – 243
ASW, siehe Aktive Sinneserweiterung
Aura 97 f.

Benignus, Dr. V. 226 – 238 (Verfasser)
Beta 20 f., 37 f., 40, 44, 53, 84 f., 107 f., 113, 120 f., 126
Biofeedback 91, 133, 221 f., 230 – 236, 238
Blake, William 187

Bremner, Dr. Frederick J. 222, 226 – 238 (Verfasser), 238 – 246 (Verfasser)

Cäsar, Julius 57
Coué, Emile 68 f., 73, 88

Delta 20, 41
De Sau, Dr. George 150, 152 f., 155 f., 160 f.
Dreifingertechnik 49 – 55
Drogen 22, 149, 156 – 160, 164

EEG (Elektroencephalogramm) 20, 226 – 246
El-Meligi, Dr. A. Moneim 191 f., 199 f.
Experiential World Inventory (EWI-Fragebogen) 134 f., 191 f., 211 – 220

Freud, Sigmund 24, 56 f., 61 f., 133, 138, 206

Gedächtnis 44–51
Gedankenübertragung 112 f.
Gesundbeten 117
Gewichtsabnahme 29 f., 74–79
Grundstufe (Alpha-Bereich, meditative Bewußtseinsstufe) 15, 18 f., 26 f., 32–40, 45, 52 ff., 68, 84, 106 f., 119, 205

Hahn, Dr. J. Wilfred 148, 186, 221–225 (Verfasser)
Höhere Intelligenz 40, 60 ff., 127 f.
Hypnose 22, 47 f.

Jung, Carl Gustav 24, 57

Krebsbekämpfung 88–92

Lincoln, Abraham 57

McKenzie, Dr. Clancy D. 132–148, 188–220 (Verfasser)
McKnight, Harry 21, 129, 241
Meditation 19 f., 31–43, 76, 85, 91 f., 101, 127
Menninger-Stiftung 90
Miele, Philip 9–30 (Verfasser), 15, 132–187 (Verfasser)

Migräne 29, 86 f.
Mind Science Foundation 148
Moritz, Dr. F. 226–238 (Verfasser), 238–246 (Verfasser)

Narkose 47, 70 f.

Orientierender (siehe auch Psycho-orientologe) 105–109, 112 ff.
Osmond, Dr. Humphry 191 f., 199 f.

Parapsychologie 118, 133, 206
Plato 105
›Prevention Magazine‹ (Monatsschrift) 88
Psychiatrie, Psychiater, psychiatrischer Patient 132–148, 188–220
Psycho-orientologe (siehe auch Orientierender) 106
Psycho-orientologie 106

›Ratgeber‹ 104–107, 111 f.
Rauchen 74, 79 ff.
Rhine, Professor J. B. 27, 99
Rorschach-Test 134, 191

Silva, José 15 f., 23–30, 31–131 (Verfasser), 178 ff.
Silva Mind Control® 14–22, 26 ff., 130, 178–182, 186 f., 203–206
Silva-mind-control-Lehrer 16 ff.
Silva-mind-control-Zentren 16
Simonton, Dr. O. Carl 88–91
Simonton, Stephanie Mathews 91 ff.
Sokrates 105 f.
Sorel de Neufchateau, Maria 16

Theta 20 f., 33, 54, 68 f., 85, 103, 120, 126, 227
Transzendentale Meditation (TM) 207, 222
Traumkontrolle 56–64, 138–143

Verbildlichung (Visualisierung) 34 f., 45, 100–106

Willenskraft 44, 55
Wordsworth, William 36
Wright, Dr. Lance S. 133 f., 136 f., 188–220 (Verfasser)

Xenophon 106

Zukunftsvision 126 f.

Das Gesamtverzeichnis der Heyne-Taschenbücher informiert Sie ausführlich über alle lieferbaren Titel. Sie erhalten es von Ihrer Buchhandlung oder direkt vom Verlag.

Wilhelm Heyne Verlag, Postfach 201204, 8000 München 2

NORMAN VINCENT PEALE

Mehr Glück und Erfolg durch das neue Lebenshilfe-Programm

08/9092

08/9507

08/9511

08/9518

08/9531

08/9544

Wilhelm Heyne Verlag München

JOSÉ SILVA / PHILIP MIELE
SILVA MIND CONTROL®

Die universelle Methode zur Steigerung der Kreativität und Leistungsfähigkeit des menschlichen Geistes

Die Silva-Mind-Methode ist dank ihrer großen Erfolge im Gedächtnistraining und der Streß-Bewältigung aufgrund einer allumfassenden Entspannung und neuen Energieschöpfung in ständiger Ausbreitung begriffen. Dieses handliche Lehrbuch für die Praxis ist die ideale Ergänzung für das vielfältige Kursprogramm in allen deutschsprachigen Ländern.

255 Seiten, ISBN 3-7964-0063-9, gebunden DM 29,80

Informationsmaterial durch den

HEINRICH SCHWAB VERLAG

D-7989 Argenbühl-Eglofstal

Die neuen Dimensionen des Bewußtseins

esotera
seit vier Jahrzehnten das führende
Magazin für Esoterik und Grenzwissenschaften in Europa:
Jeden Monat auf 100 Seiten aktuelle
Reportagen, Hintergrundberichte und
Interviews über
Neues Denken und Handeln
Der Wertewandel zu einem erfüllteren,
sinnvollen Leben in einer neuen Zeit.
Esoterische Lebenshilfen
Uralte und hochmoderne Methoden,
sich von innen heraus grundlegend
positiv zu verändern.
Ganzheitliche Gesundheit
Das neue, höhere Verständnis von
Krankheit und den Wegen zur Heilung

– und vieles andere. Außerdem:
jeden Monat auf 10 Seiten Kurzinformationen über
Tatsachen, die das Weltbild wandeln.
Rezensionen von Neuerscheinungen in
Bücher für Sie und **KlangRaum**.
Viele Seiten Kleinanzeigen über die
einschlägigen
Veranstaltungen sowie **Kurse und Seminare** in Deutschland, Österreich,
der Schweiz und dem ferneren Ausland.

esotera erscheint monatlich.
Probeheft **kostenlos** bei
Ihrem Buchhändler oder direkt vom
Verlag Hermann Bauer KG.,
Postf. 167, Kronenstr. 2, 7800 Freiburg